Glückwünsche und Gratulationen

Musterbriefe • Kommentierte Originaltexte aus Politik, Wirtschaft und Gesellschaft

Michael Engelhard · Ingeborg Kaiser-Bauer · Frank Weber

Glückwünsche und Gratulationen

Inhalt

Vorwort

Prominenten auf die Feder geschaut..................6

Hinweise zum Gebrauch:
Originaltexte und Musterbriefe..................6

Kapitel 1

Glückwünsche: Theorie und Praxis..................9

Gratulation – wozu?..................10

Das Glückwunschschreiben..................11

Die Formulierung..................11
    Der Einstieg..................11
    Der weitere Text..................12
    Der letzte Satz..................13
    Die äußere Form..................13

Kapitel 2

Protokollgerechte Anrede:
Die korrekte schriftliche Form..................14

Kapitel 3

Musterbriefe:
Mustergültig für Anlässe von A bis Z..................18

Kapitel 4

Kommentierte Originaltexte:
Wie Prominente gratulieren..................50

Kapitel 4.1

Glückwünsche zum Geburtstag:
Adressaten von A bis Z..................53

Kapitel 4.2

Glückwünsche zum Jubiläum:
An Firmen, Verbände und Vereine..................135

Kapitel 4.3

Glückwünsche zur Preis- und
Ordensverleihung:
Die besondere Auszeichnung 149

Kapitel 4.4

Glückwünsche zu sportlichem Sieg
und Höchstleistung:
Für Fairness und Teamgeist
Einzelsiege und Mannschaftsleistungen
    Wintersport, Leichtathletik,
    Radsport, Reiten, Rudern,
    Schwimmen, Tennis, Fußball 161
Behindertensport 187

Kapitel 4.5

Glückwünsche zum Wahlsieg
und Amtsantritt:
An Politiker(innen), Funktionäre,
Vorsitzende 189

Kapitel 5

Zitate zum Glückwünschen:
    Zitate zu: Abschied/Ruhestand,
    Alter/Geburtstag, Amt, Anfang,
    Geschenk/Schenken, Glück, Leben,
    Politik/Politiker, Sport/Sieg/Erfolg,
    Wahl 214

Anhang

Die korrekte Anrede und Anschrift für
Repräsentanten des öffentlichen Lebens 234

Register 253

Vorwort

Prominenten auf die Feder geschaut

Bundeskanzler, Bundespräsident, Regierungschefs der Länder: Sie alle beschäftigen – ebenso wie Top-Manager aus Industrie und Wirtschaft – Mitarbeiter/innen, die ihren Terminkalender führen und – oftmals täglich – Textentwürfe für Glückwunschschreiben, Grußbotschaften und Telegramme vorbereiten.

„Der Bundeskanzler bekommt für solche Schreiben selbstverständlich eine Vorlage. Er wird nicht jedes Wort selber und ursprünglich schreiben, er wird es lesen, vielleicht verändern und dann abzeichnen und unterschreiben." So erläuterte der Regierungssprecher unlängst die Praxis.

All denen in Ländern und Kommunen, Führungskräften, Personen in ehrenamtlichen Funktionen, aber auch Privatleuten, die keine solchen dienstbaren Geister(-Schreiber) zur Verfügung haben, wollen wir mit den in diesem Buch gesammelten authentischen Glückwunschschreiben und Musterbriefen Anregungen und Formulierungshilfen geben, kurz: ihnen das Leben ein bißchen leichter machen.

Auf den folgenden Seiten finden Sie eine Auswahl von mehr als hundert Glückwunschschreiben aus der Feder prominenter Politiker zu den unterschiedlichsten Anlässen: Geburtstag, Jubiläum, Preis- oder Ordensverleihung, Wahlsieg oder Amtsantritt und an ganz verschiedene Adressaten: Männer und Frauen aus allen Bereichen des öffentlichen Lebens, aus Politik und Wirtschaft, Kunst und Wissenschaft. Diese Schreiben geben Ihnen einen Überblick über die Glückwunsch-„Kultur" der letzten beiden Jahrzehnte.

Zahlreiche Musterbriefe ergänzen die Originaltexte um weitere Gratulationsanlässe: ob Feuerwehrfest oder Firmenjubiläum. Darüber hinaus wird angegeben, wie die protokollgerechte Anrede lautet, wann, wozu und wem wie gratuliert wird.

Alle authentischen Briefbeispiele sind kommentiert. Die Kommentare enthalten weitere Anregungen und Alternativen für Formulierungen. So liegt mit diesem Buch erstmals eine praxisgerechte Kombination von Originaldokumenten und Musterbriefen vor: ein unentbehrlicher privater Ghostwriter für alle, die offiziell gratulieren.

Hinweise zum Gebrauch: Originaltexte und Musterbriefe

Betrachten Sie die Sammlung von Glückwunschschreiben als Baukasten, aus dem Sie die für Ihren Zweck geeigneten Bausteine heraussuchen und zusammensetzen können. Originalschreiben und Musterbriefe sind aufeinander abgestimmt, so daß Sie einzelne Textelemente nach Bedarf kombinieren und individuell ergänzen können.

Die Originalschreiben stammen vorwiegend aus der Feder des Bundespräsidenten oder des Bundeskanzlers. Dies prägt den Inhalt der Texte. Der Absender schreibt stets aus seiner Funktion heraus – in der Mehrzahl der Beispiele als einer, der an der Spitze des Staates steht.

Sie brauchen jetzt nur die Parallelen zu ziehen. Aber „Schuster, bleib bei deinen Leisten!" heißt die Maxime:

Ein Bürgermeister oder eine Bürgermeisterin, ein Stadtdirektor oder eine Stadtdirektorin wird nicht herausstellen, was eine(r) für Deutschland, sondern was sie oder er für die Gemeinde oder Stadt, deren Ansehen, Fortentwicklung oder Ausgestaltung getan hat.

Der Präsident oder die Präsidentin der IHK oder eine andere Person an der Führungsspitze von Wirtschaft und Handel, schreibt in dieser Funktion und schreibt nicht, was eine(r) für die deutsche Politik insgesamt, sondern für die Wirtschaft und den Handel im entsprechenden Kammerbezirk geleistet hat.

Wenn Sie so verfahren, verhalten Sie sich protokollgerecht, stellen damit sicher, daß sich Ihr Schreiben von anderen unterscheidet, damit der Adressat nicht mehrere gleichlautende (Lob-) Schreiben oder Telegramme erhält.

Der Inhalt des Schreibens wird also stets davon bestimmt, welche Funktion der Absender innehat. Wenn Sie mehrere Funktionen oder Ämter bekleiden, so stellt sich zunächst die Frage: „In welcher Funktion schreibe ich jetzt?" Ist diese Frage beantwortet, stellt man sich die nächste: „Was verbindet mich mit dem Empfänger?" Es muß aus dem Schreiben also klar hervorgehen, daß und warum der Absender sich mit dem Empfänger verbunden fühlt.

Lassen Sie sich durch die hochrangigen Absender der Originalbriefe und -telegramme nicht aus dem Konzept bringen: Der Aufbau der Glückwunschschreiben ist immer gleich. Wie, wird Schritt für Schritt in Kapitel 1 erläutert.

Nach grundsätzlichen und protokollarischen Hinweisen in Kapitel 1 und 2 folgen in Kapitel 3 konkrete Beispiele mit Musterbriefen zu verschiedenen Gratulationsanlässen, von A wie Abitur bis Z wie Zeitungsjubiläum.

Nutzen Sie dieses Buch als Ihren persönlichen „Ghostwriter", indem Sie auch die kommentierten Originalschreiben prominenter Politiker ab Kapitel 4 zu Rate ziehen.

Die Zitate in Kapitel 5 – wörtlich oder sinngemäß in das Glückwunschschreiben integriert – liefern zusätzlichen Stoff und Ideen für Ihre individuell abgestimmte Gratulation.

KAPITEL 1

Gratulation – wozu?

Das Glückwunschschreiben

Die Formulierung

- Der Einstieg
- Der weitere Text
- Der letzte Satz
- Die äußere Form

Glückwünsche: Theorie und Praxis

Gratulation – wozu?

Als Lady Di einem Thronfolger das Leben schenkte, war dieses freudige Ereignis in Großbritannien samt Commonwealth eine Flut von herzlichen Glückwünschen wert.
Auch Demokratien ohne gekrönte Häupter lieben und brauchen ihre festlichen Rituale – sie sind Anlässe zu Freude und öffentlicher Feier, Ereignisse, an die man sich lange erinnert. Da werden Geburtstage stilvoll begangen, Verdienstkreuze verliehen, Künstlerinnen und Künstler geehrt, Wissenschaftler, Journalisten, Sportler, Frauen und Männer des öffentlichen Lebens ausgezeichnet.

Die Anlässe zur Gratulation sind vielfältig:
- ein wichtiger Jahrestag
- ein runder Geburtstag
- ein Stadt-, Firmen-, Partei-, Verbandsjubiläum
- eine Geburt
- ein Ehejubiläum
- eine ehrenvolle Auszeichnung
- eine Ordens- oder Preisverleihung
- ein wissenschaftlicher, technischer oder unternehmerischer Erfolg/Durchbruch
- eine bahnbrechende Erfindung
- ein kulturelles Spitzenereignis
- eine sportliche Höchstleistung, ein Wettkampfsieg, ein olympischer Medaillengewinn
- eine mutige Tat.

Gratulieren Sie aber nicht nur zu den großen Ereignissen – so mancher spontane Glückwunsch kann Wunder wirken, Freundschaften begründen und festigen, Mitarbeiter motivieren, den Tag schöner und unvergeßlich machen.

Die Gelegenheiten für eine kurze schriftliche Anerkennung sind so bunt wie das Leben:
- ein gelungener Vortrag eines Kollegen oder Parteifreundes
- die Taufe oder der Geburtstag eines Kindes
- die Hochzeit der Tochter einer Mitarbeiterin
- eine Geschäftseröffnung in der Nachbarschaft
- ein Dankeschön nach einer offiziellen oder privaten Einladung
- ein Jahrestag, auf den man gemeinsam zurückblicken kann.

Musterbriefe hierzu finden Sie in Kapitel 3 unter dem Stichwort „Kleine Anlässe".

Grundsätzlich gilt:

1. Das Muster aller Gratulationen, ob zu großen oder kleinen Anlässen, besteht aus dem klassischen Dreiklang dreier W's:
   - Warum (Einstieg/Anlaß)
   - Würdigung
   - Wünsche.

2. Bevor Sie jedoch die erste Zeile zu Papier bringen, müssen Sie sich über die Beziehung klar werden, in der Sie zum Adressaten/zur Adressatin stehen und abwägen, ob Sie einen Brief, eine Karte oder gar ein Telegramm schicken.

- Da der Mensch vergeßlich ist, sollten Sie alle wichtigen Geburts- und Jubiläumsdaten in einen regelmäßig auf den neuesten Stand gebrachten Terminkalender eintragen.

- Pannenhilfen für den Fall eines vergessenen Geburtstages finden Sie in Kapitel 3 unter dem Stichwort „Last minute- und nachträgliche Gratulation".

- Vergleichen Sie auch den neuen Gratulationsbrief vorsichtshalber mit dem, den Sie vielleicht das Jahr zuvor schon geschrieben haben, damit Sie nicht das gleiche schreiben.

- Das wiederum setzt voraus, daß Sie von jedem Schriftstück einen Durchschlag oder eine Fotokopie archivieren.

Das Glückwunschschreiben

Ein Glückwunschschreiben wird umso mehr geschätzt, je persönlicher es formuliert ist. 08/15-Texte verletzen oft mehr, als daß sie erfreuen.
Es spricht sich jedoch oft leichter über die Leistungsfähigkeit eines Computers oder einer Volkswirtschaft als über die Lebensleistung eines Menschen. Während Ihnen die Daten über Ihr Fachgebiet ohne weiteres präsent sind, fehlt es oft an Fakten über das Leben des Jubilars.
Nutzen Sie Pressearchive und Nachschlagwerke, um sich sachkundig zu machen.
Biographische Angaben (Vita/Lebenslauf) lebender Persönlichkeiten finden Sie meist in knapper Form im „Who`s who", „Kürschner" und verwandten Werken, oft auch im örtlichen Zeitungsarchiv. Ausführlicher informiert das „Munzinger-Archiv der Gegenwart".

Eine originelle Idee ist es zum Beispiel, einen Bogen zu schlagen von einem historischen Ereignis im Geburtsjahr des Gratulanten zu einer persönlichen Eigenschaft, zum Beispiel:

„Exakt an dem Tag Ihrer Geburt, am 12. August 1949, wurde auch das Deutsche Patentamt aus der Taufe gehoben. Ich habe Sie immer als einen patenten Kollegen geschätzt..."

Die Formulierung

Der Einstieg

Der Aufbau einer Gratulation aus unvorhersehbarem Anlaß folgt der Dramaturgie:
- Wie, wo, wann erfahren?
- Was empfunden?
- Wünsche/Gratulation

Also erstens:
- Soeben bekomme ich die Meldung, daß ...
- Soeben höre ich in den Nachrichten, daß ...
- Vor wenigen Minuten habe ich erfahren, daß ...

Also zweitens:
- Darüber freue ich mich mit Ihnen
- Darüber war ich sehr überrascht
- Darüber empfand ich Genugtuung

Also drittens:
- ... und gratuliere Ihnen von Herzen
- Meine Gratulation!
- Herzlichen Glückwunsch!

Bei vorhersehbaren Ereignissen können Sie ohne weitere Vorrede mit der Gratulation beginnen:

„Sehr geehrter Herr Professor (...), zu Ihrem 60. Geburtstag gratuliere ich Ihnen (sehr) herzlich/von Herzen."

„Sehr geehrter Herr Professor (...), herzlichen Glückwunsch/meine besten Glückwünsche zu Ihrem 60. Geburtstag!"

Bei Damen ist es auch heute noch nicht immer üblich auszusprechen, um welchen Geburtstag es sich handelt; formulieren Sie im Zweifelsfall so:

„Liebe Frau (...), zu Ihrem Geburtstag gratuliere ich..."

Betrachten Sie die Empfehlung, direkt beim Einstieg in den Text zu gratulieren, nur als eine von zwei Möglichkeiten. Die Gratulation im ersten Satz ist zwar die Regel, sie kann aber auch erst im letzten Satz des Glückwunschschreibens ausgesprochen werden (vgl. Gratulation des Bundespräsidenten vom 23. April 1986 an Yehudi Menuhin „Schreiben an Musiker").

Der weitere Text

In den Folgesätzen sollten wichtige Leistungen im Leben des Jubilars/der Jubilarin gewürdigt werden. Eine chronologische Aufzählung der Lebensstationen reicht dabei nicht aus! Diese Daten sind dem Empfänger/der Empfängerin bekannt und darum überflüssig. Im unangenehmsten Fall setzen Sie sich damit öffentlicher Kritik und Ironie aus. So geschehen mit einem Glückwunschschreiben des Bundeskanzlers an den Dirigenten Günter Wand zu dessen 80. Geburtstag:

Sehr geehrter Herr Professor Wand,
zu Ihrem 80. Geburtstag gratuliere ich Ihnen sehr herzlich.
Meine guten Wünsche gelten einem der angesehensten Dirigenten unserer Zeit, dem Nestor der deutschen Musiker. Sie stehen in jener großen Tradition des Kapellmeisters im besten Sinne, für den sich handwerkliche Vollendung und künstlerische Inspiration gegenseitig bedingen. Ihre maßstabsetzenden Aufführungen und nicht zuletzt Ihre zyklischen Einspielungen großer symphonischer Werke fanden in der internationalen musikalischen Fachwelt höchste Anerkennung. Auch auf dem Gebiet der Musik unserer Zeit haben Sie sich immer wieder verdient gemacht und als engagierter Anwalt zeitgenössischer Musiker Pionierleistungen vollbracht.
Ich wünsche Ihnen Schaffenskraft, Wohlergehen und weiterhin viel Freude an Ihrer Kunst.
Mit freundlichen Grüßen
Ihr
Helmut Kohl
(BPA-Pressemitteilung, 6. 1. 92)

Dieses Glückwunschschreiben glossierte der Kölner Stadt-Anzeiger am 7. 1. 1992 unter anderem folgendermaßen:

„Kohl schreibt keineswegs bloß „Alles Gute zum Geburtstag, vor allem Gesundheit", er schreibt auch nicht „Ihre Musik hat mir immer gut gefallen", er verkneift sich natürlich auch jeden Hinweis darauf, daß er seinerseits Richard Clayderman für den Größten hält – nein, der Kanzler tut etwas für die Volksbildung. Wir wissen jetzt, wer Professor Wand ist, wir können auch im Gespräch mit Klassik-Fans so ganz nebenbei seine „zyklischen Einspielungen" einfließen lassen. Und der Jubilar wird dankbar für die Mitteilung sein, daß die Einspielungen internationale Anerkennung gefunden haben, vielleicht wußte er das ja noch nicht ..."

Anstelle der überflüssigen Aufzählungen sollten Sie schreiben, was Sie persönlich über den Lebenslauf des Jubilars/der Jubilarin denken, wie Sie die spezifischen Leistungen würdigen, zum Beispiel:

„Ich habe Sie immer bewundert – als eine Frau, die sich schon zu Zeiten in der Politik Gehör verschaffte, als fast ausschließlich Männer das Feld beherrschten. Von Frau zu Frau sage ich Ihnen: Sie haben uns gut vertreten, engagiert und mit Sachverstand. Sie haben uns Alternativen aufgezeigt ..."

Betonen Sie darüber hinaus die Aspekte, bei denen Sie sich mit der zu würdigenden Person am engsten verbunden fühlen. Vielleicht können Sie sogar persönliche Erinnerungen wecken? Etwa so:

„Damals freute ich mich jeden Donnerstag, wenn `Die Zeit` ins Haus kam, auf Ihre kluge Artikelserie zur Bildungspolitik."

Ausführliche Vorschläge und Hinweise finden Sie in den Musterbriefen und kommentierten Originalschreiben.

Der letzte Satz

... weist nach vorn. Er gehört den Wünschen für die Zukunft.
Menschen, die noch einer beruflichen Tätigkeit nachgehen, wünscht man zum Beispiel:

„... weiterhin Tatkraft, Mut und erfolgreiches Wirken, die Herausforderungen unserer Zeit zu meistern."

Älteren Menschen wünscht man:

„... vor allem Gesundheit und Schaffenskraft – und verlieren Sie nicht den Mut: Wir (Jüngeren) brauchen Sie, Ihren Rat und Ihre Erfahrung und Ihr sicheres Urteil."

Manche lassen sich gern auf eine Zukunft ansprechen, die über das Irdische hinausweist:

„... wünsche ich Ihnen weiterhin Gesundheit, Wohlergehen und Gottes Segen."

Die äußere Form

Nicht nur der Inhalt eines Schreibens, sondern auch seine äußere Form sind maßgebend. Verwenden Sie daher:
- kräftiges Briefpapier bester Qualität (Bütten, Kopfbogen)
- im Ausnahmefall eine Briefkarte (ohne Foto- oder Bildmotiv)
- handschriftliche Anrede
- handschriftliche Schlußformel mit Unterschrift
- Eine besondere Auszeichnung, weil heutzutage immer seltener, ist das Handschreiben.
- Glückwunschtelegramme werden vor allem bei unvorhergesehenen freudigen Ereignissen verwendet, zum Beispiel einem Wahlsieg, einem sportlichen Erfolg, einer hohen Auszeichnung, einer Geburt.
- Teletex-Fernschreiben oder Telefax-Briefe sind unangemessen!
  Ausnahme: Gratulation in letzter Minute (siehe Kapitel 3).

KAPITEL 2

Die korrekte schriftliche Form

Protokollgerechte Anrede

Die korrekte schriftliche Form

So individuell wie der Inhalt Ihres Glückwunsches, so präzise und formal korrekt auf die Empfänger abgestimmt sollten Anschrift und Anrede sein.
Wir haben für Sie die wichtigsten Anschriften und Anreden für Repräsentanten des öffentlichen Lebens im Anhang zusammengestellt.

Grundsätzlich gilt:

- Im Zweifelsfall immer die formellere Anrede- und Schlußformel verwenden; eventuell telefonisch in der Pressestelle die genaue Amtsbezeichnung und Anschrift erfragen.

- In der Anrede findet sich immer häufiger folgende – korrekte – Kombination: „Sehr geehrter Herr Vorsitzender, lieber Herr Müller/lieber Heinz". Das ist in Ordnung, wenn Sie Herrn Müller persönlich kennen und mit ihm auf gutem Fuß stehen.

Bei der Gestaltung der Schlußformel ist entscheidend, ob es sich um ein Schreiben aus offiziellem Anlaß, im Rahmen des täglichen Umgangs oder persönlicher Beziehungen handelt. Immer mehr setzt sich heute die Schlußformel „mit freundlichen Grüßen/mit freundlichem Gruß" durch. Bei offiziellen Glückwünschen sind aber noch die in den Beispielen genannten Formulierungen gebräuchlich. Das ist vor allem eine Frage der Höflichkeit und des Respekts.

Sonderfall: Ehepaare

Bei Schreiben an Ehepaare werden in der Anschrift entweder der volle Name der Ehegatten genannt (Herrn Franz Müller und Frau Maria Müller) oder beide Empfänger gemeinsam aufgeführt (Herrn und Frau Müller).
In der Anrede sollten Sie auf jeden Fall beide Personen anschreiben:

„Sehr geehrte Frau Müller,
sehr geehrter Herr Müller".

Beachten Sie, daß nach dem seit 1994 geltenden Namensrecht beide Ehepartner ihren jeweiligen Namen beibehalten können. Die Ehefrau von Herrn Müller muß also nicht mehr zwangsläufig Frau Müller heißen.

Was sonst noch zu beachten ist:

- Auf die Anrede „Herr" oder „Frau" sollten Sie in keinem Fall verzichten, auch dann nicht, wenn dem Namen eine Amts- bzw. Funktionsbezeichnung oder ein Titel vorangestellt wird. Allerdings: Die Anrede „Fräulein" ist heute kein Ehrentitel mehr wie zu Goethes Zeiten, daher nur auf ausdrücklichen Wunsch der Betroffenen verwenden, sonst immer „Frau". Verzichten Sie lieber auch auf die Anrede „Gnädige Frau" – sie ist ein Anachronismus.

- Falls der Empfänger Ihres Schreibens mehrere Amts-/Funktionsbezeichnungen oder Titel trägt, sollten Sie die Bezeichnung wählen, die den deutlichsten Bezug zum Inhalt Ihrer Mitteilung/Ihres Anliegens hat. Im Zweifelsfall wählen Sie diejenige Titulierung, mit der die

angeschriebene Persönlichkeit in der Öffentlichkeit am häufigsten identifiziert wird.
- Ausländische Staatsoberhäupter, ausländische Minister und Botschafter aus dem Ausland werden grundsätzlich als „Exzellenz" angeschrieben, sofern nicht andere Prädikate in Betracht kommen. So werden beispielsweise Monarchen mit „Eure Majestät" angeredet.
- Bei Frauen wird die Amts-, Funktions- oder Berufsbezeichnung bzw. der Titel heute normalerweise in der weiblichen Form verwendet. Es heißt also z. B. „Frau Präsidentin", „Frau Oberregierungsrätin" usw. (siehe nachstehende Beispiele). Im Zweifelsfall die gewünschte Anrede bei der Pressestelle erfragen.

Beispiele:

- Weibliche Anredeformen

Anschrift:
An die Präsidentin (Vizepräsidentin)
des Deutschen Bundestages
Frau ... (Titel, Vorname, Name)

Anrede:
Sehr verehrte/geehrte Frau Bundestagspräsidentin

(Auch Vizepräsidenten werden aus Höflichkeit mit „Herr Präsident/Frau Präsidentin" angesprochen.)

Schlußformel:
Mit vorzüglicher Hochachtung/mit freundlichen Grüßen

Anschrift:
An die
Bundesministerin der/des/für ...
Frau ... (Titel, Vorname, Name)

Anrede:
Sehr verehrte/sehr geehrte
Frau Ministerin/Frau Bundesministerin

Schlußformel:
Mit vorzüglicher Hochachtung/mit freundlichen Grüßen

Bei Landesregierungen lautet die Anrede:
Sehr verehrte/sehr geehrte Frau Ministerin/Frau Ministerpräsidentin/Frau Senatorin

- Bundesminister/Bundesbehörden

Bei männlichen Mitgliedern des Bundesregierung schreiben Sie:

An den Bundesminister der/des/für ...
Herrn ... (Titel, Vorname, Name)

Herrn
Bundeskanzler (Zusatz „der Bundesrepublik Deutschland" nur im internationalen Schriftverkehr erforderlich)
(Titel, Vorname, Name)

Schlußformel:
Mit vorzüglicher Hochachtung/mit freundlichen Grüßen

Aber:
Wenn Sie sich an die Behörde, nicht an den Amtsinhaber persönlich wenden, lautet die korrekte Anschrift der Bundesministerien neutral:

An das
Bundesministerium der/des/für ...

Denn 1993 hat die Bundesregierung generell die Einführung der sächlichen Bezeichnung der Bundesministerien beschlossen.

Im Anhang finden Sie die protokollgerechten Briefanschriften und Anreden für Repräsentanten aus Politik, Justiz, Diplomatie, Wirtschaft und Kirche.

KAPITEL 3

Mustergültig für Anlässe von A bis Z

Musterbriefe

Musterbriefe: Mustergültig für Anlässe von A bis Z

Grau ist alle Theorie. Also zur farbenreichen Fülle der Praxis. Dem Ereignis angemessen, verleihen Sie Ihrem Glückwunsch in kräftigen sprachlichen Farben, zum Beispiel bei einem Vereinsjubiläum, oder in zarteren Pastelltönen, etwa bei der Geburt eines Kindes, Ausdruck.

In vielen Nuancen zeigen die folgenden Musterbriefe, wie Sie zu unterschiedlichen Anlässen stilsicher und öffentlichkeitswirksam eine Gratulation im öffentlichen Leben aussprechen.

Vergleichen Sie – je nach Anlaß und Adressaten – die Musterbriefe mit den kommentierten Originalschreiben in Kapitel 4.

Alle Musterbriefe sind, auch optisch klar erkennbar, in drei Teile gegliedert; jeder Gliederungspunkt entspricht dem klassischen Dreiklang (drei W's):
- Warum (Anlaß)
- Würdigung
- Wünsche für die Zukunft

Zur äußeren Form:
- Schreiben Sie Ihre offizielle Gratulation möglichst auf Kopfbogen; keinen Fensterumschlag, sondern ein gefüttertes Kuvert verwenden.
- Bei (handschriftlichen) Glückwünschen an private Empfänger lassen Sie das Anschriftenfeld frei und beginnen direkt mit der persönlichen Anrede. In diesem Fall schreiben Sie die Anschrift ausschließlich auf den Umschlag.

Musterbriefe finden Sie zu folgenden Anlässen:

Abitur
Amtsübernahme
Auszeichnung/Orden/Preisverleihung
Beförderung
Eheschließung
Eröffnung/Einweihung
Feuerwehr (siehe Vereinsjubiläen)
Firmenjubiläum
Geburt eines Kindes
Geburtstag (von 50 bis 80/Adressaten ohne Amt/Mitarbeiter)
Gewerbeschau/Jubiläum
Hochzeitsjubiläen (Silberne/Goldene Hochzeit)
Kleine Anlässe zum Gratulieren
Neujahrswünsche
Parteiveranstaltung
Pensionierung
Sportlicher Sieg (Mannschafts-/Einzelsieg)
Vereinsjubiläen (Gesangs-, Schützen-, Karnevalsverein/Präsident; Freiwillige Feuerwehr)
Wahlsieg
Zeitungsjubiläum
Sonderfall: „Last minute"- und nachträgliche Gratulation

Und: Während in den Originalschreiben überwiegend männliche Prominenz dominiert, wurde dem wachsenden Anteil von Frauen in Führungspositionen bei den Musterbriefen Rechnung getragen.

Abitur

Viele Abiturjahrgänge geben zum Ende Ihrer Schulzeit Abizeitungen heraus, in denen sie selbst Bilanz ziehen und für die sie Prominente – bis hin zum Bundeskanzler – um Grußworte, vor allem aber um Perspektiven bitten. Eine Chance, die Jugend direkt anzusprechen!

> Liebe Abiturientinnen,
> liebe Abiturienten,
>
> die letzte Hürde haben Sie erfolgreich genommen. Meinen Glückwunsch! Bald werden sich die Schultore hinter Ihnen schließen. Der eine wird mehr mit Wehmut, der andere vielleicht mehr mit Zorn auf diese Zeit zurückblicken.
>
> - Für Sie alle beginnt jetzt ein neuer Lebensabschnitt, den manche als „Ernst des Lebens" bezeichnen. Ich bin sicher, daß Sie den Ernst des Lebens schon während Ihrer Schulzeit kennengelernt haben. Denn Sie haben in den zurückliegenden Jahren mehr gelernt als das, was Ihnen heute als Zahlenbilanz im Zeugnis vorliegt. Den Wechsel von Erfolg und Mißerfolg, geglückten Anstrengungen und ärgerlichen Rückschlägen, von schwierigen und angenehmen Menschen, das Zurechtfinden in einer Gemeinschaft zu einem verträglichen sozialen Miteinander: Auch das haben Sie in der Schule erfahren.
> Im Blick auf Ihren weiteren Lebensweg stehen Sie jetzt vor weitreichenden Entscheidungen. Ich wünsche Ihnen, daß Sie diese Chance gut nutzen. Zukunftspläne schmieden, sich neue Horizonte erschließen, etwas leisten – das sind die eigentlichen Quellen des Glücks und der Zufriedenheit.
>
> - Wenn Sie nun ins Berufsleben eintreten oder sich in Studium und Fortbildung weiter darauf vorbereiten, dann bitte ich Sie, Ihre Energien nicht allein auf Ihren persönlichen Erfolg zu lenken. Ebenso wichtig ist, daß Sie einen Teil Ihrer Kraft dem Allgemeinwohl (unserer Stadt o.ä.) widmen und sich zugunsten derer engagieren, die nicht oder nicht mehr über die Kraft zum Engagement verfügen. Unser Gemeinwesen braucht Sie: junge Menschen mit Tatkraft und Phantasie.
> Der vor Ihnen liegende Lebensabschnitt birgt sicherlich auch Schwierigkeiten und Unwägbarkeiten. Vor allem jedoch bieten sich Ihnen neue, großartige Zukunftschancen. Lassen Sie sich von niemandem Angst vor der Zukunft einreden. Ihre Generation hat wie kaum eine andere in der Geschichte Deutschlands und Europas die Aussicht auf ein Leben in Frieden und Freiheit.
>
> - Nutzen Sie Ihre Talente und das Wissen, das Sie sich in der Schulzeit erworben haben. Denn: „Unser Wissen ist nicht vorhanden, wenn es nicht genutzt wird." Mit diesen Worten des großen Komponisten Igor Strawinsky gratuliere ich Ihnen herzlich zum bestandenen Abitur und wünsche Ihnen für Ihren weiteren Lebensweg Erfüllung und Zufriedenheit bei den Aufgaben, die Sie sich vorgenommen haben.
> alternativ:
> Ich wünsche Ihnen Glück und Erfolg auf all Ihren beruflichen und privaten Wegen – und ich wünsche unserer Demokratie (unserer Stadt o. ä.), daß sie auf Sie und Ihre Mitarbeit zählen kann.
> Mit freundlichen Grüßen
> Ihr/e

Amtsübernahme

Aus diesen Bestandteilen mixen Sie Ihren Glückwunsch-Cocktail für ein Schreiben zur Amtsübernahme:
- Glückwunsch
- Wunsch nach guter Zusammenarbeit (bei Wiedergewählten: nach weiterer guter Zusammenarbeit/Kontinuität)
- politische Aussage, die Gemeinsamkeit hervorhebt
- abschließender Wunsch für erfolgreiches Wirken im neuen Amt und persönliches Wohlergehen

(siehe auch „Beförderungen" sowie Kapitel 4.5. „Glückwünsche zum Wahlsieg und Amtsantritt")

An den
Hauptgeschäftsführer der
Handwerkskammer ...

Sehr geehrter Herr ...,

- zur Übernahme Ihrer verantwortungsvollen Aufgabe wünsche ich Ihnen Erfolg, eine glückliche Hand und persönliche Zufriedenheit.

- Wir sind in unserer Stadt darauf angewiesen, daß das Handwerk seinen Beitrag zur gedeihlichen Entwicklung leistet – nicht nur im Hinblick auf die Gewerbeeinnahmen; vor allem im Blick auf die Menschen, für die wir gemeinsam, wenn auch in unterschiedlichen Ämtern, Verantwortung tragen.

- Das Handwerk sichert Ausbildungs- und Arbeitsplätze in unserer Region; es ist ein unverzichtbarer Faktor für unser wirtschaftliches und soziales Wohlergehen.
Ich freue mich, wenn wir in Kürze bei einem persönlichen Treffen, zu dem ich Sie herzlich einlade, die uns gemeinsam berührenden Fragen vertiefen können.

- Bis dahin wünsche ich Ihnen einen guten Start, der sich in einer gelassenen, erfolgreichen Amtszeit fortsetzen möge – und bei aller Belastung genügend Zeit für Ihre Familie, die ich auf diesem Wege herzlich grüße.

Für Sie persönlich Gesundheit, Glück und Gottes Segen!
Ihr/e

Auszeichnung

Wie fühlt man sich nach einer Preisverleihung? – Ausgezeichnet!
(Dieter Hildebrandt, Kabarettist)

Jedes Jahr werden einige Tausend verdiente Bürgerinnen und Bürger mit dem Bundesverdienstkreuz ausgezeichnet. Am häufigsten – etwa 3000 Mal – wird das Verdienstkreuz am Bande verliehen, seltener schon – knapp 500 Mal pro Jahr – das Verdienstkreuz 1. Klasse.

Das sind die einzelnen Ordensstufen in der Reihenfolge:
- Verdienstmedaille
- Verdienstkreuz am Bande
- Verdienstkreuz 1. Klasse
- Großes Verdienstkreuz
- Großes Verdienstkreuz mit Stern
- Großes Verdienstkreuz mit Stern und Schulterband
- Großkreuz

Die Verleihung eines Verdienstordens, aber auch jede andere Auszeichnung – ob Preisträger in einem Wettbewerb oder die Ernennung zum Ehrendoktor bzw. Ehrenbürger – sind Anlässe, in der Gratulation die Verdienste, für die die Auszeichnung verliehen wurde, in den Mittelpunkt zu stellen. Der Schlußsatz weist in die Zukunft: Wunsch nach weiterer erfolgreicher Arbeit, Ansporn zu neuen, herausragenden Leistungen (siehe auch Kapitel 4.3.).

Sehr geehrte Frau ...,

- zur Verleihung des Verdienstkreuzes 1. Klasse der Bundesrepublik Deutschland gratuliere ich Ihnen, auch im Namen der Fraktionskolleginnen und -kollegen (des Stadtrates o. ä.), sehr herzlich.

- Ich freue mich, daß mit dieser hohen Auszeichnung Ihr ehrenamtliches Engagement in der Betreuung ausländischer Mitbürger gewürdigt und öffentlich anerkannt wird. Wir, die wir über viele Jahre Ihren täglichen Einsatz, Ihre schier unerschöpfliche Geduld beobachten konnten, wissen, was Sie im Stillen geleistet haben, um anderen Menschen Hilfe und Ermutigung zu geben.
Ich möchte diesen Tag deshalb auch zum Anlaß nehmen, Ihnen für Ihre Arbeit unseren Dank und Respekt auszusprechen. Gerade in einer Zeit, in der wir darauf achten müssen, daß Fremde nicht als Feinde, sondern als Freunde betrachtet und behandelt werden, ist Ihr Engagement uns allen Vorbild.

- So hoffe ich, daß diese Auszeichnung dazu beiträgt, für Ihr Anliegen in Zukunft noch mehr Mitstreiter und Unterstützung zu gewinnen.

In herzlicher Mitfreude
Ihr/e

Auszeichnung

Bei einer überraschenden Auszeichnung empfiehlt es sich, ein Telegramm zu schicken und spontan zu formulieren:

> Lieber Herr ...,
>
> - soeben habe ich erfahren, daß Sie für Ihre langjährigen Forschungsarbeiten auf dem Gebiet der ... mit dem Leibnitz-Preis ausgezeichnet worden sind. Meinen herzlichen Glückwunsch!
>
> - Ich freue mich mit Ihnen, daß Ihre Arbeit damit öffentliche Anerkennung und Aufmerksamkeit über die Fachwelt hinaus findet. Und ich gebe zu: Wir sind stolz, einen so ausgezeichneten Forscher in unserem Hause (unseren Reihen, unserer Stadt) zu haben. Forschung und Innovation, kreative Köpfe, die sich hier engagieren: Das ist das Kapital für unsere Zukunftssicherung. Sie haben dazu einen hervorragenden Beitrag geleistet.
>
> - Viel Erfolg und Freude weiterhin.
>
> Mit herzlichen Grüßen
> Ihr/e

Beförderung

Mit Ihrem Adressaten geht es aufwärts: Ähnlich wie bei Gratulationen zur Amtsübernahme (siehe dort) stehen Glückwunsch, Erwartung nach guter Zusammenarbeit und Wünsche für weiteren beruflichen Erfolg bei einer Beförderung im Zentrum. Ein Rückblick auf die bisherige Tätigkeit ist angebracht, um den Karriereschritt aus vorherigen Leistungen zu begründen.
Aber niemals die bisherige Tätigkeit abqualifizieren, nach dem Motto „Endlich sind Sie dort angekommen, wo Sie hingehören!"

> Liebe Frau ...,
>
> - ich freue mich für Sie und mit Ihnen, daß nunmehr eine Frau die obersten Sprossen der Karriereleiter als Amtsleiterin erklommen hat. Zu diesem Erfolg gratuliere ich Ihnen herzlich!
>
> - Niemand weiß besser als Sie, daß die neue Aufgabe – noch mehr als die bisherige – von Ihnen Entscheidungsfreude, Urteils- und Überzeugungskraft, vermutlich auch die eine oder andere Überstunde mehr, verlangt. Das alles haben Sie in den zurückliegenden Jahren unter Beweis gestellt; mehr noch: Ihre Fähigkeit, Menschen zu führen, vor allem im Team zusammenzuführen, hat mir besonders imponiert.
>
> - Ich freue mich deshalb, wenn wir die gute Zusammenarbeit auch in der neuen Position fortsetzen können. Für Ihre verantwortungsvolle Aufgabe wünsche ich Ihnen Zufriedenheit, verläßliche Mitarbeiterinnen und Mitarbeiter sowie das unerläßliche Quentchen Glück, um auf Erfolgskurs zu bleiben.
>
> Mit allen guten Wünschen für die Zukunft
> Ihr/e

Per Telegramm und folglich kürzer, ohne jedoch auf eines der drei wesentlichen Elemente eines guten Glückwunschschreibens zu verzichten, gratulieren Sie beruflichen Aufsteigern so:

Sehr geehrter Herr Dr. ...,

- herzlichen Glückwunsch zum Eintritt in die Geschäftsleitung!

- Ich denke gern an unsere frühere Zusammenarbeit und freue mich auf zukünftige.

- Besonders aber freue ich mich für Sie. Ich wünsche Ihnen für Ihre verantwortungsvolle Aufgabe eine glückliche Hand.

Herzlichst
Ihr/e

Liebe Frau ...,

- mit großer Freude habe ich soeben von Ihrer Ernennung in den Vorstand der ABC-AG gehört. Für die neue Verantwortung, die Sie nun übernehmen, sind Sie durch langjährige Erfahrung bestens gerüstet.

- Ich gratuliere herzlich und wünsche Ihnen, daß Sie die neue Herausforderung mit Elan und Erfolg meistern: so, wie ich Sie in Ihren bisherigen Ämtern kennen- und schätzengelernt habe.

- Mit herzlicher Anerkennung grüßt Sie
Ihr/e

Sehr geehrter Herr ...,

- wir gratulieren Ihnen sehr herzlich zu Ihrer Berufung in das Beamtenverhältnis als Beigeordneter der Gemeinde ....

- Schön, daß Sie Ihre langjährige kommunalpolitische Erfahrung nunmehr in einem noch größeren Wirkungskreis nutzen können.

- Erfolg und Freude im neuen Amt wünschen Ihnen

Ihr/e

Eheschließung

Einen offiziellen Glückwunsch zur Hochzeit sollten Sie nach Möglichkeit handschriftlich verfassen. Kopfbogen, keine konfektionierten Grußkarten verwenden. Im Kapitel 5 „Zitate" finden Sie zahlreiche Hinweise, um das Thema „Glück" zu variieren. Erkundigen Sie sich auch vorher, wie die Ehegatten heißen. Nach geltendem Namensrecht kann zum Beispiel jeder seinen Namen beibehalten. Dann lautet die korrekte Anrede so:

> Liebe Frau Müller,
> lieber Herr Meyer,
>
> - meine Frau und ich wünschen Ihnen von Herzen Glück für eine gute gemeinsame Zukunft.
>
> - Als „altes Ehepaar" möchten wir Ihnen sagen: Es ist ein schönes Gefühl, gemeinsam durchs Leben zu gehen!
>   Bei den guten Tagen verdoppelt sich die Freude, bei den weniger guten halbieren sich Sorgen und Mühe.
>
> - Daß Sie vor allem gute Zeiten miteinander erleben mögen, ist unser Wunsch für Sie beide.
>   Viel Freude bei allem, was Sie sich gemeinsam vorgenommen haben.
>
> Ihre
>
> Textvariante:
>
> Ein humorvoller Mensch hat einmal gesagt, daß die Ehe eine Einrichtung ist, in der man die Sorgen miteinander teilt, die man alleine nicht hätte.

Wenn Sie, zum Beispiel als Vorgesetzte/r, nur einen Ehepartner persönlich kennen, können Sie wie folgt verfahren:

> Liebe Frau ...,
>
> - zu Ihrer heutigen Eheschließung übermittle ich Ihnen im eigenen wie auch im Namen Ihrer Kolleginnen und Kollegen unsere aufrichtigen und herzlichen Glückwünsche.
>
> - Wir sind zuversichtlich, daß die Entscheidung, nunmehr mit Ihrem Mann die Zukunft gemeinsam zu gestalten, die Erfüllung Ihrer Wünsche bringen wird.
>
> - Viel Glück auf dem gemeinsamen Lebensweg wünschen Ihnen und Ihrem Mann
>
> (evtl. mehrere Unterschriften)

> Lieber Heinz,
>
> - ganz herzliche Glückwünsche für Deine Frau und Dich zur Hochzeit! An Eurem Festtag möchte ich allerdings auch einen Wunsch äußern:
>
> - Ich hoffe, daß neue häusliche Bindungen Deinen hilfreichen Einsatz für unsere Vereinsarbeit nicht zu sehr beschränken werden.
>
> - Laßt es Euch gut ergehen!
>
> Mit den besten Wünschen und Grüßen
> Euer
> (Vereinsvorstand)

Wenn Sie kurzfristig oder verspätet von der Eheschließung erfahren:

> Liebe Frau ..., lieber Herr ...,
>
> - ich freue mich mit Ihnen über die – für mich gänzlich überraschende – schöne Nachricht, daß Sie heute (gestern) geheiratet haben.
> - Von Herzen alles Gute für eine glückliche Zukunft zu zweit!
>
> Ihr/e

Nur wenn Sie den Eheleuten persönlich nahestehen, sollten Sie das Thema „Liebe" direkt ansprechen. Wenn Sie die Anrede ausnahmsweise einmal an den Schluß stellen, können Sie dem Glückwunsch den Charakter eines Leitwortes geben:

Nichts ist größer und schöner als zu lieben und – oh Wunder! – auch noch geliebt zu werden ...
Herzlichen Glückwunsch, liebe Ilka, lieber Matthias – und allezeit viel Liebe!

Ein glückliches Ereignis wie die Eheschließung verträgt auch eine launige, in der Substanz dem Anlaß gleichwohl angemessene Gratulation, indem Sie das Thema „Trauung – Trauen – Vertrauen" anläßlich einer kirchlichen Hochzeit variieren:

> Liebes Brautpaar,
>
> - Sie haben sich heute getraut – im wahrsten Sinne des Wortes: Sie haben sich getraut, den Bund fürs Leben zu schließen – obwohl heute doch schon jede dritte Ehe wieder geschieden wird und – wenn Sie mir einen Blick in die Zukunft gestatten – die Welt einer Bevölkerungsexplosion entgegengeht. Sie haben sich getraut, Ja zueinander zu sagen und einander Vertrauen und Zutrauen zu schenken.
> - Zu Ihrem mutigen Entschluß gratuliere ich Ihnen ganz herzlich und wünsche für Ihre Zukunft vor allem das eine: daß die Liebe Sie auf all Ihren Wegen begleitet.
>
> Herzlichst
> Ihr/e

Eröffnung/Einweihung

Guter Start – erfolgreiche Zukunft – Beitrag zum Allgemeinwohl: Das sind die Botschaften für eine Gratulation zur Geschäftseröffnung oder zur Einweihung einer öffentlichen Einrichtung:

> Sehr geehrte Frau ...,
>
> - Sie haben heute den Sprung in die Selbständigkeit gewagt.
>   Zur Geschäftseröffnung gratuliere ich Ihnen herzlich. Ich wünsche Ihnen, daß sich das Sprichwort bewahrheitet: Wer wagt, gewinnt!
>
> - Mit Ihrer langjährigen Erfahrung und mit Ihren Fachkenntnissen haben Sie eine solide Grundlage geschaffen, um nun eine erfolgreiche Zukunft als Inhaberin der Firma ABC darauf aufzubauen. Ich freue mich besonders darüber, daß unsere Hauptstraße durch Ihre Neugründung um ein attraktives Angebot reicher wird.
>
> - Viel Erfolg, Freude und zufriedene Kunden wünscht Ihnen
>
> Ihr/e

Zur Einweihung einer öffentlichen Einrichtung, z. B. einer Schule, legen Sie den Akzent deutlicher auf das öffentliche Interesse:

> Sehr geehrter Herr (Ober-)Studiendirektor,
> liebes Kollegium,
> liebe Schülerinnen und Schüler!
>
> - Das Warten hat ein Ende: für Sie, für Schüler und Eltern, auch für uns, die wir den Neubau des städtischen Gymnasiums erwartungsvoll begleitet haben.
>   Ich gratuliere Ihnen, lieber Herr ..., als dem neuen Hausherrn herzlich und wünsche Lehrern und Schülern, daß sie sich in den neuen Räumen wohl fühlen.
> - Schon Martin Luther hat erkannt: „Wenn die Schulen zunehmen, steht's wohl im Land."
>   Sein Wort hat noch heute Gültigkeit: Bildung und Ausbildung sind ein Pfund, mit dem wir wuchern müssen, um im Wettbewerb erfolgreich bestehen zu können. Je mehr wir in Kreativität und Köpfe investieren, desto eher steht's wohl bei uns im Land (in unserer Stadt/Verbandsgemeinde o.ä.).
>   Doch sollte das neue Schulgebäude mehr sein als ein Ort der Wissensvermittlung. Ich hoffe, daß es auch ein Ort sein wird, an dem Gemeinschaft erlebt und gepflegt werden kann, ein Ort, an dem aus Freude Leistung wächst, die auf unsere Gemeinde ausstrahlt.
>   Die öffentliche Theateraufführung im letzten Jahr war ein gelungener Beweis, wie Schule über den eigentlichen Bildungsauftrag hinaus dazu beitragen kann, daß es „wohl steht" bei uns.
>
> - Ich wünsche uns allen, daß sich Lehrer, Schüler und die Bürgerinnen und Bürger unserer Stadt in diesem neuen Gebäude in konstruktivem Geist begegnen.
>
> Ihr/e

Firmenjubiläum

Bei runden Firmenjubiläen bedeutender Arbeitgeber am Ort ist persönliches Erscheinen Pflicht. Zusätzlich empfiehlt sich ein schriftlicher Glückwunsch, der in die Firmenannalen eingeht – es sei denn, Sie halten die Festrede.

Sind Sie Gewerkschafter oder der Gewerkschaft besonders verbunden, vergessen Sie nicht, ein entsprechendes Schreiben an den Betriebsrat zu richten.

Einen eleganten Anknüpfungspunkt bei Jubiläen bietet der Hinweis auf ein historisches Ereignis im Gründungsjahr. Entsprechende Daten finden Sie in Chroniken (siehe auch Kapitel 4.2.).

Zum Jubiläum eines Unternehmens, das 1981 gegründet wurde, läßt sich in einem Schreiben an die Geschäftsleitung so die Parallele ziehen:

> Sehr geehrte Herren,
>
> - im August 1981, also zu derselben Zeit, als Ihr Unternehmen sich hier ansiedelte, wurde in den USA der erste PC angekündigt. Dieses Datum hat durchaus symbolische Bedeutung: Denn ein PC ist wie ein Unternehmen – oder umgekehrt: Es kommt nichts heraus, was nicht vorher hineingesteckt wurde.
>
> - Sie haben seither eine Menge in das Unternehmen hineingesteckt – und für uns alle ist eine Menge dabei herausgekommen: zukunftssichere Arbeitsplätze und eine attraktive Produktpalette, die untrennbar mit dem Namen unserer Stadt verbunden ist.
>   Um es auf einen kurzen Nenner zu bringen: Wenn es der Firma XY gut geht, geht es uns allen gut!
>
> - In diesem Sinne wünsche ich Ihnen für die Zukunft weiterhin gute Geschäfte und persönlichen Erfolg; uns allen eine gedeihliche Zusammenarbeit.
>
> Ihr/e

Wenn Sie bei einer persönlichen Einladung verhindert sind, fügen Sie Ihrem schriftlichen Glückwunsch möglichst eine zusätzliche Aufmerksamkeit bei:

> Sehr geehrte Frau ...,
>
> - fünf Jahre ABC-Agentur: Das ist eine schöne, stolze Zeit.
>
> - Leider bin ich durch eine USA-Reise verhindert, persönlich mit Ihnen zu feiern, aber ich teile Ihre Freude und bin in Gedanken bei Ihnen und Ihren Gästen.
>   Die Blumen mögen Ihnen sagen, was ich Ihnen wünsche: daß Ihr Unternehmen weiter blüht und gedeiht.
>
> - Meine herzlichen Glückwünsche für Sie und Ihre Mitarbeiter
>
> Ihr/e

25 Jahre Geschäfts- oder Firmenjubiläum sind Anlaß für einen Rückblick:

> Lieber Herr ...,
>
> - genau ein Vierteljahrhundert ist es her, daß Sie als Jungunternehmer mit Ihrem Betrieb hier ansässig wurden. Wie die Zeit vergeht: Heute sind Sie ein geachteter, alteingesessener Unternehmer. Herzlichen Glückwunsch zum Jubiläum!
>
> - Mit hohem persönlichem Einsatz und großem unternehmerischem Geschick haben Sie es geschafft, Ihrem Unternehmen seinen festen Platz in der Region zu sichern – und Ihren Mitarbeitern krisenfeste Arbeitsplätze.
>
> - Ich wünsche Ihnen, daß sich die Firma ... in den nächsten 25 Jahren mit derselben Dynamik weiterentwickelt – zum Wohle aller.
>
> Mit den besten Wünschen für die Zukunft bin ich...

Geburt eines Kindes

Gibt es einen erfreulicheren Gratulationsanlaß als die Geburt eines gesunden Kindes? Kaum. Deshalb muß auch der offizielle Glückwunsch nicht in ein förmlich-steifes Korsett gezwängt werden. Grundsätzlich stehen zwei Varianten zur Verfügung, das freudige Ereignis zu würdigen: in einer Gratulation an die Eltern oder – im Ton besonders liebevoll – direkt an den neuen Erdenbürger. In beiden Fällen am besten handschriftlich.

> Liebe Lara,
>
> - Du bist jetzt schon sieben Tage alt und hast bereits viel gesehen. Vor allem die glücklichen Augen Deiner Eltern.
>   Wir wünschen Dir, daß Du immer so viel Glück verbreiten und erleben wirst.
>
> - Ein amerikanischer Maler hat einmal gesagt: „Wir alle sind Wellen in ein und demselben Meer." Jetzt hat das Meer eine Welle hinzubekommen. Und die bist Du. Wie schön!
>
> - Herzliche Glückwünsche an Mami und Papi von

Bei Geschwistern schreiben Sie an das Neugeborene:

> Lieber Marc,
>
> - daß Ilka nun ein Brüderchen bekommen hat, wird sie und ihre Eltern freuen. Wir freuen uns mit!
>
> - Als kleine Erinnerung an unsere Freude haben wir diesem Glückwunsch eine hölzerne Ente beigegeben. Sie folgt Dir auf Schritt und Tritt, wenn Du sie hinter Dir herziehst, und schnattert dann auch – aus Freude eben.
>
> - Für Dich und Deine neue Familie alles Liebe von
>
>   ... und allen Mitarbeitern

Etwas offizieller im Ton klingt die Gratulation an die Eltern:

> Sehr geehrte Frau ...,
> sehr geehrter Herr ...,
>
> - nun hat er also das Licht der Welt erblickt: Ihr kleiner Sebastian. Ich freue mich mit Ihnen und gratuliere herzlich.
>
> - Ich wünsche Ihnen, daß Sebastian ein zufriedener und zuversichtlicher Mensch wird, der mit seinen Talenten und Begabungen ein glückliches, erfülltes Leben führt, dabei immer Menschen in seiner Nähe hat, mit denen er sich wohlfühlt – und Ziele findet, für die zu leben sich lohnt.
>
> - Ihnen allen eine glückliche Zukunft!
>
>   Herzlichst,

Als Vereinsvorsitzende/r können Sie die Hoffnung ausdrücken, daß der neue Erdenbürger den Vereinsnachwuchs sichert und beispielsweise den ersten Jahresbeitrag für das Jungmitglied als Geschenk zur Geburt übermitteln:

> Liebe ..., lieber ...,
>
> - wir freuen uns mit Euch über die Geburt Eurer Tochter.
>
> - Ich hoffe, sie hat Eure Freude am Gesang geerbt, denn unsere Sopranstimmen brauchen jugendliche Verstärkung. Wie ich höre, soll ihre Stimme ja schon sehr kräftig und laut sein!
> Ihr wißt, daß man mit dem Ausbilden der Stimme nicht früh genug beginnen kann. Deshalb übermittle ich Euch im Namen aller Vereinsmitglieder den ersten Jahresbeitrag für Eure Tochter und heiße sie bei uns herzlich willkommen.
>
> - Alles Gute, Glück und Gesundheit für Euch drei!

Eine persönliche Beziehung läßt sich auch dadurch herstellen, daß Sie an die Namensbedeutung anknüpfen und daraus Wünsche für die Zukunft ableiten. Namenslexika geben Auskunft: Felix bedeutet „der Glückliche", Rainer „der gute Ratgeber", Petra ist „die Beständige und Verläßliche", Britta „die Hochgestellte" usw.

Geburtstage

„Was könnte man dem Menschen antun, der das Feiern von Geburtstagen erfunden hat? Nur Umbringen wäre zuwenig."
Auch wenn dieser Satz von Mark Twain Ihnen aus dem Herzen spricht – einen Geburtstag einfach zu „vergessen", ist problematisch: um so mehr, je „offizieller" Sie zu gratulieren hätten.
Für den Fall, daß dennoch einmal ein Geburtstag übersehen wird, finden Sie am Ende dieses Kapitels Tips für eine „Last minute"- oder eine nachträgliche Gratulation.

Was bedeutet eigentlich der Geburtstag?
Nicht ganz einheitlich, aber aufschlußreich und auch zitierfähig für Ihr Glückwunschschreiben sind diese beiden Definitionen:

„Der Geburtstag ist ein Freudenfest und gilt als glückbringend. Glückwunsch und Geschenk gehören zu seiner brauchtümlichen Feier."
(Meyers Enzyklopädisches Lexikon, 1973)

„Feier des jährlichen Wiederkehr des Tages der Geburt; im Altertum und im Mittelalter bereits bekannt, aber nur vereinzelt in höheren Gesellschaftsschichten gefeiert. Ausdruck eines modernen, linearen Zeitverständnisses – im Unterschied zum Namenstag."
(Brockhaus Enzyklopädie, 1989)

Ab wann gratulieren?

Protokollarisch streng verbindliche Vorschriften gibt es nicht. Usus:

- Bei Prominenten wird ab Vollendung des fünfzigsten zu den „runden" Geburtstagen (sechzig, siebzig) gratuliert.
- Wenn mit dem 65. Geburtstag die Aufgabe eines Amtes, der Abschied vom Beruf verbun-

den ist, so ist auch dieser Anlaß ein „Muß" für Gratulation, Dank, Abschied und Glückwunsch für die Zukunft.
- Einen Fünf-Jahres-Rhythmus sollten Sie ab dem 75. Geburtstag,
- eine jährliche Gratulation bei über 90jährigen Jubilaren einhalten.

Ausnahmen sind möglich, je besser Sie die Adressaten kennen.

Ergänzend zu den folgenden Musterbriefen zu runden Geburtstagen enthält Kapitel 4.1. eine Auswahl von Geburtstagsglückwünschen an unterschiedliche Adressaten von A bis Z.
Vorsicht: Nicht jeder Jubilar wird gerne öffentlich an sein Alter erinnert; insbesondere bei Damen ist es nicht durchgängig üblich, die Jahreszahl zu nennen. In solchen Fällen weichen Sie auf eine neutrale Formulierung „zu Ihrem (schönen/runden) Geburtstag ..." aus.

Zum 50. Geburtstag

Mit 50 steht Ihr Adressat auf der Höhe seines beruflichen Lebens: Das bestimmt den Tenor der Gratulation.
In diesem Musterbrief wird das Alter des Empfängerin genannt: Im Zweifelsfall bei weiblichen Adressaten (noch) darauf verzichten und auf allgemeine Formulierungen zurückgreifen.

> Sehr geehrte Frau ...,
>
> - wir freuen uns, Ihnen zur Vollendung Ihres 50. Lebensjahres herzliche Glückwünsche aussprechen zu dürfen.
> Ein runder Geburtstag ist ein Meilenstein im Leben und beschließt ein halbes Jahrhundert, das im Rückblick, gefüllt mit mannigfachen Eindrücken und Erlebnissen, meist viel zu schnell vorüber geeilt ist.
>
> - Im menschlichen Leben wechseln Phasen, in denen nicht alle Träume reifen, mit Zeiten, in denen so viel wie sonst nie gelingt. Solche Jahre des Gelingens und des Glücks wünschen wir Ihnen für das neue Jahrzehnt.
>
> - Gerne nehmen wir Ihren Ehrentag auch zum Anlaß, Ihnen für die gute und vertrauensvolle Zusammenarbeit zu danken.
>
> Mit freundlichen Grüßen
> Ihr/e

Zum 60. Geburtstag

Die 60jährigen befinden sich in bester Gesellschaft. Jede/r fünfte Deutsche ist heute 60 und älter; zur Jahrtausendwende wird jede/r vierte dieser Altersgruppe angehören. Allein aufgrund der demographischen Entwicklung ist ihr Engagement unverzichtbar. Kompetenz, Besonnenheit und Urteilskraft: Das sind die Vorzüge des Alters gegenüber der Jugend.
Nehmen Sie als Vorgesetzte/r die Gratulation zum Anlaß eines allgemeinen Dankes für geleistete Arbeit. Die eigentlichen Geburtstagswünsche rücken an den Schluß:

> Sehr geehrter Herr ...,
>
> - als langjähriger Mitarbeiter unserer Forschungs- und Entwicklungsabteilung haben Sie immer wieder das Kunststück fertiggebracht, auch mit einfachen Mitteln auf überzeugende Lösungen zu stoßen. Im Jahre 199. beispielsweise brachten Sie unser Unternehmen durch ein neuartiges Analyseverfahren einen wesentlichen Schritt voran. Daneben haben Sie immer wieder Erfolge erlebt, deren Bedeutung und Nutzen eigentlich nur Insider richtig zu schätzen wissen.
>
> - Für diese Leistungen und für Ihr unermüdliches Engagement zum Wohle unseres gesamten Unternehmens danke ich Ihnen heute, an Ihrem 60. Geburtstag, sehr herzlich.
>   Mögen Sie in Ihrer Arbeit auch weiterhin jenes Maß an Freude und Zufriedenheit finden, das Ihnen bereits bisher so viel Elan und Energie geschenkt hat.
>
> - Für Ihr Forschen und Planen wünsche ich Ihnen auch weiterhin alles Gute und viel Erfolg!
>
> Mit freundlichen Geburtstagsgrüßen
> Ihr/e

Wie sich mit Wortwitz und Sprachbildern aus dem Fachgebiet des Adressaten gratulieren läßt, zeigt diese Eloge auf einen Architekten:

> Sehr geehrter Herr ...,
>
> - Glückwunschschreiben an Architekten und Statiker sind ganz besonders schwer zu konstruieren. Denn in unserer Sprache gibt es hier gleich mehrere tückische Nuancen und Fallen. Solange ich beispielsweise bloß „Sie haben stets Einfälle" schreibe, ist noch alles in Ordnung. Aber bereits der Satz „Ihnen fällt stets etwas ein" könnte zumindest irritieren.
>   Als erfolgreicher Architekt lassen Sie solche Nuancen völlig unberührt. Was Ihnen einfällt, fällt nicht ein – sondern auf: durch Originalität, durch Humanität und auch durch Solidität. Auch dann übrigens, wenn Sie betont „funktional" bauen müssen – wobei das heute meist „möglichst kostengünstig" heißt.
>
> - Aus alle diesen Gründen brauchen wir Sie auch zu Ihrem 60. Geburtstag weder aufzubauen noch aufzurichten. In Ihren Werken und in Ihrer Popularität haben Sie schon seit Jahren so viel Status und Stütze, daß ich an Sie statt eines aufwendigen Gratulationsgerüstes lediglich einige grazile Glückwünsche herantragen möchte.
>
> - Ich gratuliere Ihnen also zu Ihrem heutigen Geburtstag recht herzlich und wünsche Ihnen und Ihren Projekten auch in den kommenden Jahren von Grund auf ein Höchstmaß an Erfolg. Ich bin sicher, daß Sie es als Architekt völlig richtig verstehen, wenn ich voll Anerkennung schließe:
>   Sie sind umwerfend!
>
> Mit den besten Wünschen
> Ihr/e

Einem Geschäfts- oder Parteifreund läßt sich für Rat und gute Zusammenarbeit danken:

> Lieber Herr ...,
>
> - Curd Jürgens ließ an seinem 60. Geburtstag alle Welt wissen: „Sechzig Jahre und kein bißchen weise". Ich freue mich, daß Sie heute Ihren 60. Geburtstag bei guter Gesundheit begehen – und vor allem, daß Sie, bei aller Frische und Fröhlichkeit, dennoch ein bißchen weise sind!
> - Ihr kluges Urteil und Ihre Erfahrung haben unsere Geschäftsbeziehungen im Laufe der Jahre immer stärker gefestigt und zum Erfolg geführt. Ich selbst verdanke Ihnen manchen wertvollen Rat.
> - In herzlicher Verbundenheit gratuliere ich Ihnen zu Ihrem Geburtstag. Für die Zukunft wünsche ich Ihnen Wohlergehen und weiterhin das bißchen Weisheit!
>
> Ihr/e

Zum 65. Geburtstag

Wie jeder gute Geburtstagsglückwunsch, ist insbesondere der 65. Geburtstag Anlaß zu Dank für bisherige Leistung, zumal dann, wenn Geburtstag und berufliches Abschiednehmen zusammenfallen (siehe auch „Pensionierung").

Auch bei weiter aktiv im Berufsleben Stehenden gilt diese Regel, politisch Andersdenkende eingeschlossen:

> Sehr geehrte Frau ...,
>
> - an Ihrem 65. Geburtstag können Sie heute mit Genugtuung auf mehr als 35 Jahre kommunalpolitischer Tätigkeit zurückblicken, bei der Ihnen die Sympathien der Bürger immer sicher waren. Wir haben in diesen Jahren manchen politischen Streit ausgetragen – hart in der Sache, doch fair im persönlichen Umgang. Über alle Unterschiede der Standpunkte und der Meinungen hinweg sage ich Ihnen dafür heute meinen Dank und Respekt.
> - In unserer Stadt gibt es viele, die Ihnen dankbar sind für das, was Sie geleistet haben, die Ihr unermüdliches Engagement bewundern.
> - Zu Ihnen zählt mit herzlichen Geburtstagsglückwünschen
>
> Ihr/e

Zum 70. Geburtstag – und weiteren

Viele 70jährige gehören längst nicht zum alten Eisen: Adenauer war 73, als er zum ersten Mal Bundeskanzler wurde, und 87, als er von diesem Amt zurücktrat. Bei vitalen Jubilaren läßt sich an dieses Vorbild und ähnliche anknüpfen. Im Kapitel 4.1. finden Sie authentische Beispiele, mit deren späten Leistungen und Erfolgen Sie Ihren Jubilar vergleichen können.

Vor allem: Oldtimer sind die wertvollsten Modelle! In der Regel treten öffentliche Verpflichtungen jedoch ab dem 70. deutlicher in den Hintergrund. Die Wünsche für die Zukunft sind weniger auf Erfolg, vielmehr auf Gesundheit, Wohlergehen und persönliche Zufriedenheit gerichtet.

> Sehr geehrter Herr ...,
>
> - an Ihrem 70. (80.) Geburtstag sind meine Gedanken bei Ihnen.
>
> - Die Erinnerung geht zurück bis zu der Zeit, als Sie Vorsitzender der ... waren und ich gerade meine ersten beruflichen Sporen unter Ihrer Anleitung verdiente. Es war für mich eine schöne und wichtige Zeit, der ich so manches gute Gespräch mit Ihnen, wertvolle Anregungen und Anstöße verdanke.
>
> - Ich freue mich, daß Sie Ihren Geburtstag heute bei guter Gesundheit feiern können und wünsche Ihnen von Herzen, daß Gott Ihnen noch manche Jahre Gesundheit und Arbeitsfrische schenken möge: das beste Geschenk für Sie und für uns alle.
>
> alternativ:
>
> Mit meinen besten Wünschen für eine gute Zukunft gratuliere ich Ihnen zur Vollendung Ihres 70. (80.) Lebensjahres.
>
> Herzlichst,
> Ihr/e

Offizielle Geburtstagsglückwünsche an Prominente aus Politik, Wirtschaft, Kultur und Gesellschaft sind ein „Muß". Schön, wenn Sie bei allen Belastungen im täglichen Geschäft nicht vergessen, den Menschen zu gratulieren, mit denen Sie täglich umgehen, auch wenn sie keine offizielle Funktion bekleiden: Nachbarn, Mitarbeiter/innen oder die Geschäftsleute von nebenan:

> Lieber Herr ...,
>
> - wir gehören zwar nicht zum Kreis Ihrer Verwandten und engsten Freunde; trotzdem haben wir Ihren 62. Geburtstag nicht vergessen.
>
> - Alles Gute, viel Glück und Gesundheit im neuen Lebensjahr wünschen Ihnen Ihre Stammkunden von nebenan.
>
> - Herzliche Glückwünsche im Namen aller Mitarbeiterinnen und Mitarbeiter der Kreisbehörde.
>
> Ihr/e

Damit die alljährliche Gratulation an Mitarbeiter und Mitarbeiterinnen abwechslungsreich gelingt, nachfolgend zwei Alternativen:
Im ersten Fall dient ein Ereignis aus dem Geburtsjahr als Aufhänger, im zweiten Beispiel der Vergleich mit Prominenten.

Sehr geehrte Frau ...,

- Nylonstrümpfe waren der letzte Schrei – in jenem Jahr, als Sie Ihren ersten Schrei taten. Jeder, der sich in der Kulturgeschichte ein bißchen auskennt, weiß damit, wann Sie geboren wurden, und wer die Geschichte der Nylons nicht kennt, braucht auch Ihr Geburtsjahr nicht zu wissen. Denn Strafe muß sein.

- Alles andere als eine Strafe ist es für mich, Ihnen zu Ihrem heutigen Geburtstag, auch im Namen aller Mitarbeiterinnen und Mitarbeiter, ganz besonders herzlich zu gratulieren. Sie gehören seit Jahr und Tag zum „harten Kern", bekommen auch unter Zeitdruck keine weichen Knie – und schaffen es dennoch irgendwie, Idealistin zu bleiben, das heißt, Zeit und Kraft zu haben für andere.

- Ich wünsche Ihnen, daß Sie auch im kommenden Jahr so fröhlich und erfolgreich bleiben, hoffe, daß der heutige Abend für Sie wirklich zum Feier-Abend wird und danke Ihnen herzlich für Ihre wertvolle Mitarbeit.

  Alles Gute!

  (Bürgermeister)

Sehr geehrte Frau ...,

- wer, wie Sie, am gleichen Tag Geburtstag hat wie Ilse Werner, muß einfach eine Frau mit Pfiff sein. Sie beweisen dies täglich, indem Sie den Bürobetrieb in Schwung halten und alle Herausforderungen und Hindernisse mit großem Sachverstand und einer guten Portion Humor meistern.

- Dafür möchte ich Ihnen an Ihrem heutigen Geburtstag Respekt und Dank sagen.

- Ich wünsche Ihnen viel Freude an Ihrem Festtag und für die Zukunft Gesundheit und das Glück der Tüchtigen.

  Herzlichst
  Ihr/e

Gewerbeschau/Jubiläum

Für örtliche Repräsentanten nicht nur ein „Muß", sondern zugleich Anlaß zur Standortbestimmung in der regionalen Wirtschafts- und Strukturpolitik: die Gratulation an den Initiator einer Gewerbeschau zum 10jährigen Jubiläum:

> Sehr geehrter Herr ...,
>
> - eine Idee setzt sich durch: Zum 10jährigen Jubiläum der Gewerbeschau gratuliere ich Ihnen und allen, die seitdem mit Optimismus und Tatkraft zum Erfolg beigetragen haben, sehr herzlich.
>
> - Was vor zehn Jahren noch bescheiden angefangen hat, hat sich heute weit über die Grenzen unserer Stadt hinaus zu einer alljährlichen Attraktion entwickelt. Die mit jedem Jahr gewachsene Zahl der Besucher und Aussteller bestätigt, daß Sie das richtige Konzept gefunden haben, um die Leistungskraft von Handel und Gewerbe einer breiten Öffentlichkeit zu präsentieren.
> Aus vielerlei Gründen ist das Datum der Gewerbeschau ein Fixpunkt in meinem Terminkalender. Ich will zwei Gründe anläßlich des Jubiläums besonders hervorheben:
> Zum einen ist die Gewerbeschau für uns alle ein Indikator, ob wir mit unserer Wirtschafts- und Strukturpolitik auf dem richtigen Weg sind. Ich freue mich, daß auch die diesjährigen Beiträge der Teilnehmer bestätigen, daß wir eine gute, auch für die Zukunft tragfähige Mischung in der Ansiedlung von Gewerbebetrieben am Ort gefunden haben.
> Zum zweiten gehen von der alljährlichen Leistungsschau immer wieder wichtige Impulse aus, die wir für die künftige wirtschaftspolitische Weichenstellung brauchen. Ausbau und Sicherung von Arbeitsplätzen haben für mich oberste Priorität!
>
> - Ihnen persönlich danke ich für manchen konstruktiven Rat, auf den ich in den letzten Jahren zählen konnte.
> Allen Teilnehmern gelten meine herzlichen Grüße und Wünsche.

Hochzeitsjubiläum

Bei der Gratulation zu einem Ehejubiläum steht die gemeinsame Lebensleistung der Eheleute ganz im Mittelpunkt:
Wie haben sie sich kennengelernt, wie viele Kinder großgezogen, auf welchen beruflichen und ehrenamtlichen Feldern waren sie tätig? Das sind die Fragen, die Sie vorher klären müssen, damit ein persönlicher Glückwunsch gelingt.

Zur Silberhochzeit

> Sehr geehrte Frau ...,
> sehr geehrter Herr ...,
>
> - in 25 Jahren haben Sie gemeinsam ein krisenfestes Unternehmen namens Ehe aufgebaut, erfolgversprechende Filialen gegründet und das Kapital für die Zukunft gut angelegt.
> Zur Silbernen Hochzeit gratuliere ich Ihnen von Herzen und wünsche Ihnen im Kreis Ihrer Familie, der Kinder und Ihres Enkels, einen unvergeßlichen Tag.
>
> - Ich erinnere mich noch gut, wie Sie im ersten Jahr Ihrer Ehe darangingen, Ihr Haus zu bauen, das schon bald darauf dank der kräftigen Stimme Ihrer Tochter mit Leben erfüllt wurde.
> Heute können Sie mit Stolz auf Ihre vier nun schon erwachsenen Kinder blicken – und sogar auf den ersten Enkel.
> Offenbar kennen Sie das Geheimnis einer glücklichen Ehe. Ein britischer Diplomat hat es so formuliert: „Das Geheimnis einer glücklichen Ehe besteht darin, daß man Katastrophen als Zwischenfälle und Zwischenfälle nicht als Katastrophen behandelt."
>
> - Für die kommenden 25 Jahre, die goldenen Jahre, wünsche ich Ihnen in diesem Sinne weiter Glück.
>
> Herzlichst
> Ihr/e

Hochzeitsjubiläum

Zur Goldenen Hochzeit

> *„Als Mahl begann's. Und ist ein Fest geworden, kaum weiß man wie"*, heißt es bei Rilke.
>
> Liebe Frau ..., lieber Herr ...,
>
> - vor 50 Jahren begann Ihr gemeinsamer Lebensweg mit einem Hochzeitsmahl. Heute gratuliere ich Ihnen von Herzen zum Fest der Goldenen Hochzeit. Ich freue mich, daß Sie beide diesen Tag bei guter Gesundheit im Kreis Ihrer großen Familie und Ihrer vielen Freunde begehen können.
>
> - 50 Jahre gemeinsam die Höhen und Tiefen des Lebens zu bestehen: Das ist gewiß ein seltenes Glück, aber es ist mehr noch eine seltene Leistung, auf die Sie stolz sein können. Wie Sie beide bei allem beruflichen und ehrenamtlichen Engagement gleichzeitig die familiären Freuden und Pflichten erfolgreich bewältigt haben – dieses Beispiel einer harmonischen Partnerschaft verdient Respekt. Vor allem hat Ihnen die Ehe die Kraft gegeben, sich mit Tatkraft und Engagement Aufgaben außerhalb des häuslichen Kreises zu widmen. Ich denke vor allem an Ihre jahrzehntelange Mitarbeit an der Spitze unseres Vereins, für die ich Ihnen heute im Namen aller ... noch einmal ganz herzlich danke.
>
> - Daß Sie noch viele Jahre gemeinsam und gesund durchs Leben gehen, begleitet von Ihrer Familie und Ihren Freunden,
>
> wünscht Ihnen
> Ihr/e

Lassen Sie sich – analog zu obigem Muster – von den Zitaten in Kapitel 5 zu ähnlichen Ableitungen inspirieren, etwa so:

„Glück ist Scharfsinn für Gelegenheiten und die Fähigkeit, sie zu nutzen."
Der Amerikaner Sam Goldwyn, von dem dieses Zitat stammt, muß seine Worte auf Sie, liebes Ehepaar ... gemünzt haben: Vor 50 Jahren hatten Sie beide den Scharfsinn, die Gelegenheit zu erkennen und zu nutzen, als Sie sich das Jawort gaben ...

Hochzeitsjubiläum

Wußten Sie, wie die Hochzeitstage heißen?

Grüne Hochzeit	Eheschließung
Papierene Hochzeit	1. Hochzeitstag
Hölzerne Hochzeit	5. Hochzeitstag
Zinnerne Hochzeit	6. Hochzeitstag
Kupferne Hochzeit	7. Hochzeitstag
Blecherne Hochzeit	8. Hochzeitstag
Rosenhochzeit	10. Hochzeitstag
Nickelhochzeit	12. Hochzeitstag
Petersilienhochzeit	12 1/2. Hochzeitstag
Veilchenhochzeit	15. Hochzeitstag
Porzellanhochzeit	20. Hochzeitstag
Silberhochzeit	25. Hochzeitstag
Perlenhochzeit	30. Hochzeitstag
Leinwandhochzeit	35. Hochzeitstag
Aluminiumhochzeit	37. Hochzeitstag
Rubinhochzeit	40. Hochzeitstag
Goldene Hochzeit	50. Hochzeitstag
Diamantene Hochzeit	60. Hochzeitstag
Eiserne Hochzeit	65. Hochzeitstag
Steinerne Hochzeit	67. Hochzeitstag
Gnadenhochzeit	70. Hochzeitstag
Kronjuwelenhochzeit	75. Hochzeitstag

Kleine Anlässe zum Gratulieren

Kleine Anlässe – spontane Gratulation – große Wirkung:
Machen Sie sich diese Erfahrung zunutze. Während eine Gratulation zum Geburtstag Pflicht ist, ist die herzliche Anerkennung „zwischendurch" die Kür: Sie zeugt von besonderer Aufmerksamkeit des Absenders gegenüber dem Empfänger und erfreut sich deshalb hoher Wertschätzung.

Nutzen Sie die vielen kleinen Gelegenheiten für einen aufrichtigen, (hand-)schriftlichen und in seiner Wirkung oftmals verblüffenden Glückwunsch anstelle eines flüchtigen Telefonats, zum Beispiel so:

> Sehr geehrter Herr ...,
>
> Ihr Vortrag gestern abend ist angekommen! Nicht nur im Kopf, manche Ihrer Worte sind sehr zu Herzen gegangen! Gratulation – und: weiter so!
>
> Ihr/e

> Sehr geehrte Frau ...,
>
> Sie sind als Mitarbeiterin einmalig. Dennoch wäre es schade, wenn es Menschen wie Sie nur einmal gäbe.
> Zum 1. Geburtstag Ihrer Tochter wünsche ich deshalb für Sie beide, daß die kleine Melanie ganz in die Fußstapfen ihrer Mutter tritt. Feiern Sie schön und grüßen Sie auch Ihren Mann von mir.
>
> Herzlichst
> Ihr/e

> Lieber Heinz,
>
> weißt Du noch? Heute vor zwanzig Jahren haben wir gemeinsam im Abitur geschwitzt. Heute läßt Du wohl schwitzen. Ich höre jedenfalls, daß Deine Rechtsanwaltskanzlei sehr gut geht. Ich freue mich über Deinen Erfolg!
>
> Dein

Auch eine besondere berufliche Leistung verdient ein kurzes schriftliches Lob:

> Sehr geehrter Herr ...,
>
> herzlichen Glückwunsch zu Ihrem Aufsatz über die Probleme der Privatisierung öffentlicher Aufgaben. Ich habe ihn gestern mit großem Gewinn gelesen. Danke für manche neue Anregung.
>
> Ihr/e

Neujahrswünsche

„Wird`s besser, wird`s schlimmer, fragt man alljährlich. Seien wir ehrlich: Leben ist immer lebensgefährlich." –
so Erich Kästner in seinem Glückwunsch zum Jahreswechsel 1948/49.

Neujahrswünsche, die für alle passen – für Persönlichkeiten des öffentlichen Lebens wie für familiäre Freunde – kosten Mühe. Ziehen Sie sich geschickt aus dieser Affäre, indem Sie – wie Kästner – einen Spruch als Motto wählen oder eine Geschichte erzählen, die eine aktuelle Botschaft enthält. Mit eigenen Worten oder als Zitat wünschen Sie zum neuen Jahr:

„Zwölf Monate Glück, zwölf Stufen zum Glück, Beständig aufwärts an einem Stück."

„Keinen verderben lassen, auch nicht sich selber, jeden mit Glück erfüllen, auch sich. Das ist gut."
(Bertolt Brecht)
Ein Glückliches Neues Jahr ... wünschen Ihnen ...

Im folgenden Beispiel wird eine Kostprobe aus einem eben gelesenen Buch genutzt, um „durch die Blume" einen Wunsch fürs neue Jahr auszusprechen: gegen Gesetzesflut und für eine bürgernahe Verwaltung. Dieses Modell läßt sich auf viele Buchpassagen und -zitate anwenden, umso leichter, wenn Sie das Jahr über geeignete Textstellen sammeln.

Liebe Freunde,

- die Weihnachtstage, die nun hinter uns liegen, haben Ihnen hoffentlich Muße und Ruhe beschert. Ich habe sie genutzt, ins Bücherregal zu greifen und bin dabei auf eine Lektüre gestoßen, die ich mit Ihnen teilen möchte. Es ist eine Geschichte aus dem Land Utopia, das Thomas Morus in seinem gleichnamigen Buch „Utopia" vor 500 Jahren beschrieben hat:

- „Der Verkehr mit den Behörden vollzieht sich in freundschaftlichen Formen, da keiner der obrigkeitlichen Beamten überheblich oder barsch ist. Gesetze haben sie überaus wenige; denn dank ihrer Verfassung kommen sie mit ganz wenigen aus. Das tadeln sie denn auch in erster Linie bei anderen Völkern, daß dort unzählige Bände von Gesetzen und Kommentaren noch nicht genügen. Sie selbst halten es dagegen für höchst unbillig, irgend jemanden auf Gesetze zu verpflichten, die entweder zu zahlreich sind, als daß es möglich wäre, sie zu lesen, oder zu dunkel, als daß jemand sie verstehen könnte."

- Man muß an Utopien glauben, um das Mögliche zu verwirklichen.
Ein gutes Jahr ..., das viele Möglichkeiten bereithält,

wünscht Ihnen
Ihr/e

Neujahrswünsche

Je nach dem Grad der Vertrautheit läßt sich Geschäfts- oder Parteifreunden auch salopper zum Neuen Jahr Glück wünschen:

> Liebe ...,
>
> - nach Weihnachten gehen wir mit frischem Schwung ins Neue Jahr – wir hoffen, Sie dabei weiterhin als Partner an unserer Seite zu finden.
>
> - Mit Zuversicht und Optimismus wollen wir dem, was kommt, entgegensehen: Schließlich muß das Licht, das wir am Ende des Tunnels erkennen, ja nicht immer ein entgegenkommender D-Zug sein!
>
> - Viel Glück – und auf gute Zusammenarbeit im Neuen Jahr ...
>
> Ihr/e

Parteiveranstaltung

Parteitage, auf denen wichtige Sach- oder Personalentscheidungen getroffen werden, können im Einzelfall Anlaß zu einer zustimmenden schriftlichen Reaktion im Stil eines Grußwortes sein – auch für politisch Andersdenkende, soweit die Beschlüsse für das gemeinsame Interesse der Kommune richtungsweisend sind.

> Sehr geehrter Herr ...,
>
> - mit der Verabschiedung des kommunalpolitischen Grundsatzprogramms hat sich der Parteitag einer wichtigen und notwendigen Zukunftsaufgabe gestellt.
>
> - Als Vorsitzender des kommunalpolitischen Arbeitskreises freue ich mich, daß wir nun – über alle Parteigrenzen hinweg – eine gemeinsame Basis haben, um die Planungen für den weiteren Ausbau der Infrastruktur voranzubringen.
> Ich bin zuversichtlich, daß wir dieses Ziel gemeinsam in den nächsten Jahren erreichen können.
>
> - Dem Parteitag wünsche ich weiter einen erfolgreichen Verlauf; allen Delegierten gute und anregende Diskussionen.
>
> Mit freundlichen Grüßen

Pensionierung

Auch wenn die Pensionierung nicht von allen Betroffenen als Glücksfall erlebt wird, ist die Verabschiedung eines (leitenden) Beamten der Kommunalverwaltung in den Ruhestand für die Verwaltungsspitze Anlaß, Dank zu sagen und Glück zu wünschen für den bevorstehenden (Un-)Ruhestand. Orientierung gibt Hermann Hesse mit seinem Gedicht „Stufen":

„Und jedem Anfang wohnt ein Zauber inne, der uns beschützt und der uns hilft zu leben ... Nur wer bereit zu Aufbruch ist und Reise, mag lähmender Gewöhnung sich entraffen."

> Sehr geehrter Herr ...,
>
> - anläßlich Ihrer Verabschiedung in den Ruhestand übermittle ich Ihnen meine besten Grüße und alle guten Wünsche.
>
> - Gut zwei Jahrzehnte waren Sie an verantwortungsvoller Stelle in der Verwaltung unserer Stadt tätig und haben ein um das andere Mal mit großem Geschick die Weichen für zukunftsweisende Entscheidungen gestellt. Insbesondere die Entscheidung, die Innenstadt vom Autoverkehr zu entlasten, ist in ganz besonderer Weise Ihr Verdienst, und dafür möchte ich Ihnen heute noch einmal von Herzen danken. Sie haben damit das Gesicht unserer Stadt geprägt!
> Ich weiß, daß Sie Ihre Aufgabe nicht leichten Herzens aus der Hand geben. Aber ich bin sicher, daß Sie sich schon bald neue Tätigkeitsfelder erschließen werden und daß wir auch in Zukunft auf Ihren Rat, der mir immer wichtig war, und Ihre Erfahrung zählen können.
>
> - Für die Zukunft, die Sie nun, zunächst sicher ungewohnt, frei von Terminen und dienstlichen Zwängen gestalten können, wünsche ich Ihnen Zufriedenheit und Gesundheit.
>
> Herzlichst
> Ihr/e

Sportlicher Sieg

Freude und Mitfreude – das ist das einzige Thema einer Gratulation an siegreiche Sportler. Aber: Niemand kann heute mehr Leistungssport auf sich allein gestellt betreiben. Er/sie ist auf die Hilfe eines Teams – Trainer, Ärzte, Psychologen, Masseure, nichts zuletzt auf verständnisvolle (Ehe-) Partner – angewiesen. Bedenken Sie dies bei Ihrem Glückwunsch.

Das schnellste und beste Medium bei einem sportlichen Sieg ist ein Telegramm; deshalb kann der Glückwunsch entsprechend knapp und konzentriert ausfallen (siehe auch Kapitel 4.4.).

Zum Mannschaftssieg

> Sehr geehrter Herr Präsident,
>
> - zum Gewinn der Kreismeisterschaft ... (Jahreszahl) gratuliere ich Ihnen herzlich. Wir alle freuen uns, daß unser Verein mit diesem Sieg zugleich den Aufstieg in die ABC-Klasse geschafft hat, ein Ziel, für das wir alle Daumen gedrückt haben.
>
> - Bitte übermitteln Sie den Spielern, dem Trainer und Vorstand sowie allen, die diesen schönen Erfolg möglich gemacht haben, unsere Glückwünsche. Wir sind stolz auf den ... (Vereinsname)!
>
> - Für die kommenden Aufgaben wünsche ich viel Erfolg. Wir werden weiter die Daumen halten. Zunächst aber zum Abschluß einer harten, vom Erfolg gekrönten Saison einige schöne, unbeschwerte Urlaubstage.
>
> Mit herzlichen Grüßen
> Ihr/e

Zum Einzelsieg

> Liebe/r ...,
>
> - Ihre Nervenstärke möchte ich haben! Toll, wie Sie Ihren Vorsprung im Wettkampf kontinuierlich ausbauen konnten.
>
> - Herzlichen Glückwunsch zu Ihrem Sieg im ...
>
> - Ich freue mich mit Ihnen über diese Leistung und wünsche für die Zukunft alles Gute. Sie wissen ja: Erfolg erzeugt Erfolg!
>
> Herzlichst
> Ihr/e

Zum Doppelerfolg

> Liebe/r ...,
>
> - der zweite Titel bei den Kreismeisterschaften ist ein herausragender Erfolg: nach dem Sieg im ... nun ein zweiter Rang im ...
>
> - Von Herzen gratuliere ich Ihnen zu dieser erneuten überzeugenden Leistung.
>
> - Wir alle freuen uns mit Ihnen.
>
> Mit herzlichen Grüßen und allen guten Wünschen, auch an Trainer und Betreuer, die mitgeholfen haben, diese Leistungen zu erreichen,
> Ihr/e

Bei Plazierten

> Liebe/r ...,
>
> - ich freue mich mit Ihnen über Ihren dritten Platz in der ... Meisterschaft. Ihre Leistungsstärke hat mich beeindruckt.
>
> - Meine Gratulation zu diesem Erfolg verbinde ich mit den besten Wünschen für Ihre Zukunft.
>
> Mit freundlichen Grüßen
> Ihr/e

Eine große Auswahl von Glückwünschen zum sportlichen Erfolg enthalten die kommentierten Originalschreiben in Kapitel 4.4., zum Beispiel auch für den Behindertensport, ferner verschiedene Beispiele aus der Leichtathletik, für Wintersport, Fußball oder Tennis.

Vereinsjubiläum

Bei Jubiläen von Vereinen stehen die (lange) Tradition, die Verwurzelung in der Kommune und die Verdienste ums Allgemeinwohl im Mittelpunkt. Während Vereine jedoch immer nur partikulare Interessen vertreten, sollte ein politischer Glückwunsch die Verbindung zwischen den Zielen des Vereins – positiv gewürdigt – und den Bedürfnissen der Allgemeinheit herstellen.

Für den Aufbau einer Gratulation zum Jubiläum gilt grundsätzlich:

Schlagen Sie den Bogen von den – meist bescheidenen – Anfängen zum heute Erreichten. Skizzieren Sie kurz die dazwischenliegenden wichtigsten Ereignisse mit bewertenden Worten.

Eine besondere Freude machen Sie allen Jubilaren, wenn Sie in Ihrer Gratulation an frühere Begebenheiten anknüpfen (Anekdoten, persönliche Erinnerungen, Zitate aus Gründungsurkunden usw.).

Als „Abbinder" gehören gute Wünsche für die Zukunft an den Schluß eines Jubiläumsglückwunsches (siehe auch Kapitel 4.2).

Jubiläum eines Gesangvereins

Sehr geehrter Herr Präsident,
liebe Mitglieder des ... (Vereinsname),

- 125 Jahre Männergesangverein „Harmonie": Das ist eine stolze Tradition, zu der ich Sie heute herzlich beglückwünsche.

- In Ihrer langen Vereinsgeschichte haben Ihre Mitglieder über Generationen immer wieder vorgelebt und erlebt, was Friedrich Schiller so formuliert hat: „Es schwinden jedes Kummers Falten, solang`des Liedes Zauber walten."
Aus gemeinsamem Musizieren und Singen haben Sie die Kraft bezogen, über die Stürme der Jahrzehnte hinweg eine lebendige Gemeinschaft zu bilden und zu bewahren und die Musik in den Dienst der Allgemeinheit zu stellen.
Von Anfang an hat sich der Verein nicht nur als Zusammenschluß musikliebender Menschen zur Pflege des Liedgutes verstanden; wie ich zu meiner Freude einer alten Festschrift entnommen habe, wollten die Gründungsväter zugleich einen Beitrag zur Jugend- und Nachwuchsförderung leisten.
Was vor 125 Jahren richtig war, ist heute nicht minder richtig und wichtig. Wer sich in der Gemeinschaft eines Vereins gut aufgehoben und anerkannt fühlt, seine Leistung, sein Talent, unter Beweis stellen kann, der ist als junger Mensch gegen mancherlei Gefährdungen besser gerüstet.
So prägt Ihr Verein auf vielfältige Weise das kulturelle Leben in unserer Gemeinde. Mit dem traditionellen Weihnachtskonzert haben Sie sich längst die Herzen der Bürgerinnen und Bürger erobert. Für mich steht fest: Ohne das ehrenamtliche Engagement der Vereine, ohne den Beitrag, den der Männergesangverein „Harmonie" leistet, wäre das Leben, das Zusammenleben in unserer Stadt wesentlich ärmer.

- Ich wünsche allen Mitgliedern, Freunden und Förderern des Vereins, daß Sie die gute Tradition der letzten 125 Jahre in Harmonie fortsetzen können.

Mit herzlichen Grüßen
Ihr/e

Jubiläum eines Schützenvereins

Sehr geehrter Herr Brudermeister,
sehr geehrte/r Frau Schützenkönigin,
Herr Schützenkönig,
sehr geehrte Schützenprinzessinnen und -prinzen,
liebe Mitglieder des Schützenvereins Sankt Hubertus!

- An der Schwelle zum dritten Jahrtausend kann der Schützenverein Sankt Hubertus ein stolzes Jubiläum feiern: ein weiterer Höhepunkt in Ihrer Vereinsgeschichte, zu dem ich im Namen aller ... herzlich gratuliere.

- Unser Schützenverein gehört zu den ältesten Traditionsvereinen am Ort, aber er hat das Kunststück fertiggebracht, Traditionen zu pflegen und doch offen zu sein für aktuelle Fragen unserer Zeit; jung zu bleiben, ohne dem Zeitgeist atemlos hinterher zu laufen.
Während die Parteien von Nachwuchssorgen geplagt sind, können Sie über Nachwuchsmangel nicht klagen. Dies ist ein besonderes Verdienst Ihrer intensiven Jugendarbeit, mit der Sie einen wertvollen Beitrag zur Integration unserer Jugend leisten. Dafür gilt Ihnen heute, an Ihrem Jubiläum, mein besonderer Dank. Das alljährliche Schützenfest ist längst zum Inbegriff des Volksfestes bei uns geworden. Aber auch mit Krönungsball und anderen geselligen Ereignissen tragen Sie zu einem fröhlichen, lebendigen Gemeindeleben bei – und das alles ohne einen Pfennig öffentlicher Subventionen!

- Ich gratuliere Ihnen herzlich und wünsche weiterhin ein reges Vereinsleben in enger Verbundenheit mit unserer Gemeinde.

Herzlichst
Ihr/e

Jubiläum eines Karnevalspräsidenten

Sehr geehrter Herr ...,

- seit 25 Jahren stehen Sie an der Spitze der Stadtsoldaten.
Ich habe Sie immer beneidet: Als Kommandant der stolzen Garde hört alles nur auf Ihr Kommando! Herzlichen Glückwunsch zu Ihrem Jubiläum und zu den Erfolgen, auf die Sie heute zurückblicken können. Zu Ihren größten Verdiensten gehört es, daß sich die Zahl der Aktiven auf heute ... zu einer stattlichen Größe entwickelt hat.

- Sie haben in dieser Zeit die Stadtsoldaten zu einem Corps geformt, das nicht nur von November bis Aschermittwoch, sondern das ganze Jahr von sich reden macht und mit zahlreichen Aktivitäten unser Gemeindeleben bereichert. Karnevalszug, Manöverball, das traditionelle Erbsensuppen-Essen: Alles, was Sie zur Freude der Bürgerinnen und Bürger unternehmen, wird durch ein begeistertes Publikum belohnt. Mit Humor geht eben alles besser – und Lachen hält bekanntlich gesund. Bleiben Sie gesund!

- Ich wünsche Ihnen weiter viel Spaß an der Freud`, die Sie uns allen bereiten.

Ihr/e

Jubiläum der Freiwilligen Feuerwehr

> Sehr geehrter Herr ...,
> liebe Mitglieder!
>
> - Das Wort „Bürgerinitiative" gehörte noch längst nicht zu unserem Wortschatz, als sich vor 125 Jahren die Gründungsmitglieder der Freiwilligen Feuerwehr ... zu einer großen Bürgerinitiative zusammenfanden: eine Bürgerinitiative nicht gegen etwas, sondern für eine gute Sache!
> Ich freue mich mit Ihnen über Ihr Jubiläum und gratuliere im Namen des ... allen Mitgliedern herzlich.
>
> - Vor allem möchte ich Dank sagen: Dank für praktizierten Bürgersinn, den Sie täglich unter Beweis stellen. Dieser Geist des Einstehens füreinander und für andere ist es, der die Feuerwehr seit ihrer Gründung auszeichnet.
> Sie bewähren sich nicht nur als Helfer in der Not, sondern sind ebenso selbstverständlich zur Stelle, wenn es um die Organisation unseres Stadtfestes geht. Ihr jährliches Sommerfest gehört zu den schönsten Traditionen unserer Stadt.
> Wir werden auch weiterhin alles tun, um Sie bei Ihrem Dienst am Gemeinwohl zu unterstützen.
>
> - Ich wünsche der Freiwilligen Feuerwehr ... einen harmonischen Verlauf Ihres Geburtstages. Damit auch in 125 Jahren, zum 250., die Festgemeinde an den heutigen Tag denkt, füge ich als Erinnerungsgeschenk ein ... bei.
>
> Herzlichen Glückwunsch!

Dieser Glückwunsch läßt sich entsprechend für Jubiläen von Wohlfahrtsverbänden abwandeln, indem deren spezifischer Beitrag für das Allgemeinwohl in den Mittelpunkt gerückt wird.

Wahlsieg

Wie bei einer Amtsübernahme (siehe dort) gilt auch für die Gratulation zu einem Wahlerfolg: Im Mittelpunkt steht der Wunsch nach erfolgreicher Amtsführung und guter Zusammenarbeit. Ausführliche Hinweise enthalten die einleitenden Bemerkungen zu Kapitel 4.5.

Kurz und herzlich gratuliert zum Beispiel ein langjähriger Weggefährte anläßlich der Wahl zur Fraktionsvorsitzenden per Telegramm:

> Liebe Frau ...,
>
> - soeben habe ich gehört, daß Sie mit großer Mehrheit zur Fraktionsvorsitzenden der ...-Partei im Stadtrat gewählt worden sind.
>
> - Ich freue mich und wünsche Ihnen, daß Ihr hervorragendes Wahlergebnis die Grundlage für eine erfolgreiche Arbeit in Ihrem neuen Amt legt.
>
> - Mit meinen herzlichen Glückwünschen verbinde ich die Hoffnung, daß wir in Ihrer neuen Funktion weiterhin freundschaftlich verbunden bleiben, auch wenn sich das Band unserer Zusammenarbeit mit Ihrer heutigen Wahl lockert.
>
> Allen Erfolg wünscht Ihnen
>
> Ihr/e

Zeitungsjubiläum

„Vier feindliche Zeitungen richten mehr Schaden an als 100 000 Mann im Felde", befand schon Napoleon.

Ein gutes Verhältnis zur lokalen Presse sollte bei einem Jubiläum der Zeitung durch einen schriftlichen Glückwunsch an Verleger, Chefredaktion und Mitarbeiter Ausdruck finden (siehe auch Kapitel 4.2.).

> Sehr geehrter Herr ...,
>
> - seit 75 Jahren erfüllt der General-Anzeiger hier in ... seine Chronistenpflicht, unverzichtbar für uns alle.
> Zu diesen Leistungen, an denen Tag um Tag – vom Redakteur bis zum Zeitungsboten – viele engagierte Mitarbeiter mitwirken, beglückwünsche ich Sie anläßlich des 75jährigen Bestehens des General-Anzeigers herzlich.
>
> - Die Presse ist der Pulsschlag der öffentlichen Meinung.
> Wohl wahr – ich will es auch an einem Jubiläum wie dem heutigen nicht verschweigen: Mancher Beitrag hat meinen Pulsschlag durchaus beschleunigt, wenn ich morgens die Zeitung aufschlug und las, was ich doch lieber anders kommentiert gesehen hätte.
> Aber genauso wahr und noch wichtiger ist dies: Die Berichterstattung ist immer umfassend, fair und sachbezogen, dabei engagiert und pointiert. Sie erfüllen auf beste Weise den Auftrag, den Ludwig Börne, der Ahnvater des Journalismus, formuliert hat: „Seid brunnenkaltes Wasser oder heißer Glühwein, nicht aber lauwarme Brühe."
>
> - Daß der General-Anzeiger in dieser guten Tradition für alle Bürgerinnen und Bürger unserer Stadt weiterhin ein geschätzter ständiger Begleiter sein möge, wünscht Ihnen und allen Mitarbeitern
>
> Ihr/e

Wer nicht kraft Amtes zu einer ausführlichen Würdigung verpflichtet ist, kann kurz und konzentriert aus der Sicht eines kompetenten Lesers (einer Leserin) so zum Zeitungsjubiläum gratulieren:

> Sehr geehrte Damen und Herren ...,
>
> - herzlichen Glückwunsch zum 100. Geburtstag dem Allgemeinen Tageblatt – einer Zeitung, die mir jeden Morgen blanke Augen macht, weil sie trotz journalistischer Eile Wert auf eine sorgfältige Berichterstattung und kultivierte Sprache legt.
>
> - Mit Ihnen, der Redaktion sowie allen Mitarbeiterinnen und Mitarbeitern freut sich über Ihr stolzes Jubiläum – ebenso wie auf die morgige und alle weiteren Ausgaben – als treuer Leser
>
> Ihr/e

Sonderfall: „Last minute"- und nachträgliche Gratulation

Passieren sollte es bei einem gut geführten Terminkalender eigentlich nicht: einen wichtigen Geburtstag zu übersehen.
Wohnen Absender und Empfänger an einem Ort, läßt sich das Dilemma geschickt lösen: die „Last minute"-Gratulation in Briefform mit einem Blumenstrauß persönlich überbringen oder per Boten zustellen.
Ansonsten auf durchsichtige Ausreden und langatmige Entschuldigungen verzichten: Humor nimmt dem ganzen am ehesten die Peinlichkeit. Dann können Sie sogar ausnahmsweise per Telefax oder Telegramm gratulieren.

Telegramm

Prädestiniert für Telegramme sind unerwartete Gratulationsanlässe wie ein sportlicher Sieg oder eine überraschende Auszeichnung sowie Adressaten im (fernen) Ausland.

Telefax

Glückwünsche per Fax sind gemeinhin nicht gerade die eleganteste Lösung, aber im Notfall, also in „letzter Minute", können Sie mit Geschick und Humor zu diesem Mittel greifen und im Laufe des Tages (oder am Tag danach) per Fax gratulieren:

Liebe Frau ...,

ich nehme an, daß Ihr Briefträger heute unter der Last der Glückwünsche, die zu Ihrem Geburtstag eintreffen, zusammenbrechen wird (gestern unter der Last der Glückwünsche ...).
Damit mein Glückwunsch Sie auf jeden Fall erreicht, auf diesem Weg alles Gute, Glück und Gesundheit im neuen Lebensjahr!

Herzlichst
Ihr/e

Speziell zu einem 70. Geburtstag bietet sich folgende Variante an:

Lieber Herr ...,

„Wünsche, wirklich waschkorbweise,
trafen ein aus West und Ost.
Und die Männer von der Post
hatten`s schwer und seufzten leise."
Dies schrieb Erich Kästner anläßlich seines 70. Geburtstags. Ich vermute, lieber Herr ..., daß es Ihrem Postboten an Ihrem 70. Geburtstag ähnlich ergeht. Damit mein Glückwunsch...

Ihr/e

Auch während einer Dienst- oder Urlaubsreise kann die Gratulation „unauffällig" noch per Fax oder Telegramm nachgereicht werden, wenn sie nicht vor Reiseantritt absendefertig vorbereitet wurde:

Liebe Frau ...,

während Sie im schönen Groß-Gerau Geburtstag feiern dürfen, muß ich in St.Moritz Urlaub machen. Wie ungerecht!
Dennoch auf diesem Weg die herzlichsten Glückwünsche!

Eine verspätete Gratulation per Brief können Sie mit augenzwinkerndem Humor so formulieren, ohne den Empfänger zu verletzen:

> Lieber Herr ...,
>
> glauben Sie bloß nicht, daß wir Ihren Geburtstag vergessen hätten!
> Nachträglich und besonders herzlich unsere guten Wünsche.
>
> Ihr/e

> Liebe/r ...
>
> Du solltest nicht so oft Geburtstag feiern – wo kommen wir denn da hin, jedes Jahr ein Jährchen drauf? Beinahe hätte ich Dir ein Jahr erspart, wenn mich nicht Inge erinnert hätte.
> Bleib' wie Du bist – und dazu noch gesund.
> Herzlichen Glückwunsch!

Wenn Sie tatsächlich erst im nachhinein von einem wichtigen Geburtstag erfahren, sprechen Sie den Sachverhalt offen an. So wirkt der Glückwunsch spontan:

> Liebe Frau ...,
>
> nur durch Zufall habe ich heute erfahren, daß Sie vor wenigen Tagen einen runden Geburtstag feiern konnten: gesund, mit fröhlicher Energie und Zuversicht, wie ich hörte – eben so, wie ich Sie kenne und schätze.
> Ich wünsche Ihnen ...

Sinngemäß verfahren Sie auch bei anderen überraschenden Gratulationsanlässen:

> Sehr geehrter Herr ...,
>
> als ich heute morgen die Zeitung aufschlug, las ich zu meiner großen Freude/Überraschung, daß Sie im Wettbewerb ... den ersten Preis errungen haben. Kompliment und herzlichen Glückwunsch!
>
> Ihr/e

> Liebe Familie ...,
> gut, daß es die Zeitung gibt. Sonst hätte ich von der Geburt Ihrer Tochter wohl erst erfahren, wenn sie bei uns in der Kreissparkasse ihr eigenes Konto eröffnet. Um ihr diesen Schritt zu erleichtern, liegt das erste Sparbuch mit einem kleinen Gutschein bei.
> Ich gratuliere Ihnen herzlich und wünsche der ganzen Familie Gesundheit und eine glückliche Zukunft.
>
> Ihr/e
>
> (Sparkassendirektor)

> Sehr geehrte Frau ...,
> Sehr geehrter Herr ...,
>
> wie ich leider erst heute erfahren habe, konnten Sie am ... das Fest der Goldenen Hochzeit feiern. Dazu gratuliere ich Ihnen im Namen des Rates der Stadt ... und auch persönlich sehr herzlich.
>
> Für die Zukunft wünsche ich Ihnen, daß Sie noch viele Jahre bei guter Gesundheit mit Freude und nicht nachlassendem Interesse die Geschicke unserer Stadt verfolgen werden.

KAPITEL 4

Wie Prominente gratulieren

Kommentierte Originaltexte

Repräsentanten der Republik auf die Feder geschaut

Die folgenden Originaltexte zeigen ein breites Spektrum, wie Prominente gratulieren.

Alle Briefe und Telegramme
- zum Geburtstag an Adressaten von A bis Z (Kapitel 4.1.)
- zum Jubiläum (Kapitel 4.2.)
- zur Preis- oder Ordensverleihung (Kapitel 4.3.)
- zu sportlichem Sieg und Höchstleistung (Kapitel 4.4.)
- zum Wahlsieg oder Amtsantritt (Kapitel 4.5.)

enthalten in den Kommentierungen Hinweise, welche Textpassagen als nachahmenswert gelten, bzw. welche Formulierungen weniger vorbildlich gelungen sind; im letzten Fall mit Alternativen für die Benutzer, wie der Glückwunsch angemessen gestaltet werden kann.

Soweit nicht anders vermerkt, wurden alle Schreiben durch das Presse- und Informationsamt der Bundesregierung (BPA), Welckerstraße 11, 53113 Bonn, als Pressemitteilung – in der Regel mit Sperrfrist vorab – oder im Bulletin der Bundesregierung unter dem angegebenen Datum veröffentlicht.

Apropos Veröffentlichung:
Natürlich richtet sich jedes Glückwunschschreiben in erster Linie an den Jubilar. Aber es zielt, wenn es, wie die folgenden Originaltexte, veröffentlicht wird, auf eine breitere Öffentlichkeit, im Falle einer Bürgermeisterin oder eines Bezirksvorstehers auf die ganze Gemeinde.

Was ist bei der Veröffentlichung zu beachten?

Inhaltlich: Nutzen Sie Ihre Gratulation, an dem Jubilar/der Jubilarin das hervorzuheben, was Ihnen persönlich am wichtigsten erscheint, Ihrem (verbands-, firmen-, vereins-)politischen Programm und Anliegen entspricht. Bringen Sie bei einem auch auf Veröffentlichung hin konzipierten Glückwunsch Ihre „message" ein. Das ist legitim.

Formal: Journalisten haben keinen Mangel an bedrucktem Papier. Formulieren Sie deshalb Ihren zur Veröffentlichung bestimmten Glückwunsch so prägnant wie möglich – desto größer die Chance der vollständigen Wiedergabe.

Brauchen Sie mehr als eine Seite, nehmen Sie unbedingt ein zweites Blatt. Keinesfalls die Rückseite beschreiben. Ihr Text könnte beim Zerschneiden am Redaktionstisch verlorengehen. Bei ungewöhnlich langen Schreiben – oder Reden – wählen Sie eine Kurzfassung (siehe Beispiel A in Kapitel 4.5: Glückwünsche zum Wahlsieg und Amtsantritt). Datum und Anlaß nicht vergessen (wichtig für Pressearchive). Vergleichen Sie dazu die Kopfzeilen in den authentischen Beispielen.
Sperrfrist sollten Sie dann angeben, wenn Sie Ihre Gratulation der Presse zur Arbeitserleichterung vorab zur Verfügung stellen.

Glückwünsche zum Geburtstag

Adressaten von A–Z

GEBURTSTAG

Geburtstag

Autoren (siehe auch Schriftsteller)	55
Ausländische Adressaten (siehe Botschafter/Politiker Ausland)	
Bankiers	57
Botschafter (Inland/Ausland)	59
Chefredakteure (siehe Journalisten/Verleger)	
Dirigenten (siehe auch Komponisten/ Musiker und Virtuosen)	61
Erfinder (siehe Wissenschaftler und Forscher)	
Funktionäre (Verband/Sport)	63
Generäle	66
Glaubensgemeinschaften (siehe Kirchliche Würdenträger)	
Historiker	67
Humoristen	68
Hundertjährige	70
Institutionen (siehe Jubiläum, Kapitel 4.2)	
Journalisten	74
Kirchliche Würdenträger, Theologen, Vertreter von Glaubensgemeinschaften	78
Komponisten (siehe auch Dirigenten/ Musiker und Virtuosen)	85
Literaten (siehe Schriftsteller)	
Maler und Bildhauer	88
Musiker und Virtuosen (siehe auch Dirigenten/Komponisten)	90
Naturwissenschaftler (siehe Wissenschaftler)	
Orchesterchefs (siehe Dirigenten)	
Philosophen	93
Politiker (Ausland/Inland)	94
Postume Ehrung	104
Regisseure und Schauspieler	105
Sportler	111
Schriftsteller	113
Theologen (siehe Kirchliche Würdenträger)	
Unternehmer und Manager	119
Verbandspräsidenten	122
Verfassungsrichter	125
Verleger	127
Wissenschaftler und Forscher	130
Zeitungen (siehe Jubiläum, Kapitel 4.2, siehe auch Verleger)	

Autoren

Der Bundeskanzler sandte dem Autor und Schriftsteller Ernst Jünger zu dessen 98. Geburtstag am 29. März 1993 nachstehendes Glückwunschschreiben:

> Sehr verehrter, lieber Herr Jünger,
>
> 1) zu Ihrem Geburtstag übermittle ich Ihnen meine herzlichsten Glück- und Segenswünsche.
>
> In Ihren Tagebüchern findet sich zum 70. Geburtstag die Eintragung, „für einen, der in der Jugend nie das dreißigste Jahr zu erleben gehofft hatte", sei es „merkwürdig genug, das biblische Alter" zu erreichen.
> Nun ist daraus, wie Sie vor kurzem schrieben, das „Uralter" geworden – „ein neues, ein vorletztes Abenteuer".
>
> Dazu wünsche ich Ihnen von Herzen weiterhin gute Gesundheit und Schaffenskraft.
>
> Mit freundlichen Grüßen und allen guten Wünschen
> Ihr
> Helmut Kohl

1) Ein ganz origineller, besonderer Glückwunsch, der seine Wirkung aus der genauen Kenntnis des Adressaten und seines Werkes bezieht. So viele Zitate sind ausnahmsweise zulässig, weil sie einen besonderen Bezug zum Anlaß des Schreibens haben. Ansonsten: höchstens ein Zitat pro Brief!

(siehe auch: Schriftsteller)

Autoren

Die Glückwünsche des Senats zur Vollendung des 70. Lebensjahres am 12. Juli hat Bürgermeister Dr. Henning Voscherau dem Autor, Komponisten und Hörspielregisseur Heinz von Cramer übermittelt. In dem Glückwunschschreiben des Ersten Bürgermeisters heißt es u. a.:

1) Sie sind weit über unsere Stadt hinaus als Autor, Komponist und Übersetzer bekannt. Gleichzeitig zählen Sie zu den wichtigsten und produktivsten Hörspielregisseuren der Nachkriegszeit.

2) In Hamburg traten Sie als Literaturkritiker der Tageszeitung „Die Welt", besonders aber durch Ihre zahlreichen Hörspielproduktionen beim Norddeutschen Rundfunk in Erscheinung. Mit diesen Arbeiten haben Sie in Hamburg viele hörbare Spuren hinterlassen.

3) Durch Ihre Fähigkeit, Sprache, Musik und Ton zu einer eigenständigen und eigenwilligen Form der Radiokunst zu vereinen, schaffen Sie Hörspielkompositionen, die auf faszinierende Art Lesbares in Hörbares verwandeln. Als kreativer Literaturvermittler leisten Sie darüber hinaus Wesentliches für die Rundfunkkultur, besonders in einer Zeit, in der das Wort im Radio manchmal in den Hintergrund zu geraten droht.

4) Dafür möchte ich Ihnen danken. Vor allem möchte ich meiner Freude darüber Ausdruck verleihen, daß Sie auch heute noch tätig sind und wir mit neuen, spannenden Produktionen von Ihnen rechnen können.

(Staatl. Pressestelle Freie und Hansestadt Hamburg, 11. 7. 94)

1) Der Jubilar wird mit seinen Leistungen in Bezug zur Stadt, für die der Bürgermeister spricht, gesetzt: richtig.

2) Statt des rein beschreibenden „in Erscheinung traten" wäre ein wertendes Wort „sind Sie in bester Erinnerung" schöner.

3) Neben der speziellen Würdigung als Hörfunkautor klingt auch eine politische Bemerkung zur Radiokultur an: legitim.

4) Verzichten Sie auf „möchte"; weniger steif klingt es auch, wenn Sie sich schlicht freuen, statt „möchte ich meiner Freude darüber Ausdruck verleihen..."

Bankiers

Der Bundespräsident sandte an Dr. rer. pol. h. c. Hermann Josef Abs, Kronberg, zu dessen 75. Geburtstag am 15. Oktober 1976 folgendes Glückwunschschreiben:

> Sehr geehrter Herr Abs,
>
> 1) Sie haben als Bankier einen Bekanntheitsgrad, der normalerweise bedeutenden Künstlern vorbehalten ist. Aber an das Durchschnittliche haben Sie sich ja nie gehalten. Wache Intelligenz, eine gediegene Lebenskultur und die innere Freiheit eines unabhängigen Geistes haben Hermann Josef Abs zu dem gemacht, was er war und ist: ein großer Bankier und eine hervorragende Persönlichkeit.
>
> 2) Der damals noch jungen Bundesrepublik Deutschland haben Sie durch Ihre geschickte Verhandlungsführung bei der Londoner Konferenz zur Regelung der deutschen Auslandsschulden internationale Kreditwürdigkeit erkämpft.
>
> 3) Ihr 75. Geburtstag gibt mir die willkommene Gelegenheit, Ihnen Dank und Respekt zu bekunden.
>
> Walter Scheel
> Bundespräsident

1) Ist eine Persönlichkeit ungewöhnlich bekannt, ist es immer zweckmäßig, diese Bekanntheit und ihre Gründe auszusprechen.

2) Der Bundespräsident würdigt hier:
   – die Gesamtpersönlichkeit
   – eine besonders herausragende Leistung für den Staat.

3) Ein eigentlicher Glückwunsch fehlt; er wird ersetzt durch „Dank und Respekt" des Staatsoberhaupts. Dies ist eine besondere Art der Ehrung, die sich jedoch nur höherrangige Gratulanten leisten sollten. Der Dank für besondere Leistungen, von der dafür zuständigen Person ausgesprochen, ist wichtiger Bestandteil jedes Glückwunschschreibens.

Bankiers

Der Bundesminister des Innern sandte an Dr. Hermann Josef Abs nachstehendes Telegramm:

> Verehrter, lieber Herr Abs,
>
> zu Ihrem 75. Geburtstag übermittle ich Ihnen meine besten Grüße und Wünsche.
>
> 1) Sie haben in einer Zeit, in der das kulturelle Selbstverständnis eines Staates der modernen Industriegesellschaft wie unserer Bundesrepublik wohl notgedrungen noch immer hinter dem Notwendigen und Wünschbaren zurückbleibt, durch Ihr ganz persönliches Engagement für Kunst und Kultur in unserem Land Vorbildliches geleistet.
>
> Zahlreichen kulturellen Einrichtungen stehen Sie mit Kennerschaft und Sachverstand, aber auch mit finanzieller Hilfe zur Seite. Ihr Einsatz ist mir immer sichtbares Zeichen dafür gewesen, daß derartige private Initiativen von gleich elementarer Bedeutung für die lebendige Fortentwicklung und Erhaltung unserer kulturellen Landschaft sind, wie die Bemühungen staatlicher Förderung. Das Städelsche Kunstinstitut und der Verein Beethovenhaus, die von meinem Hause finanziell mitbetreut werden, sind hierfür sichtbares und bleibendes Beispiel.
>
> 2) Für Ihr von der Öffentlichkeit wenig bemerktes, aber um so tatkräftigeres Wirken für beide Einrichtungen möchte ich Ihnen an diesem Tage gern meinen persönlichen Dank sagen.
>
> 3) Auf viele gute Jahre noch!
>
> Mit freundlichen Grüßen
> Prof. Dr. Maihofer
> Bundesminister des Innern

1) Der Innenminister beschränkt sich darauf, die Leistungen des Jubilars in seinem Kompetenzbereich zu würdigen. Richtig! Diese Selbstbeschränkung trägt sehr zur Glaubwürdigkeit eines Glückwunschschreibens bei.

2) In der Regel gipfelt das Glückwunschschreiben im Dank an den Jubilar ...

3) ... und weist nach vorn, in die Zukunft.

> Jeder Gratulant sollte stets die Beziehung des Jubilars zu seinem politischen Amt und zu seiner Person in das Zentrum seines Glückwunsches stellen. D. h. der Innenminister würdigt Verdienste für die Kultur, der Wirtschaftsminister Verdienste für die Volkswirtschaft etc.

Botschafter (Inland)

Der Bundeskanzler sandte an Botschafter a. D. Herbert Blankenhorn, Badenweiler, zu dessen Geburtstag am 14. Dezember 1989 folgendes Glückwunschschreiben:

> Sehr geehrter Herr Blankenhorn,
>
> zur Vollendung Ihres 85. Lebensjahres gratuliere ich Ihnen herzlich.
>
> 1) In Ihrer herausragenden diplomatischen Karriere waren Sie an entscheidenden Weichenstellungen deutscher Politik nach dem Krieg beteiligt. Im Bundeskanzleramt als enger Mitarbeiter Konrad Adenauers sowie später als Botschafter bei der NATO, in Paris, Rom und London haben Sie mit großem Ideenreichtum und europäischem Engagement maßgeblich dazu beigetragen, die Grundlagen für die engen freundschaftlichen Beziehungen mit unseren Nachbarn und Verbündeten zu festigen.
>
> 2) Für die kommenden Jahre wünsche ich Ihnen alles Gute, vor allem Gesundheit und Wohlergehen.
>
> Mit freundlichen Grüßen
> Ihr
> Helmut Kohl

1) Die Erwähnung der beiden, aus der Sicht das Absenders wichtigsten Stationen – Bundeskanzleramt und NATO – wird mit einer politischen Würdigung und Wertung verknüpft. Richtig.

2) Ein persönliches Wort anläßlich des hohen Alters des Jubilars fehlt. Das ist vertretbar, wenn zum Empfänger keine enge persönliche Beziehung besteht.

Grundsätzlich gilt: Bei kritischen Beziehungen lieber kurz und korrekt.

Botschafter (Ausland)

Der Bundeskanzler sandte Seiner Exzellenz Herrn Botschafter Professor Wladyslaw Bartoszewski, Botschafter der Republik Polen, Wien, zu dessen 70. Geburtstag am 19. Februar 1992 folgendes Glückwunschschreiben:

Insgesamt ein gelungenes Beispiel, wie man mit einem persönlichen Glückwunsch „Politik" machen und dem eigentlichen Adressaten auf unaufdringliche Weise gerecht werden kann.

Lieber Herr Professor Bartoszewski,

1) zur Vollendung des 70. Lebensjahres gratuliere ich Ihnen sehr herzlich. Gemeinsam mit Ihren vielen Freunden in Deutschland wünsche ich Ihnen für das kommende Jahrzehnt Glück, Gesundheit – und vor allem, daß Sie Ihr segensreiches Wirken für die deutsch-polnische Verständigung und Aussöhnung noch lange fortsetzen mögen.

2) Wenn Völker die trennenden Gräben der Vergangenheit überwinden und lernen, im Geiste guter Nachbarschaft und Freundschaft zusammenzuleben, dann ist dies stets auch das Werk mutiger und weit in die Zukunft schauender Einzelpersönlichkeiten. Im Verhältnis zwischen Deutschland und Polen gehören Sie zu den Menschen, die solche Pionierarbeit geleistet haben. Dafür bin ich, dafür sind wir Deutschen Ihnen zu bleibendem Dank verpflichtet.

Der dramatische Wandel in Mittel-, Ost- und Südosteuropa während der vergangenen Jahre hat die Richtigkeit Ihrer Überzeugungen als polnischer Patriot und als Bürger Europas eindrucksvoll bestätigt. Die Zeit arbeitet für – und nicht gegen – die Sache der Freiheit. Kein Volk läßt sich auf Dauer mit Panzern beherrschen, und jeder Mensch braucht die Achtung seiner Würde wie das tägliche Brot.

3) Ich wünsche Ihnen und uns allen, daß wir in der Spanne des Lebens, die uns noch geschenkt ist, unseren Beitrag zum Bau eines Europa leisten können, das in gemeinsamer Freiheit vereint sein und in dem die Würde des Menschen überall geachtet wird.

Mit herzlichen Grüßen
Ihr
Helmut Kohl

1) Der Glückwunsch an einen ausländischen Botschafter wird hier mit einem politischen Bekenntnis zum Lebenswerk des Adressaten, seinem Einsatz für die deutsch-polnischen Beziehungen, verbunden. Gut auch der Dank im Namen aller Deutschen (auf kommunaler Ebene: aller Mitbürgerinnen und Mitbürger).

2) Eine einprägsame Metapher „jeder Mensch braucht die Achtung seiner Würde wie das tägliche Brot".

3) Der Absender schließt sich und andere in den – wiederum politisch akzentuierten – Schlußglückwunsch mit ein: ein hoher Ausdruck von Gemeinsamkeit in der Sache.

Dirigenten

Der Bundeskanzler sandte an den Leiter der Bayerischen Staatsoper München, Professor Wolfgang Sawallisch, zu dessen 65. Geburtstag im September 1988 folgendes Glückwunschschreiben:

> Sehr geehrter Herr Professor Sawallisch,
>
> zu Ihrem 65. Geburtstag gratuliere ich Ihnen sehr herzlich.
>
> 1) Mein Glückwunsch gilt einer der bedeutendsten deutschen Dirigentenpersönlichkeiten der Gegenwart, die seit vielen Jahrzehnten das Musikleben unseres Landes entscheidend mitgestaltet.
>
> 2) Als vielgerühmter Interpret sinfonischer Werke und als gefeierter Operndirigent, aber auch als ein von der Fachwelt und dem Publikum hochgeschätzter Liedbegleiter und Kammermusiker haben Sie große künstlerische Erfolge erzielt. Der Bayerischen Staatsoper sind Sie seit vielen Jahren verbunden und haben wesentlichen Anteil daran, daß sich ihr Ruf als eines der führenden deutschen Opernhäuser noch festigen konnte.
>
> Auch wenn Deutschland Ihre – auch musikalische – Heimat ist, sind Sie doch in den Musikmetropolen der ganzen Welt zu Hause – als ein Botschafter unseres kulturellen Lebens, der zu dessen Ansehen im Ausland entscheidend beigetragen hat.
>
> 3) Ich wünsche Ihnen für die kommenden Jahre Gesundheit, Wohlergehen und weiterhin ungebrochene Schaffenskraft.
>
> Mit freundlichen Grüßen
> Ihr
> Helmut Kohl

1) Der Glückwunsch wirkt deshalb überzeugend, weil sich der Gratulant nicht als Musikexperte aufspielt, sondern nur Verdienste hervorhebt, die auch einem interessierten Laien zugänglich sind.

2) Vermeiden Sie in einem Glückwunschschreiben jede Wertung, deren Sie selbst nicht ganz sicher sein können. Berufen Sie sich statt dessen lieber auf das Urteil des Publikums und der Fachwelt – wie hier.

3) Eine sinnvolle Schlußformel für einen Mann, der noch mitten in einem erfolgreichen Berufsleben steht: Hinweis auf die Zukunft.

Dirigenten

Der Bundeskanzler sandte an Prof. Kurt Masur, Leipzig, zu dessen 65. Geburtstag am 18. Juli 1992 folgendes Glückwunschschreiben:

> Sehr geehrter Herr Professor Masur,
>
> zu Ihrem 65. Geburtstag übermittle ich Ihnen meine herzlichen Glückwünsche.
>
> 1) Sie zählen zu den herausragenden Dirigenten unseres Landes und sind in aller Welt als ein musikalischer Botschafter Deutschlands hoch geschätzt. Mit dem Leipziger Gewandhausorchester und den New Yorker Philharmonikern leiten Sie zwei der führenden Orchester. Sie verkörpern damit zugleich die lebendige Verbundenheit und den kulturellen Austausch zwischen der „Alten" und der „Neuen" Welt.
>
> 2) Die Aufgabe der Musik, Brücken zu schlagen und Frieden zu stiften, haben Sie ganz konkret in einem für unser Volk entscheidenden Augenblick wahrgenommen. Mit hohem persönlichem Einsatz sind Sie gegen Gewalt und für Freiheit, Menschenrechte und Demokratie eingetreten. Sie haben damit Anteil an der friedlichen Wiedervereinigung unseres Landes.
>
> Ich wünsche Ihnen weiterhin viel Freude an Ihrer Kunst, Schaffenskraft und Gesundheit.
>
> Mit freundlichen Grüßen
> Ihr
> Helmut Kohl

1) Das alles weiß der Empfänger – leider erfährt er nicht, wie der Absender darüber denkt. Besser so: „Ich freue mich, daß Sie als musikalischer Botschafter ... und gratuliere Ihnen zu Ihrer herausragenden Leistung, zwei führende Orchester zu leiten."

2) Auch die Würdigung der politischen Verdienste bleibt im Formelhaften stecken; ein persönliches Wort des Dankes und des Respekts hätte die politische Aussage abgerundet.

Funktionäre (Verband)

Der Bundeskanzler sandte an den Vorsitzenden des Deutschen Beamtenbundes, Alfred Krause, Bonn, im Januar 1982 nachstehendes Telegramm:

> Sehr geehrter Herr Krause,
>
> zu Ihrem 60. Geburtstag meine besten Glückwünsche!
>
> 1) Mehr als drei Jahrzehnte haben Sie Ihr Wirken in den Dienst des Deutschen Beamtenbundes, dessen Vorsitzender Sie seit 1959 sind, gestellt. Ihr Name steht für die Interessenvertretung des Berufsbeamtentums in unserem Lande.
>
> 2) Ich weiß mich mit Ihnen einig, daß die Beamten als Partner des Bürgers und als unparteiische Sachwalter des Gemeinwohls einen hervorragenden Anteil am Auf- und Ausbau unseres sozialen Rechtsstaates haben.
>
> 3) Stets haben Sie klar und eindeutig gegen ungerechtfertigte Kritik an der deutschen Beamtenschaft Stellung bezogen. Für die Stärkung der Leistungsfähigkeit des öffentlichen Dienstes sind Sie mit Entschiedenheit eingetreten. Hierfür haben Sie allgemein Respekt und Anerkennung gewonnen.
>
> Ich wünsche Ihnen alles Gute, Erfolg und Wohlergehen.
>
> Mit freundlichen Grüßen
> Helmut Schmidt
> Bundeskanzler

1) Der Jubilar wird mit seiner Funktion identifiziert. „Ihr Name steht ...". Das ist ein hohes Lob.

2) Der Politiker nimmt die Gelegenheit wahr, mit dem Jubilar die Leistungen der gesamten Beamtenschaft, einer wichtigen Wählergruppe, anzuerkennen.

3) Die Verteidigung der Beamtenschaft gegen ungerechtfertigte Kritik wird als Verdienst gewürdigt.

Dieses Schreiben ist ein Beispiel dafür, wie ein Politiker die Ehrung einer Person mit eigenen politischen Zielen verbinden kann.

Funktionäre (Sport)

Der Bundespräsident sandte an den Präsidenten des Deutschen Fußballbundes, Hermann Neuberger, Bischmisheim, zu dessen 70. Geburtstag am 12. Dezember 1989 folgendes Glückwunschschreiben:

1)
> Sehr geehrter Herr Neuberger,
>
> mit meinen besten Wünschen für eine gute Zukunft gratuliere ich Ihnen zur Vollendung Ihres 70. Lebensjahres.
>
> Unter Ihrer Führung hat der Deutsche Fußballbund unser Land glücklich in aller Welt repräsentiert. Auch dem Beitrag, den unsere Vereine in der Jugendarbeit und zur Integration ausländischer Mitbürger leisten, gebührt dankbare Anerkennung.
>
> Mit freundlichen Grüßen
> Richard von Weizsäcker
> Bundespräsident

1) In aller Kürze ein runder Glückwunsch. Dem politischen Amt gemäß, beschränkt sich der Bundespräsident klug auf eine politische Würdigung als Sport-Funktionär. Damit vermeidet er, sich auf ein Feld zu begeben, auf dem er weniger kompetent ist: auf den Fußballplatz.

Funktionäre (Sport)

Der Bundeskanzler sandte an den Ehrenpräsidenten des Nationalen Olympischen Komitees für Deutschland, Herrn Prof. Dr. h. c. Willi Daume, München, zu dessen 80. Geburtstag am 24. Mai 1993 folgendes Glückwunschschreiben:

> Sehr geehrter Herr Professor Daume,
>
> zu Ihrem 80. Geburtstag gratuliere ich Ihnen sehr herzlich.
>
> 1) Sie haben die nationale und internationale Welt des Sports in jahrzehntelangem Wirken entscheidend geprägt. Mit Ihrem Engagement in verschiedenen herausragenden Positionen des Sportgeschehens waren Sie ein Leitbild. Deshalb freue ich mich darüber, daß Sie dem Sport auch nach Ihrem Rücktritt als Präsident des Nationalen Olympischen Komitees aktiv zur Seite stehen, und ich hoffe sehr, daß der von Ihnen ins Leben gerufene „Runde Tisch des Sports" neue Impulse für die Zukunft bringt.
>
> 2) Der Sport kann die Menschen zusammenführen und ihnen Halt und Orientierung geben. Sie haben diese wichtige gesellschaftliche Bedeutung des Sports stets gesehen und entsprechend gehandelt.
>
> 3) Meine Gratulation zu Ihrem Ehrentag verbinde ich mit den besten Wünschen für die kommenden Jahre, für Ihre Schaffenskraft und vor allem für Ihre Gesundheit.
>
> Mit freundlichen Grüßen
> Ihr
> Helmut Kohl

1) Der Glückwunsch ist eine im Ton warmherzige, gelungene Mischung zwischen Rückblick auf das Lebenswerk des Jubilars und zukunftsgerichteten Wünschen für die derzeitigen Aktivitäten.

2) Das Anliegen, Halt und Orientierung zu geben, ist das wichtigste Bindeglied zwischen Politiker und Sportfunktionär.

3) Ein sprachlich gelungener, allem Formelhaften ausweichender Schluß-Glückwunsch.

Generäle

Der Bundespräsident sandte an General a. D. Heinz Trettner, Bonn, zu dessen 75. Geburtstag am 19. September 1982 folgendes Glückwunschschreiben:

> Sehr geehrter Herr General,
>
> zu Ihrem 75. Geburtstag gratuliere ich Ihnen herzlich.
>
> 1) Ich wünsche Ihnen Glück und Gesundheit für die kommenden Jahre, Zufriedenheit beim Blick zurück auf ein reiches Leben.
>
> 2) Mein Glückwunsch gilt dem dritten Generalinspekteur der Bundeswehr, dem verdienten Soldaten und strategischen Planer, aber auch dem Staatsbürger Heinz Trettner, der sein Gewissen und sein Verantwortungsgefühl stets zur Richtschnur seines Handelns machte.
>
> Mit freundlichen Grüßen
> Karl Carstens
> Bundespräsident

1) Eine geschickte Kombination: Blick nach vorn und zurück auf ein reiches Leben. Letzteres ist bei einem 75jährigen angemessen; bei jüngeren Adressaten ist Zurückhaltung geboten.

2) Bei einem Soldaten ist die getrennte Würdigung von militärischen und staatsbürgerlichen Verdiensten – auch nach dem Verständnis vom „Staatsbürger in Uniform" – zweckmäßig.

Historiker

Der Bundeskanzler sandte an Prof. Dr. Golo Mann, Kilchberg/Schweiz, zu dessen 80. Geburtstag am 26. März 1989 das folgende Glückwunschschreiben:

> Lieber Herr Professor Mann,
>
> 1) zu Ihrem 80. Geburtstag gratuliere ich Ihnen sehr herzlich.
>
> Mein Glückwunsch gilt einem der herausragendsten und angesehensten Vertreter der Geschichtsschreibung in unserem Jahrhundert. Ihr reiches schriftstellerisches Werk gewinnt seine Bedeutung – und seinen großen Erfolg – nicht zuletzt aus der glücklichen Verbindung, die in ihm präzise Erfassung des historischen Geschehens, Brillanz der Analyse und sprachliche Ausdruckskraft miteinander eingegangen sind. Mit dieser literarischen Dimension Ihres Schaffens stehen Sie in der reichen Tradition der Familie Mann. Mit ihr verbindet Sie auch Ihre nachdenkliche, eigenwillige und nie kurzfristigen Modeströmungen huldigende Zeitgenossenschaft zur Entwicklung unserer deutschen Nation. Ihre kritischen Anfragen
>
> 2) zum Zeitgeschehen haben immer große Beachtung gefunden und der Politik wichtige Anregungen gegeben, selbst dort, wo Sie Widerspruch hervorriefen.
>
> 3) Zu Ihrem Geburtstag möchte ich Ihnen meinen Dank aussprechen, vor allem für Ihre beharrliche und erfolgreiche Arbeit zur Vertiefung des historischen Bewußtseins. Es gehört zu Ihren eigenen, in der Zeit der nationalsozialistischen Diktatur gewonnenen Erfahrungen, daß Geschichtslosigkeit zur Unmündigkeit führt. Als Aufklärer und Humanist haben Sie Ihren Beitrag geleistet, die Wurzeln jener Unmündigkeit zu bekämpfen. Ihre Werke haben einem breiten Publikum Verständnis für geschichtliche Zusammenhänge vermittelt und bei vielen Menschen die Neugierde für historische Fragen erst geweckt. So hat Ihre Aufklärungsarbeit auch zur Verbesserung des geistigen Klimas in unserem Lande beigetragen.
>
> Für die kommenden Jahre wünsche ich Ihnen Gesundheit, Schaffenskraft und Wohlergehen.
>
> Mit freundlichen Grüßen
> Ihr
> Helmut Kohl

1) Auf die Standard-Einleitung hätte verzichtet werden können, da der nächste Absatz mit einem Glückwunsch beginnt.

2) Eine geglückte Verbindung, die den Bezug zur Politik herstellt, aber auch deutlich macht, daß Widerspruch die Wertschätzung nicht mindert – im Gegenteil!

3) Der persönliche Dank wird mit einem politischen Anliegen verknüpft, das Adressat und Absender verbindet. Das zeichnet den guten, glaubwürdigen Glückwunsch aus: das Verbindende – ob politisch oder persönlich – hervorzuheben.

Humoristen

Der Bundeskanzler sandte an Jürgen von Manger, Herne, zu dessen 65. Geburtstag im März 1988 nachstehendes Telegramm:

> Sehr geehrter Herr von Manger,
>
> zu Ihrem 65. Geburtstag gratuliere ich Ihnen sehr herzlich.
>
> 1) Mit dem „Herrn Tegtmeier" haben Sie eine Figur geschaffen, die den sympathischen Charakter der Menschen im Ruhrgebiet, dieser traditionsreichen und zukunftsfähigen Industrielandschaft, lebendig zum Ausdruck bringt.
>
> 2) Sie halten den Menschen einen Spiegel vor, der ihnen die eigenen Schwächen plastisch, jedoch auf eine menschlich annehmbare Weise vor Augen führt. Der Humor Ihrer Darbietungen ist nie verletzend. Er hilft dem Betrachter, über sich selbst – nicht über andere und auf deren Kosten – lachen zu können; eine Fähigkeit, die uns das Leben leichter macht.
>
> Ich wünsche Ihnen von Herzen Glück, Gesundheit und Wohlergehen.
>
> Mit freundlichen Grüßen
> Helmut Kohl
> Bundeskanzler

1) Der Bundeskanzler macht, indem er das Ruhrgebiet „zukunftsfähig" nennt, eine politische Aussage („Ich glaube an die Zukunft dieser Region"), die angesichts der Strukturkrise des Ruhrgebietes von erheblichem Gewicht war.

2) Entsprechend seinem eigenen Temperament würdigt der Gratulant das Lebensfördernde des Humors des Jubilars. Richtig! Die Glaubwürdigkeit eines Glückwunschschreibens hängt nämlich auch davon ab, daß die Worte als Ausdruck des eigenen Wesens erscheinen.

Humoristen

Der Bundeskanzler sandte an Werner Finck, München, zu dessen 75. Geburtstag im Mai 1977 das nachstehende Telegramm:

> Lieber Herr Finck,
>
> 1) kaum zu glauben, daß Sie heute Ihren 75. Geburtstag begehen.
>
> 2) All die Jahre mit Ihnen haben Sie uns eher kurzweilig werden lassen. Mit viel gefaßter Prosa und mit noch mehr verstreuten Versen. Das zieht sich in einer geraden Linie von den schon Geschichte gewordenen Jahren der Katakombe bis hin in unsere Jahre. Furcht vor Thronen haben Sie sich – trotz bitterster eigener Erfahrungen – nie anmerken lassen. Nur schwer mehr abzuschätzen ist, in wie vielen Menschen Sie dadurch das nur noch schwach glühende Fünkchen Hoffnung überhaupt am Leben erhalten haben.
> Daß hinter scheinbarer Leichtigkeit und treffsicherer Pointe, die nichts weiter als der Zufall aufgesetzt zu haben scheint, eine meisterliche Beherrschung der Sprache steckt, haben nicht immer alle bemerkt. Nicht vergessen darf auch sein, was Sie als Schauspieler und Übersetzer geleistet haben.
>
> 3) Ihnen zu wünschen, sich nicht unterkriegen zu lassen, hieße Fin(c)ken nach Athen tragen. So wünsche ich Ihnen heute viel Freude am Leben und ein allzeit geschliffenes Wort.
>
> Ihr Helmut Schmidt
> Bundeskanzler

1) Ein ungewöhnlicher, sehr persönlicher und (fast) versteckter Glückwunsch. Gut, wenn Sie zu dem Jubilar eine freundschaftliche Beziehung haben – aber nur dann!

2) Der Absender versetzt sich in Inhalt und Stil in das Lebenswerk der Persönlichkeit, skizziert mit kurzen, pointierten Sätzen, die typisch sind für den Jubilar, ein lebendiges Bild des Menschen.

3) Der Schluß ist ebenso ungewöhnlich wie der Einstieg. So zu schreiben, setzt große Vertrautheit voraus, aber dann ist jeder Satz nachahmenswert. In seiner Schlichtheit besonders aussagekräftig ist der Wunsch „viel Freude am Leben": eine Anregung für Ihren nächsten Geburtstagsbrief.

Hundertjährige

Im vergangenen Jahr gratulierte der Bundespräsident genau 3 960 Bundesbürgern zum 100. Geburtstag.
Im Jahr 2000, so schätzen Experten, werden zwischen 12 000 und 13 000 Menschen ein solches Glückwunschschreiben erhalten, denn die Deutschen werden – zum Glück – immer älter.
Respekt und Dankbarkeit für Leben und Werk stehen bei einer Gratulation zum 100. Geburtstag ganz im Zentrum, wie die drei folgenden Glückwünsche für den Jesuitenpater Oswald von Nell-Breuning zeigen. Nutzen Sie Bruchstücke aus diesen Schreiben, wenn Sie Hundertjährigen in Ihrer Gemeinde, im Wahlkreis oder Verein gratulieren.
Am Beginn oder Ende Ihres Schreibens würdigen Sie die Lebensleistung zusammenfassend etwa wie folgt: „Zu jeder Zeit Ihres Lebens waren Sie durch Ihre Lebensauffassung, Ihr Pflichtbewußtsein und herzliche Hilfsbereitschaft ein Vorbild für alle."
Der Bundespräsident hat am 8. März 1990 Professor Oswald von Nell-Breuning zum 100. Geburtstag gratuliert. Hier ein Auszug:

Verehrter Pater von Nell-Breuning,

1) ein gnädiges Geschick hat Sie ein hohes Lebensalter erreichen lassen, gnädig Ihnen und damit auch uns.

Für meine Person und in meinem Amt, das mich für unser Land sprechen läßt, überbringe ich Ihnen unsere herzlichsten Segenswünsche zu Ihrem 100. Geburtstag.

Uns erfüllt Achtung und tiefe Dankbarkeit für Ihr Leben und Wirken.

Mit der Vollmacht des Priesters haben Sie lebenslang gehandelt. Sie bezeugen die Botschaft Christi in der Welt und dringen auf ihre Anwendung im Sinne von Würde, Freiheit und Gerechtigkeit für den Menschen.

Es geht Ihnen nicht um abstrakte Gedankengebäude. Vielmehr verlangen Sie von sich selbst und von uns ein Denken, das die sachliche Kompetenz zur Voraussetzung und die konkrete Konsequenz im Handeln zur Folge hat.

So ist von Ihnen stets ein prägender Einfluß auf unsere sittliche und soziale Verantwortung in der Gesellschaft ausgegangen …

2) Als geistiges Zentrum haben Sie in der katholischen Soziallehre gewirkt. Das hat uns allen entscheidend weitergeholfen.

---

1) Ein seltener 100. Geburtstag ist Anlaß für außergewöhnliche Glückwünsche wie die drei folgenden.
Hier werden zunächst elegant-gekonnt Respekt und Dankbarkeit für Leben und Wirken des Hochbetagten zusammengefaßt. Bei einem 100. Geburtstag ist es angemessen, von einem „gnädigen Geschick" zu sprechen – aber nicht vor dem 90.!

2) Wie kann man die Lebensleistung eines Menschen besser würdigen als mit diesem schlichten, besonders eindrucksvollen Satz: „Das hat uns allen entscheidend weitergeholfen."?

Hundertjährige

Die Präsidentin des Deutschen Bundestages, Frau Prof. Dr. Rita Süssmuth, sandte an Pater Prof. Dr. Oswald von Nell-Breuning S. J., Frankfurt/M., nachstehendes Glückwunschschreiben:

> Sehr geehrter Pater von Nell-Breuning,
>
> 1) es ist mir eine besondere Freude und Ehre zugleich, Ihnen zur Vollendung Ihres 100. Lebensjahres gratulieren zu können. Mit meinen Glückwünschen verbinde ich vor allem die Hoffnung, daß Sie diesen Tag bei guter Gesundheit verbringen werden.
>
> Sie werden als Nestor der Katholischen Soziallehre bezeichnet. Wie kaum ein anderer haben Sie in diesem Jahrhundert das Verhältnis der Kirche zu Politik, Wirtschaft und Gesellschaft mitgestaltet.
>
> 2) Ihr Wort als Theologe und Soziologe fand und findet bei Unternehmern, Gewerkschaftlern und den politisch Verantwortlichen stets Gehör. Mit Ihren Argumenten, die in der christlichen und sozialen Verantwortung für den Menschen wurzeln, haben Sie vor allem als Sachwalter der Interessen der Arbeiter und der Schwächeren fungiert.
>
> Ihr Rat und Ihre Mahnungen wurden nicht nur im Wissenschaftlichen Beirat beim Bundesminister für Wirtschaft und an der „Akademie der Arbeit", sondern werden auch heute noch als wegweisende Zeichen gesehen, mit denen man sich auseinandersetzen muß.
>
> Ich wünsche Ihnen und uns, daß Sie zum Wohle der Menschen und in Verantwortung für unser Gemeinwesen mit wachem Geist und reicher Lebenserfahrung noch einige Zeit als Berater und Mahner in der gegenwärtigen rasanten Entwicklung uns zur Seite stehen werden.
>
> 3) Mit allen guten Wünschen und in großer Verehrung
> Prof. Dr. Rita Süssmuth
> Präsidentin des Bundestages

1) Der erste Absatz bekundet hohen Respekt: eine Einleitungsformulierung, die auch für weniger betagte, aber hochangesehene Adressaten geeignet ist.

2) Richtig, daß die Verdienste nicht nur rückblickend, sondern als wertvoller Beitrag zur aktuellen Diskussion gewürdigt werden: „Ihr Wort findet Gehör".

3) Angesichts der Bedeutung und des Alters des Adressaten ist die Schlußformel „in großer Verehrung" angemessen – aber ansonsten: Vorsicht!

Hundertjährige

Der Bundeskanzler sandte an Pater Prof. Dr. Oswald von Nell-Breuning S. J., Frankfurt, zu dessen 100. Geburtstag am 8. März 1990 folgendes Glückwunschschreiben:

Lieber Pater von Nell-Breuning,

1) zu Ihrem 100. Geburtstag übermittle ich Ihnen meine herzlichen Glück- und Segenswünsche. Zugleich bekunde ich Ihnen meine Hochachtung vor Ihrem reichen und erfüllten Lebenswerk. Es weist Sie als einen der großen Denker unseres Jahrhunderts aus, als einen Wissenschaftler, dessen Wort über die Grenzen von Ländern und Parteien hinweg großes Gewicht hat.

Mit Ihren bahnbrechenden Arbeiten auf dem Gebiet der Sozialethik haben Sie entscheidend mitgeholfen, in der Bundesrepublik Deutschland eine der Freiheit der Person und der sozialen Gerechtigkeit verpflichtete Wirtschafts- und Sozialordnung zu errichten.

Auf der Grundlage der katholischen Soziallehre, die Sie maßgeblich mitgestalteten und weiterentwickelten, sind Sie für eine Gesellschaft eingetreten, die die Würde und die Freiheit der Person achtet und ihre Entfaltung nach Kräften fördert. Zu Recht haben Sie immer wieder auf die Notwendigkeit hingewiesen, dem einzelnen mit seinen schöpferischen Kräften Freiraum für eigenverantwortliche Initiativen zu gewähren und ihn gleichzeitig solidarisch vor sozialer Not und Abhängigkeit zu bewahren.

Der Gedanke der Solidarität stand auch im Zentrum Ihrer Arbeiten und Anregungen zur Sozialpartnerschaft; zu ihrer Belebung und Festigung haben Sie unschätzbare Beiträge geleistet – sei es in Fragen der Mitbestimmung, der Verteilung der Arbeitszeit oder der Vermögensbildung in Arbeitnehmerhand. Ebenso haben Sie wiederholt mit zukunftsweisenden Ideen zur Verbesserung der sozialen Sicherung des einzelnen und des sozialen Ausgleichs, auch zwischen den Generationen, beigetragen.

Der Erfolg unserer Wirtschafts- und Sozialordnung und das große Ansehen, das sie in der ganzen Welt genießt, wären ohne Ihre Vorarbeit so nicht denkbar.

Wir Deutschen erleben gegenwärtig, wie das Ideal einer auf der Freiheit der Person und auf sozialer Gerechtigkeit gegründeten Wirtschaftsordnung auch für die Menschen in der DDR Realität zu werden beginnt.

2) Nach dem Scheitern des marxistischen Sozialismus steht für unsere Landsleute fest, daß schöpferische Eigeninitiative und soziale Sicherung keine Gegensätze sind, sondern sich gegenseitig bedingen. Dies ist eine schöne Bestätigung für Ihren unermüdlichen Einsatz im Dienste einer gerechten Ordnung.

Zugleich ist Ihr Lebenswerk eine Ermutigung für alle Deutschen in Ost und West, die vor uns liegenden Herausforderungen beherzt in Angriff zu nehmen; schließlich haben Sie uns immer wieder den Blick dafür geschärft, daß unsere Solidarität nicht an den Grenzen unseres Landes enden darf.

3) An Ihrem Geburtstag möchte ich Ihnen meinen aufrichtigen Dank aussprechen: für Ihre überaus wertvollen Beiträge zum inneren Frieden in unserem Land, für Ihre weitsichtigen Analysen und hilfreichen Anregungen und für Ihren unbestechlichen, kritischen und konstruktiven Rat. Danken möchte ich Ihnen nicht zuletzt für den segensreichen Einfluß, den Ihr Denken auf das Bewußtsein einer breiten Öffentlichkeit ausgeübt hat.

4) Solidarität, das haben wir von Ihnen gelernt, dürfen wir heute nicht mehr als Abgrenzung eigener Interessen zum Nachteil anderer verstehen, sondern als Übernahme gemeinsamer Verantwortung. Diese Erkenntnis ist in diesen Wochen aktueller denn je.

Ich wünsche Ihnen von Herzen Kraft, Wohlergehen und Gottes Segen.

Mit herzlichen Grüßen
Ihr
Helmut Kohl

1) Auch bei diesem Glückwunsch steht am Anfang eine Zusammenfassung des Lebenswerkes.

2) In geglückter Formulierung werden hier aktuelle politische Entwicklungen mit dem lebenslangen Anliegen des Adressaten glaubwürdig in Verbindung gebracht. Für den hochbetagten Jubilar heißt dies zugleich, daß er noch etwas zu sagen hat, noch im Leben steht.

3) Der ausdrückliche Dank des hochrangigen Absenders hebt den Geehrten besonders wirkungsvoll hervor.

4) Auch die Formulierung „Wir haben von Ihnen gelernt ..." enthält höchste Anerkennung. Schön für den Adressaten, wenn Sie ein solches Kompliment ehrlich weitergeben können.

Journalisten

Der Bundeskanzler sandte an den außenpolitischen Korrespondenten des Bonner General-Anzeigers, Wolf J. Bell, zum 65. Geburtstag am 10. Juni 1989 folgendes Glückwunschtelegramm:

> Sehr geehrter Herr Bell,
>
> zu Ihrem 65. Geburtstag gratuliere ich Ihnen sehr herzlich.
>
> 1) Meine guten Wünsche gelten einem angesehenen Journalisten, der die Bonner Politik seit vielen Jahren engagiert begleitet.
>
> 2) Mit Ihren kenntnisreichen Analysen und Kommentaren haben Sie wesentlich dazu beigetragen, dem „General-Anzeiger" auch in der außenpolitischen Berichterstattung ein unverwechselbares Profil zu geben.
>
> Ich wünsche Ihnen für die kommenden Jahre Wohlergehen und Schaffenskraft.
>
> Helmut Kohl
> Bundeskanzler der Bundesrepublik Deutschland

1) Eine ungewöhnliche, aber für den Adressaten freundliche Geste, wenn der Bundeskanzler einem Bonner Korrespondenten, der überregional weniger bekannt ist, gratuliert. Ein „Muß" hingegen für Bürgermeister und lokale Prominenz.

2) Schreiben Sie: „Ihre kenntnisreichen Analysen und Kommentare tragen wesentlich dazu bei, daß ich jeden Morgen gerne die Zeitung aufschlage und nach Ihren Beiträgen suche, die dem „General-Anzeiger" ...

Journalisten

Der Bundespräsident sandte an Walter Henkels, Wachtberg-Ließem, zu dessen 70. Geburtstag am 9. Februar 1976 folgendes Glückwunschschreiben:

> 1) Es gibt viele Bonner Köpfe, aber nur einen Kopf, der sich seit Bestehen der Bundesrepublik Deutschland als bundeshauptstädtischer Biograph betätigt. Ihnen zu Ehren muß hinzugefügt werden, daß Sie Ihr Metier mit Kenntnis, Humanität und Bonhomie versehen und sich daher bester Harmonie mit fast allen Beteiligten erfreuen; eine Leistung, die besondere Anerkennung verdient.
>
> 2) Das Bild des Journalisten und Schriftstellers wird durch den Jäger Walter Henkels abgerundet. Für deutsches Wild ist es fast eine Freude, von Ihnen getroffen zu werden.
>
> 3) Zu Ihrem 70. Geburtstag gratuliere ich herzlich. Ich wünsche Ihnen Gesundheit und danke Ihnen für das gute Renommee, das Sie unserer gemeinsamen Heimatstadt Solingen in Bonn geschaffen haben.
>
> Walter Scheel
> Bundespräsident

1) Ein heiterer Mensch gratuliert einem heiteren Menschen ...

2) Genügend eigenes Selbstbewußtsein vorausgesetzt, kann man durchaus eine so lockere Bemerkung wagen.

3) Der Hinweis auf die gemeinsame Herkunft gibt dem Schreiben eine freundschaftlich-verbindende Note.

Journalisten

Der Bundespräsident sandte an Dr. h. c. Walter Dirks, Wittnau, zu dessen 75. Geburtstag am 8. Januar 1976 folgendes Glückwunschschreiben:

> Sehr geehrter Herr Dirks!
>
> 1) Wer sich wie Sie in einer Welt, die sich wandelt, durch Jahrzehnte treu bleibt, erregt Anstoß. Vor allem, wenn er als ein Mann des Wortes seine Kritik formuliert und niederschreibt und die Menschen wissen läßt, welchen Irrtümern und Wunschbildern sie nachlaufen.
>
> 2) Wechselweise nennt man Sie einen roten Schwarzen oder einen schwarzen Roten, um sich damit ein Alibi fürs Weghören zu schaffen, Sie aber geben Gott sei Dank die Hoffnung nicht auf, daß ein Dialog der Verständigung seine Früchte trägt.
>
> Zum 75. Geburtstag gratuliere ich Ihnen herzlich. Ich wünsche Ihnen Gesundheit und Wohlergehen.
>
> Walter Scheel
> Bundespräsident

1) Eine kurze, prägnante Würdigung des Charakters und der Lebensleistung eines mutigen Mannes.

2) Zugleich wird auf den Wert des „Dialogs der Verständigung" für jede demokratische Gemeinschaft hingewiesen.

In dem Schreiben kommt ferner ein verhaltener Zorn darüber zum Ausdruck, daß man entschiedenes Denken lieber mit Etiketten beklebt, statt sich mit ihm auseinanderzusetzen.
Kurzum: Indem der Gratulant den Jubilar ehrt, macht er deutlich, worauf es ihm selbst ankommt.

Journalisten

Der SPD-Partei- und Fraktionsvorsitzende Hans-Jochen Vogel sandte an Robert Lembke zum 75. Geburtstag folgendes Glückwunschschreiben:

> Sehr geehrter Herr Lembke,
>
> 1) zu Ihrem 75. Geburtstag gratuliere ich im Namen der Sozialdemokratischen Partei Deutschlands und ihrer Bundestagsfraktion, aber auch persönlich sehr herzlich.
>
> 2) Als Journalist und Autor, Fernsehmann, Sportkoordinator und Quizmaster haben Sie die Vielfalt Ihrer Talente nachhaltig und erfolgreich unter Beweis gestellt. Aus naheliegenden Gründen erinnere ich mich besonders an die Olympischen Sommerspiele von 1972, auf die zwar ein Schatten fiel, der aber gleichwohl Ihre Leistung, den Reportern die Berichterstattung in alle Länder der Welt erst möglich zu machen, nicht mindern konnte.
>
> 3) Die meisten Bürger und Bürgerinnen unseres Landes verbinden mit Ihrem Namen selbstverständlich anderes. „Was bin ich" ist zum Synonym dafür geworden, wie sich amüsante Unterhaltung mit Informationen über Personen und Persönlichkeiten verbinden läßt. Um die Kontinuität dieser Sendung – über 300 Mal ausgestrahlt, Ende offen – kann Sie mancher Politiker nur beneiden.
>
> Meine Gratulation verbinde ich mit den besten Wünschen für Ihr persönliches Wohlergehen.
>
> Mit freundlichen Grüßen
> Hans-Jochen Vogel
>
> (Service der SPD für Presse, Funk, TV, 13. 09. 88)

1) Der Absender gratuliert in einem Atemzug zugleich für eine Institution (die SPD) wie auch im eigenen Namen. Es würde gefälliger wirken, die Glückwünsche in zwei Sätze zu trennen und die persönliche Dankesbekundung mit einer gemeinsamen Erinnerung zu verbinden.

2) Die allgemeine Aufzählung der Verdienste wird an einem Beispiel konkretisiert.

3) Die Bekanntheit der Fernsehsendung muß nicht näher erläutert werden. Geschickt deshalb die positive Würdigung und der Bezug zur Politik.

Kirchliche Würdenträger, Theologen, Vertreter von Glaubensgemeinschaften – katholisch

Der Bundeskanzler sandte an den Bischof von Speyer, Dr. Anton Schlembach, zu dessen 60. Geburtstag am 7. Februar 1992 folgendes Glückwunschschreiben:

> Lieber Herr Bischof,
>
> zu Ihrem 60. Geburtstag übermittle ich Ihnen meine herzlichen Glück- und Segenswünsche.
>
> 1) Auch als Oberhirte des traditionsreichen Bistums Speyers sind Sie zuallererst der volksverbundene und einfühlsame Seelsorger, der ein offenes Ohr für die Fragen der Christen hat und ihnen Orientierungen, Rat und geistigen Beistand zu geben versteht. Klarheit in den grundlegenden ethischen Fragen verbinden Sie mit feinem Gespür für die Sorgen der Menschen. Gesunde Skepsis gegenüber einem vermeintlichen Zeitgeist hindert Sie nicht, die Zeichen der Zeit zu erkennen und zu deuten. Als Mann des Dialogs und des Ausgleichs liegt Ihnen auch die Verständigung zwischen den Konfessionen am Herzen, der sie wichtige Anstöße gegeben haben.
>
> Ich wünsche Ihnen weiterhin Gesundheit, Kraft und Gottes Segen.
>
> Mit freundlichen Grüßen und allen guten Wünschen
> Ihr
> Helmut Kohl

1) Eine runde Sache: Alle notwendigen Informationen „Oberhirte des traditionsreichen Bistums Speyer" oder „Klarheit in den grundlegenden ethischen Fragen" werden mit qualifizierenden Charakterisierungen versehen, aus denen tiefe Sympathie und Verbundenheit spricht.

Kirchliche Würdenträger, Theologen, Vertreter von Glaubensgemeinschaften – katholisch

Der Bundeskanzler sandte an den Bischof von Limburg, Dr. Franz Kamphaus, zu dessen 60. Geburtstag am 2. Februar 1992 folgendes Glückwunschschreiben:

> Lieber Herr Bischof,
>
> zu Ihrem 60. Geburtstag gratuliere ich Ihnen sehr herzlich.
>
> 1) Als Seelsorger und als Wissenschaftler verstehen Sie es, die Frohe Botschaft in einer Sprache zu verkünden, die die Menschen unserer Zeit erreicht und anstößt. Leidenschaftlich und mit großer persönlicher Glaubwürdigkeit ermutigen Sie zu einer lebendigen Auseinandersetzung mit dem Evangelium und zu einer Gestaltung der Welt aus seinem Geist. Gerade bei jungen Christen haben Sie sich großes Ansehen erworben: als ein Oberhirte und geistlicher Berater, der in hohem Grade die Kunst des Dialogs und des Zuhörens beherrscht und zugleich nachdrücklich die Notwendigkeit ethischer Verbindlichkeiten und des selbstlosen persönlichen Engagements verdeutlicht.
>
> Ich wünsche Ihnen von Herzen Kraft, Gesundheit und Gottes Segen.
>
> Mit freundlichen Grüßen
> Ihr
> Helmut Kohl

1) Gelungene, lebhafte Verbindung von Aussage zur Person und Würdigung: Gleich im ersten Satz gelingt die Verbindung des „Was" mit dem „Wie": wie der Seelsorger seine Aufgabe erfüllt. Man spürt auch zwischen den Zeilen die persönliche Verbundenheit zwischen Absender und Empfänger dieses wirklich herzlichen Glückwunsches.

Kirchliche Würdenträger, Theologen, Vertreter von Glaubensgemeinschaften – katholisch

Der Bundeskanzler sandte an Bischof Heinrich-Maria Janssen, Hildesheim, zu dessen 80. Geburtstag folgendes Glückwunschschreiben:

1) Lieber Herr Bischof,

zu Ihrem 80. Geburtstag gratuliere ich Ihnen sehr herzlich.

Über viele Jahre hinweg haben Sie als Seelsorger und Oberhirte den Ihnen anvertrauten Gläubigen Ihres Bistums gedient, die Ihnen auch heute in Dankbarkeit und Verehrung verbunden sind.

2) Unvergessen sind Ihre herausragenden Verdienste als Seelsorger der Vertriebenen und Flüchtlinge. Durch Ihren unermüdlichen Einsatz haben Sie maßgeblich dazu beigetragen, daß diese Menschen nicht nur geistige Geborgenheit in der Kirche erfuhren, sondern auch das Bewußtsein gewannen, in unserem Staat heimisch zu sein. Hierfür gilt Ihnen mein besonderer Dank.

Für die kommenden Lebensjahre wünsche ich Ihnen von Herzen Gottes Segen.

Mit freundlichen Grüßen und allen guten Wünschen
Ihr
Helmut Kohl

1) Solche einfachen und schlichten Anreden, die allerdings ein persönliches Verhältnis voraussetzen, sind besonders eindrucksvoll. Philipp Otto Runge redete Goethe in seinem ersten Brief mit „Lieber Herr von Goethe" an – niemand sonst von all seinen Zeitgenossen ist auf diese einfache Formel gekommen.

2) Auch hier wird die Leistung des Geehrten in ihrer Bedeutung für den Staat gewürdigt, wie es einem Bundeskanzler zukommt. Ein Bürgermeister würde die Verdienste für die Gemeinde würdigen ...

Kirchliche Würdenträger, Theologen, Vertreter von Glaubensgemeinschaften – evangelisch

Der Bundeskanzler sandte an Bischof D. Dr. Hermann Kunst D. D. , Bonn, im Januar 1982 folgendes Glückwunschschreiben:

> Lieber, verehrter Bischof Kunst,
>
> 1) zu Ihrem 75. Geburtstag gratuliere ich ganz herzlich.
> Der Glückwunsch gilt zunächst dem Menschen, der seinen Gesprächspartnern immer ein ebenso freundschaftlich Verbundener wie aufrechter Ratgeber gewesen ist. Ich habe den Unterhaltungen mit Ihnen über all die vielen Jahre, die wir uns nun kennen, viel zu danken. Über vieles denke ich noch nach.
>
> Als Bischof, der Sie zahlreiche Jahre eine ganz besondere Aufgabe hatten, haben Sie die Formen des guten und wechselseitigen Miteinander von Kirche und Staat entscheidend mitgeprägt. Aus Ihrem evangelischen Glauben haben Sie es verstanden, mancherlei Anregung in die konkrete politische Verantwortung miteinzubringen.
>
> Nicht vergessen ist, was Sie in einer schwierigen Aufbauphase als erster evangelischer Militärbischof für das eigene Verständnis der Bundeswehr und das Verständnis der Bürger für sie geleistet haben. Über all dem konnte niemals Zweifel darüber aufkommen, daß Sie vor allem Seelsorger sind und ein engagierter Kämpfer für den Frieden, überall!
>
> 2) Ich wünsche, daß Gott Ihnen weiterhin Kraft und Gesundheit schenken möge und die Gaben, die machen, was Sie sind.
>
> 3) Stets Ihr ergebener
> Helmut Schmidt

1) Ein warmer, persönlicher Ton bleibt bis zum Schluß des Schreibens erhalten: „freundschaftlich verbundener wie aufrechter Ratgeber", „ ... viel zu danken". Der Satz „Über vieles denke ich noch nach" ist in seiner Schlichtheit besonders eindrucksvoll.

2) Eine sehr persönliche und ausgesprochen eindrucksvolle Schlußformel jenseits aller Stereotype. Wieviel anders wirken solche Worte als das Allerweltskauderwelsch am Ende mancher Briefe!

3) Eine Formel alter Schule – vielleicht darum läßt sie heute aufhorchen und hat ihr Floskelhaftes verloren. Auf jeden Fall ein sehr bewußt gesetzter Schluß: eine tiefe, respektvolle Verbeugung.

Kirchliche Würdenträger, Theologen, Vertreter von Glaubensgemeinschaften – evangelisch

Der Bundeskanzler sandte an den Bevollmächtigten des Rates der EKD am Sitz der Bundesrepublik Deutschland, Bischof Heinz-Georg Binder, Bonn, folgendes Glückwunschschreiben zum 60. Geburtstag am 21. November 1989:

Lieber Herr Bischof,

1) zu Ihrem 60. Geburtstag übermittle ich Ihnen meine herzlichen Glückwünsche.

2) Das Wirken der evangelischen Kirche in Deutschland ist geprägt vom Bewußtsein einer großen Verantwortung, die ihr die christliche Botschaft auch für die Welt zuweist. Im Geiste dieser Verantwortung steht sie in einem ständigen Dialog mit dem Staat und den gesellschaftlichen Gruppen. Daß dieser Dialog vertrauensvoll geführt wird und immer wieder vielfältige Früchte bringt, verdanken wir ganz entscheidend auch Ihrem unermüdlichen Einsatz. Als Persönlichkeit von großer Überzeugungskraft, die Grundsatztreue und Beharrlichkeit mit Geduld und Aufgeschlossenheit zu verbinden weiß und die Kunst des Zuhörens meisterhaft beherrscht, tragen Sie maßgeblich zu dem großen Gewicht bei, das das Wort der Kirche in unserem Land hat.

3) An Ihrem Geburtstag möchte ich Ihnen herzlich danken: für Ihre vielfältigen Anstöße, für manchen guten, bisweilen unbequemen Rat und für Ihr vorbildliches Engagement im Dienste des Dialogs und der Verständigung. Mein besonderer Dank gilt Ihrem Wirken als Militärbischof, der den Soldaten der Bundeswehr Mut in ihrem Friedensdienst macht und Versuchen, sie aus unserer Gesellschaft auszugrenzen, entschlossen und überzeugend entgegengetreten ist.

4) Gerne erinnere ich mich unserer zahlreichen persönlichen Begegnungen, vor allem Ihrer Teilnahme an dem bewegenden Gottesdienst in Kreisau. Er wurde durch Ihre Anwesenheit und Ihre Worte auch ein Zeichen der Verständigung zwischen den Konfessionen.

Für die kommenden Jahr wünsche ich Ihnen Gesundheit, Kraft und Gottes Segen.

Mit freundlichen Grüßen und allen guten Wünschen
Ihr
Helmut Kohl

1) Wie Sie einen Glückwunsch geschickt verzögert anbringen und „verpacken" können, zeigt der erste Satz aus einer Gratulation des damaligen Bundespräsidenten an Bischof Kunst:

> Sehr geehrter, lieber Herr Bischof Kunst,
>
> anläßlich Ihres Geburtstages gedenke ich besonders gern der vielen Gelegenheiten, bei denen wir einander in den letzten dreißig Jahren in Bonn gesehen und Meinungen und Gedanken ausgetauscht haben. Ich gratuliere Ihnen herzlich und wünsche Ihnen für die Zukunft alles Gute ...

2) Die Persönlichkeit des Geehrten wird in einem großen gesellschaftspolitischen Zusammenhang gewürdigt. Die positive Gestaltung des Verhältnisses von Kirche und Staat wird als ein persönliches Verdienst des Adressaten um die Demokratie erkannt und ausgesprochen.
Dies ist das positive und klare Bekenntnis eines Christen zu seinem Glauben. Sehr gut! Es gehört zur Glaubwürdigkeit eines Politikers, daß er sich ohne Scheu zu den Werten bekennt, von deren Richtigkeit er überzeugt ist.

3) Nachahmenswert: der persönliche Dank für konkret benannte Hilfe, auch für „unbequemen Rat"!
Dieser Absatz enthält außerdem indirekt ein Bekenntnis zur Bundeswehr. Richtig! Ein Politiker hat die Legitimation, jede Gelegenheit wahrzunehmen, die gesellschaftlichen Gruppen – hier evangelische Christen und die Bundeswehr – näher an den Staat heranzuführen, indem er seine Verbundenheit mit ihnen zum Ausdruck bringt.

4) Vorbildlich: Zum Schluß wird mit der Erinnerung an ein gemeinsames bewegendes Erlebnis (bei dem der Adressat im Mittelpunkt stand!) nochmals die persönliche Verbundenheit betont.

Kirchliche Würdenträger, Theologen, Vertreter von Glaubensgemeinschaften – jüdische Gemeinde

Der Bundesminister des Innern sandte an den Vorsitzenden der Jüdischen Gemeinde zu Berlin im November 1977 das folgende Telegramm:

1) Zu Vollendung Ihres 65. Lebensjahres sende ich Ihnen, sehr verehrter Herr Galinski, meine herzlichen Grüße und guten Wünsche.

2) Sie können mit Genugtuung auf eine fast 30jährige Tätigkeit als Vorsitzender der Jüdischen Gemeinde zu Berlin zurückblicken. Sie haben in diesen langen Jahren unendlich viel für unsere jüdischen Mitbürger weit über die Grenzen Berlins hinaus getan und Sie haben aus all Ihren schrecklichen persönlichen Erfahrungen sich um das wiedergegründete demokratische Gemeinwesen in unserem Lande besonders verdient gemacht.

3) Für Ihre stets um Verständigung und Ausgleich bemühte Lebensleistung danke ich Ihnen in der Hoffnung, daß Sie noch viele Jahre in ungebrochener Schaffenskaft Ihre Arbeit bei guter Gesundheit fortsetzen werden.

Prof. Dr. Werner Maihofer
Bundesminister des Innern

1) Es handelt sich um ein Telegramm! Da im Telegramm die persönliche Anrede fehlt, ist es notwendig, sie im Glückwunsch unterzubringen.

2) Eine konkrete Ergänzung hätte der Würdigung des Mannes, der „unendlich viel" (Was?) getan und sich „besonders verdient gemacht hat" (Warum?), mehr Überzeugung verleihen können. Vermeiden Sie solche Leerformeln: Sie sagen zu wenig über den Menschen und seine Lebensleistung!

3) In diesem Absatz macht der Absender seine Versäumnisse nur zum Teil wieder wett, indem er die Leistungen leider nur schlagwortartig konkretisiert.

Komponisten

Der Bundespräsident sandte an Professor Wolfgang Fortner, Heidelberg, zu dessen 70 Geburtstag am 12. Oktober 1977 folgendes Gückwunschschreiben:

> Sehr geehrter Herr Professor Fortner!
>
> 1) Herzlich gratuliere ich Ihnen zum 70. Geburtstag. Wie viele Beispiele zeigen, sind dem musikalischen Schaffen keine Altersgrenzen gesetzt. Voller Erwartungen dürfen wir auf Ihr Alterswerk hoffen.
>
> 2) Schon in jungen Jahren wurden Sie zu den großen Tonschöpfern unserer Zeit gezählt. Sie sind ein Klassiker der modernen Musik geworden. Ihr Werk hat die Chor- und Orchestermusik, die Literatur für Kantaten und Kammermusik und vor allem die Oper bereichert. Der schöpferische Geist hat damit einmal mehr die Skepsis derer widerlegt, die die Oper zum Sterben verurteilt sehen.
>
> 3) Gern erinnere ich mich an unsere gemeinsame Arbeit im Kulturbeirat des Auswärtigen Amtes.
>
> Walter Scheel
> Bundespräsident

1) Ein heiter-ironischer Hinweis auf das Alter des Jubilars, der nur dann Freude beim Empfänger auslöst, wenn beide sich gut kennen.

2) Der zweite Absatz fällt gegenüber dem ersten durch die referierende Darstellung deutlich ab.

3) Diese Erinnerung an gemeinsame Arbeit klingt persönlicher und ist individueller als die übliche Grußformel.

(Siehe auch Dirigenten/Musiker und Virtuosen)

Komponisten

Der Bundeskanzler übermittelte an Leonard Bernstein, New York/USA, zu dessen 70. Geburtstag am 25. August 1988 das folgende Glückwunschschreiben:

1) Sehr geehrter, lieber Herr Bernstein,

   zu Ihrem 70. Geburtstag gratuliere ich Ihnen sehr herzlich.

2) In den letzten Wochen konnten wir in Deutschland wieder erleben, wie sehr Sie als mitreißender und einfühlsamer Dirigent und Musikpädagoge Zuhörer und Orchester begeistern können.
   Diese Fähigkeit, Begeisterung zu wecken – eine Begeisterung, die nicht unkritisch ein musikalisches Hochgefühl erzeugen will, sondern zu einem tieferen Verständnis des Kunstwerks führt –, gehört zu den herausragenden Eigenschaften Ihrer Künstlerpersönlichkeit. Letztlich ist sie Ausdruck einer zutiefst humanen, menschenfreundlichen Grundeinstellung, die die Musik als eine grenzüberschreitende und menschenverbindende Sprache begreift. Auch Ihre Tonschöpfungen sind Ausdruck dieser Humanität; daß die „Westside Story" zu den erfolgreichsten Kompositionen unseres Jahrhunderts überhaupt gehört, liegt sicherlich auch daran, daß sich in diesem Kunstwerk Ihre künstlerische wie menschliche Glaubwürdigkeit in besonderer Weise offenbart.

   Wie wenige andere Künstler haben Sie die Möglichkeiten der modernen Kommunikationsmittel produktiv genutzt. Auf diese Weise haben Sie ungezählten Menschen einen persönlichen Zugang zum Musikschaffen der klassischen und romantischen Tradition und vor allem zur Musik unseres Jahrhunderts ermöglicht.

   Dabei haben Sie die bislang oft verkannte Modernität so mancher Komponisten vergangener Epochen ebenso deutlich gemacht wie die vielfältigen Traditionsbezüge der modernen Musik.

   Als Künstler haben Sie sich stets auch als „homo politicus" verstanden, der über seinen Beruf hinaus Verantwortung für andere empfindet. Deshalb haben Sie sich beispielhaft für Menschen in Not eingesetzt, insbesondere für politisch Verfolgte. Durch dieses persönliche Engagement haben Sie Ihre Überzeugung glaubwürdig unterstrichen, daß die Musik ein wesentlicher Beitrag zum Frieden sein kann und sein muß.

3) Ich wünsche Ihnen weiterhin Gesundheit, Schaffenskraft und Freude an der Musik.

4) Mit freundlichen Grüßen und allen guten Wünschen
   Ihr
   Helmut Kohl

1) Die Anrede verbindet Offizielles und Persönliches: eine Auszeichnung für den Empfänger.

2) Die Anknüpfung an ein aktuelles Ereignis ist ein gelungener Einstieg. Leider wirken die folgenden Passagen wie der Auszug aus einem Musiklexikon: Begriffe wie „Tonschöpfungen" gehören sicher nicht zum normalen Sprachgebrauch des Absenders.

Also Vorsicht: Sagen Sie mit Ihren Worten, warum Sie einen Menschen schätzen – und nicht mit den Worten eines Lexikons.

3) Eine auf die Person des Jubilars abgestellte Variante der Schlußformel „Freude an der Musik".

4) Wiederum – wie in der Anrede – kommt die Absicht zum Ausdruck, in die Schlußfloskel ein persönliches Element einzubringen.

Der Bundespräsident sandte an den Komponisten Professor Werner Egk, Lochham bei München, zu dessen 75. Geburtstag am 17. Mai 1976 folgendes Glückwunschtelegramm:

> Sehr verehrter Herr Professor Egk!
>
> 1) Herzlich gratuliere ich Ihnen zum 75. Geburtstag. Die Frage, ob die Oper heute und in Zukunft ihren Platz in der Musikwelt behaupten wird, können letztlich nur die Opernkomponisten beantworten. Ihr Werk hat eine eindeutig positive Antwort auf diese Frage gegeben.
>
> 2) Mit guten Wünschen für Ihre Gesundheit und Ihr weiteres Schaffen
> Walter Scheel
> Bundespräsident

1) Kann man die Lebensleistung eines Opernkomponisten knapper und präziser ehren?

2) Die Formulierung zeigt: Es müssen nicht immer die „besten" Wünsche sein. Etwas weniger Superlative – und schon wirken selbst formelhafte Grüße persönlicher!

(Siehe auch Dirigenten/Musiker und Virtuosen)

Solche kurzen, geistreichen Gratulationen sind meist die besseren!

Maler und Bildhauer

Der Bundespräsident sandte an Professor Georg Meistermann, Köln, zu dessen 75. Geburtstag im Juni 1986 folgendes Glückwunschschreiben:

Verehrter, lieber Herr Meistermann,

1) da es mir leider aus Termingründen nicht möglich ist, zu dem Ihnen zu Ehren gegebenen Empfang der Stadt Köln zu kommen, möchte ich Ihnen auf diesem Wege sehr herzlich zu Ihrem 75. Geburtstag gratulieren.

2) Als Sie 22 Jahre waren, wurde Ihnen das Malerei-Studium untersagt und verboten, Ihre Bilder auszustellen. Dem damaligen Regime mußte ein junger Künstler verdächtig erscheinen, der so unbedingt auf der Freiheit seiner Kunst bestand.

3) Der Krieg vernichtete fast Ihr gesamtes Jugendwerk. Doch in der Einsamkeit der Verfemung und der unmenschlichen Zeit bereitete sich in Ihnen die Wandlung vor, die Sie nach dem Kriege zu einem der markantesten Repräsentanten der Kunst in Deutschland werden ließ.
Ihre Gemälde hängen in den bedeutendsten Museen; Ihre Glasfenster erfüllen mit ihrer leuchtenden Spiritualität zahlreiche Kirchenräume im ganzen Land.

4) Obwohl Sie nie bei dem Erreichten und Erfolgreichen stehenblieben, sondern bis heute immer neue Bildformen suchten und fanden, müssen Sie es sich gefallen lassen, von allen Kunstfreunden unseres Landes als Klassiker der Moderne verehrt zu werden.

Zu ihnen zählt sich mit herzlichen Grüßen in Dankbarkeit
Ihr
Richard von Weizsäcker
Bundespräsident

1) Dieser Absatz macht deutlich, daß der Gratulant gerne zu dem Ehrenempfang gekommen wäre. Das unterstreicht die persönliche Würdigung und Wertschätzung. Allerdings ist der Satzanfang „da es ..." ein wenig schwerfällig.

2) In dem skizzierten Lebenslauf wird die Spannung und Gegensätzlichkeit von freier Kunst und Tyrannei deutlich.

3) Plastische Umschreibung der allgemeinen Anerkennung (wieder „testimonial"-artig): Der Verfasser sagt nicht: „Ich finde Ihre Werke großartig", sondern bringt Zeugnisse dafür: Museen, Kirchen im ganzen Land.

4) Liebenswürdige, humorvolle und geistreiche Umschreibung des besonderen Ranges des Geehrten.

Maler und Bildhauer

Der Bundeskanzler sandte an Professor Georg Meistermann, Köln, zu dessen 75. Geburtstag nachstehendes Glückwunschschreiben:

> Sehr geehrter Herr Professor Meistermann,
>
> zur Vollendung des 75. Lebensjahres gratuliere ich Ihnen sehr herzlich.
>
> 1) Ich beglückwünsche einen Künstler, dessen Lebenswerk und Lebensweg sich überzeugend entsprechen. Sie machen in Ihren Bildern, Glasmalereien und Kirchenfenstern die Spannung erfahrbar zwischen der sichtbaren Welt und einer transzendenten Wirklichkeit.
>
> Das Wissen um diese unverfügbare Realität gab Ihnen in der Zeit der nationalsozialistischen Barbarei die Kraft, Zeugnis für die Freiheit des Gewissens und die Freiheit der Kunst abzulegen.
>
> Beredter Ausdruck dafür sind Ihre in jener Zeit geschaffenen Bilder, die in der Ausstellung „Abstrakte Maler der Inneren Emigration" im Dezember 1984 im Bundeskanzleramt zu sehen war.
>
> In der Nachkriegszeit haben Sie die bildende Kunst in unserem Lande maßgeblich mitgeprägt: als künstlerisches Vorbild, als akademischer Lehrer und als langjähriger Vorsitzender des Deutschen Künstlerbundes mit besonderem kunstpolitischen Engagement.
>
> Zahlreiche hohe Auszeichnungen zeugen von der Wertschätzung, die Sie durch Ihr Werk und Ihr Wirken erworben haben.
>
> Ich wünsche Ihnen noch viele Jahre ungebrochener Schaffenskraft.
>
> Mit freundlichen Grüßen und allen guten Wünschen
> Ihr
> Helmut Kohl

1) Die Charakterisierung des Geehrten wird hier nicht aus dem Gegensatz: freie Kunst – Tyrannei, sondern aus der Spannung: sichtbare Welt – transzendente Wirklichkeit entwickelt. Das ist sicher genauso legitim.

Der Vergleich beider Glückwunschschreiben macht klar, daß man von ganz verschiedenen Ausgangspunkten zu ähnlichen und gleichermaßen gelungenen Lösungen kommen kann.

Musiker und Virtuosen

Der Bundeskanzler sandte an Prof. Dr. h. c. mult. Dietrich Fischer-Dieskau, Berlin, zu dessen 65. Geburtstag am 28. Mai 1990 folgendes Glückwunschschreiben:

> Sehr geehrter Herr Professor Fischer-Dieskau,
>
> zu Ihrem 65. Geburtstag gratuliere ich Ihnen sehr herzlich.
>
> 1) Unsere französischen Nachbarn haben für die Bezeichnung des Kunstliedes das deutsche Wort „Lied" übernommen. Sie bringen damit zum Ausdruck, daß diese Gattung in der Musik unseres Volkes einen ganz bestimmten Rang einnimmt.
> Es gehört zu Ihren Verdiensten, das Liedschaffen vergangener Epochen wie auch unseres Jahrhunderts einem ungewöhnlich breiten Publikum zugänglich gemacht zu haben; ihm haben Sie viele bislang unentdeckte Schätze erschlossen und den außergewöhnlichen Reichtum und die Fülle des Liedrepertoires vermittelt.
>
> 2) Zu Recht haben Kenner immer wieder auf den Ausnahmerang Ihrer Stimmkultur hingewiesen. Sie verbindet vollendete Beherrschung mit der Inspiration des Augenblicks. Ihr verdankt die Musikwelt maßstabsetzende Interpretationen auch der Opernliteratur, bei der Sie ebenfalls über ein fast unerschöpfliches Repertoire verfügen.
>
> 3) An Ihrem Geburtstag gilt mein Glückwunsch einem der großen Musiker und Künstler unseres Landes, einem der bedeutendsten Sänger unserer Zeit.
>
> Ich wünsche Ihnen weiterhin Gesundheit, Schaffenskraft und Wohlergehen.
>
> Mit freundlichen Grüßen
> Ihr
> Helmut Kohl

1) Die Leistung des Sängers wird mit einem hohen Maßstab gemessen – der Absender gibt zu erkennen, daß der Geehrte diesem Maßstab standhält und seinerseits Maßstäbe gesetzt hat.
Ungeschickt ist lediglich die Formulierung: „ungewöhnlich breites Publikum" – gemeint ist wohl, daß er ungewöhnlich viele und ganz unterschiedliche Menschen für seine Kunstform gewonnen hat.

2) Gut, sich auf das kompetente Urteil von Kennern zu berufen.

3) Notwendig ist dann allerdings – wie hier – eine persönliche Würdigung und Einschätzung aufgrund eigenen Urteils.

(Siehe auch Dirigenten und Komponisten)

Musiker und Virtuosen

Der Bundespräsident sandte an den weltberühmten Interpreten, Sir Yehudi Menuhin, London, zu dessen 70. Geburtstag im April 1986 folgendes Glückwunschschreiben:

1) Verehrter Herr Menuhin,

2) eine seltene natürliche Begabung und früh gereifte Musikalität haben dem Kind den Weg zu Erfolg und Ruhm bereitet. Das, was Ihnen durch die Gnade Ihrer einzigartigen Anlagen mit traumhafter Sicherheit zugefallen schien, haben Sie später mit Geist und Arbeit neu erobert, gefestigt und sich so wahrhaft zu eigen gemacht. Dies führte Sie zur Musikpädagogik, der Sie mit wegweisenden Ansätzen und leidenschaftlicher Hingabe dienen.

3) Bei weltumspannendem, anhaltendem Erfolg ist Ihnen der Zauber liebenswürdiger Bescheidenheit geblieben. Sie wissen von der beglückenden, beseligenden Wirkung der Musik und achten es als Ihren Beruf, hiervon mitzuteilen.
Dankbar denken viele unter uns an Konzerte, die Sie nach dem letzten Krieg, in Lagern und Baracken, gaben.

Als einer der ersten haben Sie uns wieder die Hand gereicht und uns nicht nur Musik geschenkt, sondern ein Beispiel von Humanität gegeben, die Ihr ganzes Wesen prägt und mit der Sie überall dem Frieden dienen. Der Friedenspreis des Deutschen Buchhandels war ein Ausdruck unseres Dankes.

4) Dank aber schulden wir Ihnen auch, weil Sie die reichen musikalischen Traditionen Deutschlands Ihr Leben lang mit liebender Treue gepflegt haben. Gern entsinne ich mich Ihres Besuches in Bonn im vergangenen Jahr. Daß Sie für einen der ersten Auftritte im neuen Lebensjahr ein Konzert mit den Berliner Philharmonikern gewählt haben, erfüllt mich mit besonderer Freude.

5) Mit Bewunderung, Dankbarkeit und herzlicher Mitfreude gratuliere ich Ihnen zum 70. Geburtstag.

Richard von Weizsäcker
Präsident der Bundesrepublik Deutschland

1) Die Anrede bekundet den Respekt vor einem großen Musiker ...

2) ... der in den folgenden Sätzen begründet wird.

3) Das deutsche Staatsoberhaupt geht zu Recht im besonderen auf den Beitrag des Künstlers für die Deutschen in der Nachkriegszeit ein.

4) Die persönliche Erinnerung hebt den Glückwunsch besonders heraus.

5) Eine eigenwillige Schlußformulierung: Die „herzliche Mitfreude" drückt leider bloß steife Förmlichkeit aus – also das Gegenteil dessen, was tatsächlich gemeint ist! Warum nicht verbal: „Ich bewundere Sie, bin Ihnen dankbar und freue mich mit Ihnen. Herzlichen Glückwunsch zum ..."

Musiker und Virtuosen

Der Bundeskanzler sandte an Sir Yehudi Menuhin, London, zu dessen 70. Geburtstag im April 1986 nachstehendes Glückwunschschreiben:

1) Sehr verehrter Yehudi Menuhin,

zu Ihrem 70. Geburtstag gratuliere ich Ihnen sehr herzlich.

2) Ihre weltweite künstlerische und menschliche Ausstrahlung hat unzählige Menschen im Geiste der Brüderlichkeit und des Friedens zusammengeführt. In schweren Zeiten bedeutete Ihr Wirken Stärkung und Zuspruch; nach dem Ende einer barbarischen Gewaltherrschaft half es, zwischenmenschliche Erstarrungen zu lösen. Dies werden gerade wir Deutschen stets mit besonderer Dankbarkeit und Zuneigung empfinden.

Musik als Sprache der Menschheit und der Menschlichkeit: Nur wenige können diesen Anspruch so glaubwürdig repräsentieren wie Sie. Eine tiefe Humanität prägt Ihre hohe, virtuose Kunst und Ihre vielfältigen Veröffentlichungen. Sie vermitteln etwas von diesem Ethos an die jungen Künstler, die zu Ihnen kommen, um von Ihnen zu lernen.

3) Mögen Sie auch in Zukunft Menschen über alle Grenzen hinweg verbinden. Ich wünsche Ihnen hierzu ungebrochene Schaffenskraft.

Mit freundlichen Grüßen
Ihr
Helmut Kohl

1) Auch hier bereits in der Anrede hoher Respekt. Differenzieren Sie zwischen „geehrt" und „verehrt"!

2) Der Bundeskanzler geht auf die Leistung des Künstlers zur Verständigung zwischen den Völkern ein, wenn auch zu abstrakt. Ein stärker persönlich gehaltener Dank wäre besser.

3) Der erste Satz enthält viel hohles Pathos. Der schlichtere Wunsch „mit Ihrer Musik Menschen in der Welt Freude schenken" wäre nicht der schlechtere.

Formulieren Sie möglichst einfach und nicht gedrechselt!

Philosophen

Der Bundeskanzler sandte an Sir Karl Popper, Kenley/Großbritannien, zu dessen 90. Geburtstag am 28. Juli 1992 folgendes Glückwunschschreiben:

> Sehr verehrter Sir Karl Popper,
>
> zu Ihrem 90. Geburtstag übermittle ich Ihnen meine herzlichen Glückwünsche.
>
> 1) Sie gehören zu den herausragenden Gelehrten unseres Jahrhunderts, dessen Denken Sie mitgeprägt haben. Im Mittelpunkt Ihres Lebenswerkes steht Ihr unermüdlicher Einsatz für eine offene Gesellschaft. Die zeitlos gültigen, wegweisenden Argumente gegen deren Feinde entwickelten Sie zu einer Zeit, da der Totalitarismus das Leben und Denken vieler Menschen und Völker bestimmte.
>
> Heute erleben wir, wie das Zeitalter der totalitären Ideologien in Europa zu Ende geht. Der Triumph der Freiheit und der Demokratie entbindet uns aber nicht, auch künftig wachsam zu sein. Die Freiheit und das friedliche Zusammenleben der Völker sind kostbare Güter, die sorgsam gehütet und auch ständig von neuem erworben werden müssen.
>
> 2) Grundlage Ihres Denkens ist die Überzeugung, daß das menschliche Erkenntnisvermögen grundsätzlich fehlbar ist. Sie ermutigen aber zugleich, die Suche und das Ringen um den rechten Fortschritt in der Erkenntnis und im praktischen Handeln niemals aufzugeben. Gerade für diese Ermutigung, die nüchtern und leidenschaftlich zugleich ist, gebührt Ihnen besonderer Dank.
>
> Ich wünsche Ihnen Kraft, Gesundheit und Wohlergehen.
>
> Mit freundlichen Grüßen und allen guten Wünschen
> Ihr
> Helmut Kohl

1) Der demokratische Politiker nutzt den Geburtstagsglückwunsch, ein Bekenntnis zu den – gemeinsamen – Wertvorstellungen abzulegen. Das ist legitim, denn er ehrt damit zugleich den Jubilar.

2) Freundlicher und auch persönlicher hätte geklungen: „gilt Ihnen auch mein besonderer Dank".

Politiker (Ausland)

Der Bundeskanzler sandte dem dänischen Ministerpräsidenten, Herrn Poul Nyrup Rasmussen, Kopenhagen, zu dessen 50. Geburtstag am 15. Juni 1993 folgendes Glückwunschschreiben:

> Sehr geehrter Herr Ministerpräsident,
>
> zur Vollendung Ihres 50. Lebensjahres gratuliere ich Ihnen herzlich.
>
> 1) Das dänische Volk hat Ihnen mit seiner Zustimmung zum Vertrag von Maastricht am 18. Mai 1993 ein besonderes Geburtstagsgeschenk gemacht und zugleich das Europäische Einigungswerk eine weiteren Schritt nach vorn gebracht. Ich freue mich, daß wir in Zukunft auf dieser soliden Basis gemeinsam für die Vertiefung der Europäischen Integration wirken können.
>
> Für das kommende Lebensjahr wünsche ich Ihnen Schaffenskraft, Glück und Erfolg bei der Erfüllung Ihrer verantwortungsvollen Aufgabe.
>
> Mit freundlichen Grüßen
> Ihr
> Helmut Kohl

1) Das Glückwunschschreiben wird ohne Umschweife genutzt, der eigenen Freude über das „besondere Geburtstagsgeschenk" Ausdruck zu geben. Das ist legitim und festigt die gegenseitigen Beziehungen.

Machen Sie sich also auch ein erfreuliches Ereignis im Umfeld des Geburtstags für Ihren Glückwunsch zunutze: „Die Mitglieder des Vereins ... haben Ihnen mit Ihrer Wiederwahl zum Vorsitzenden bereits ein besonderes Geburtstagsgeschenk gemacht".

Politiker (Ausland)

Der Bundespräsident sandte an Prof. Dr. George F. Kennan, Princeton/New Jersey, USA, zu dessen 85. Geburtstag im Februar 1989 folgendes Glückwunschschreiben:

1) Sie sind Ihr Leben lang ein unerbittlich klarer Beobachter der Weltpolitik gewesen. Ihr Lebensschicksal ist in einzigartiger Weise verwoben mit den Fragen, die uns Deutsche betroffen haben. Wenige haben so gut wie Sie verstanden, was uns bewegte.

Sie haben den Niedergang der Weimarer Republik erlebt, den deutschen Einmarsch in Prag, die ersten Kriegsjahre in Berlin. Sie waren beteiligt an der Gestaltung Nachkriegsdeutschlands. Sie haben mitgewirkt an der Konzipierung des Planes, der unter dem Namen George Marshalls in die Geschichte eingegangen ist.

2) Deutschland verdankt Ihnen viel, an Taten und an Einsichten.

Ihre Leidenschaft dient der Verständigung zwischen Ost und West und dem Frieden unter den Völkern. Wir ehren in Ihnen die besten Tugenden Amerikas und einen Freund unseres Landes.

Der Orden Pour le mérite empfindet es als eine besondere Auszeichnung, Sie zu seinen Mitgliedern zählen zu dürfen.

3)
4) In hohem, dankbarem Respekt gratuliere ich Ihnen zu Ihrem 85. Geburtstag, und verbinde dies mit meinen besten persönlichen Wünschen für die kommende Zeit.

Mit freundlichen Grüßen
Richard von Weizsäcker
Präsident der Bundesrepublik Deutschland

1) Schlaglichtartig, schnörkellos und deshalb eindrucksvoll wird die Leistung des Jubilars in bezug auf Deutschland beleuchtet und gewürdigt.

2) Ein einziger, schlichter Satz ohne falsches Pathos faßt noch einmal den großen Dank und Respekt zusammen. Als Stadtoberhaupt schreiben Sie: „Unsere Stadt verdankt Ihnen viel, ..."

3) Der Glückwunsch steht am Schluß und erhält dadurch besonderes Gewicht.

4) Die Betonung der „persönlichen" Wünsche unterstreicht die Absicht des Bundespräsidenten, nicht nur „routinemäßig" per Amt, sondern auch von Mensch zu Mensch zu gratulieren.

Politiker (Inland)

Der Bundespräsident sandte an Dr. Hildegard Hamm-Brücher, München, zu deren 65. Geburtstag am 11. Mai 1986 folgendes Glückwunschschreiben:

Verehrte Frau Hamm-Brücher,

1) leicht haben Sie es sich selbst, Ihren politischen Freunden und Gegnern nie gemacht – und das war wohl auch nicht Ihre Absicht. Nie reizte Sie der bequeme Weg, und Sie wüßten auch kaum, was man tun muß, um sich anzupassen. Dabei widersprechen Sie nicht um des Widerspruchs willen, sondern weil es Ihnen um eine Sache geht, die Ihnen für alle Bürger wichtig ist. So war deren Sympathie Ihnen in Ihrer mehr als 35jährigen politischen Tätigkeit immer sicher.

Die Bürger ehrten und ehren Ihre innere Unabhängigkeit, Ihre Überzeugungstreue, Ihre klare Haltung, Ihren Mut. Sie vertrauten darauf, daß es die beste politische Taktik sei, nicht zu taktieren, und daß die Bürger selber ein Gespür dafür haben, wer ihre Sache zu der seinen macht.

2) Viele Anstöße, insbesondere im Bereich der inneren und äußeren Kulturpolitik, sind von Ihnen ausgegangen.
Aber Sie haben auch stets Ihre Stimme erhoben, wenn es um wichtige politische Grundsatzentscheidungen unseres Staates ging. Manche Ihrer Reden werden noch lange in Erinnerung bleiben.

Wo immer Sie freies menschliches Engagement für die Mitbürger und die Gesellschaft sahen, haben Sie es unterstützt. Das Ansehen des Theodor-Heuss-Preises gründet auf einer Haltung, die freiheitliches demokratisches Streben auch bei einem politischen Gegner zu sehen und zu würdigen vermag.

Seitdem Sie ein politisches Mandat innehaben, fühlen Sie sich als Vertreterin des ganzen Volkes, an Aufträge und Weisungen nicht gebunden und nur Ihrem Gewissen unterworfen.

In unserem Land gibt es sehr viele Menschen, die Ihnen dankbar sind für das, was Sie getan haben, und für das, was Sie sind.
3) Zu ihnen zählt sich mit herzlichen Glückwünschen zu Ihrem Geburtstag
Ihr
Richard von Weizsäcker
Bundespräsident

1) Ein in jeder Hinsicht unkonventioneller Einstieg in einen Glückwunsch – aber umso schöner und überzeugender, weil er die Adressatin in knappen Sätzen treffend charakterisiert und würdigt.

2) Hinweise auf politische Stationen werden – richtig – in politische Würdigungen „verpackt".

3) Ein gelungener, außergewöhnlicher Schluß: Der Bundespräsident reiht sich schlicht in die Schar der Gratulanten ein. Der eigentliche Glückwunsch steht – wie ein Ausrufezeichen – markant am Briefende.
In Aussage und Aufbau enthält dieser Geburtstagsbrief Anregungen auch für andere Anlässe und Adressaten.

Politiker (Inland)

Zum 65. Geburtstag des Bundestagsvizepräsidenten Heinz Westphal gratulierte der SPD-Partei- und Fraktionsvorsitzende Dr. Hans-Jochen Vogel:

> Lieber Heinz,
>
> 1) zu Deinem 65. Geburtstag gratuliere ich Dir im Namen der Sozialdemokratischen Partei Deutschlands und ihrer Bundestagsfraktion, aber auch persönlich, sehr herzlich. Wir würdigen aus diesem Anlaß mit großem Respekt und aufrichtiger Dankbarkeit all das, was Du im Laufe Deines bisherigen Lebens für unser Gemeinwesen und insbesondere für unsere politische Gemeinschaft geleistet hast. Ihr hast Du in vielen Funktionen jahrzehntelang selbstlos, zuverlässig und unter Zurückstellung Deiner eigenen Person in vorbildlicher Weise gedient.
>
> 2) Dein Lebensweg ist der eines klassischen Sozialdemokraten, der seine entscheidende politische Prägung schon in seinem Elternhaus und in der Begegnung mit Männern und Frauen empfing, die sich zusammen mit Deinem Vater dem Heraufziehen der nationalsozialistischen Gewaltherrschaft mit aller Kraft widersetzten und ihr auch nach 1933 widerstanden.
> Nach dem Kriege hast Du Dich zunächst der Jugendarbeit zugewandt und unter anderem als Bundesvorsitzender der Falken wesentlich zu einem Neubeginn auf diesem wichtigen Feld der gesellschaftlichen Entwicklung und zum Aufbau des Jugendrings beigetragen.
> Seit 1965 hast Du als Mitglied des Deutschen Bundestages und unserer Fraktion Deine ganze Kraft der Bundespolitik gewidmet. In dichter Folge wurden Dir seitdem verantwortungsvolle Aufgaben übertragen, von denen ich nur die des Parlamentarischen Staatssekretärs beim Bundesministerium für Jugend, Familie und Gesundheit, des Vorsitzenden des Arbeitskreises Öffentliche Finanzwirtschaft, des Bundesministers für Arbeit und Sozialordnung und vor allem die des Vizepräsidenten des Deutschen Bundestages erwähne. Gerade in diesem Amt hast Du Dir Anerkennung und Sympathie weit über den Kreis Deiner politischen Freundinnen und Freunde hinaus bei allen Fraktionen erworben.
>
> Ich selbst habe Dir auch ganz persönlich für manches Zeichen der Sympathie und Ermutigung und der freundschaftlichen Gesinnung zu danken.
>
> 3) Mit den besten Wünschen für Dein weiteres Wohlergehen in guter Verbundenheit.
> (SPD-Pressemitteilung, 3. 6. 1989)

1) Alles, was an diesem Glückwunschschreiben zu kritisieren ist, ist die geballte Häufung von Glückwünschen im ersten Satz. Besser: entzerren. Sparen Sie sich noch einen persönlichen Glückwunsch für den Schluß auf.

2) Geburtstagsgruß, Rückblick und – begründeter – Dank: So ist es richtig.

3) Man spürt das Bemühen, allem Formelhaften auszuweichen: „in guter Verbundenheit" – das ist im (politischen) Leben viel.

Politiker (Inland)

Der Bundeskanzler sandte an Dr. h. c. Jockel Fuchs, Mainz, ehemaliger Oberbürgermeister, zu dessen 70. Geburtstag am 10. Dezember 1989 folgendes Glückwunschschreiben:

> Lieber Herr Fuchs,
>
> 1) zu Ihrem 70. Geburtstag gratuliere ich Ihnen sehr herzlich. Ich nehme diesen Tag gern zum Anlaß, Ihnen für Ihr langjähriges verdienstvolles Wirken zu danken.
>
> 2) In Ihrer über 20jährigen Amtszeit als Mainzer Oberbürgermeister ist es Ihnen immer gelungen, die Sprache der Bürger zu sprechen. Ihre ansteckende fröhliche Art ist Freunden wie politischen Gegnern stets hilfreich gewesen und hat dazu beigetragen, oftmals einvernehmliche Lösungen zu finden. Ihrem persönlichen Einsatz ist vor allem die weithin als geglückt angesehene Neuordnung der Mainzer Altstadt zu verdanken. Mit der Ansiedlung des Zweiten Deutschen Fernsehens haben Sie überdies als Mitglied des Fernsehrates und später als dessen Vorsitzender für Mainz eine bleibende Attraktivität schaffen können.
>
> 3) Ich wünsche Ihnen für die Zukunft Gesundheit und Wohlergehen, Ihnen und Ihrer Familie ein gesegnetes Weihnachtsfest und ein gutes Neues Jahr.
>
> Mit freundlichen Grüßen
> Ihr
> Helmut Kohl

1) In diesem Beispiel zeigt sich, daß ein guter Geburtstagsglückwunsch immer auch Dank für Geleistetes enthält.

2) Genaue Kenntnis der Person und des Wirkens, wohl auch herzliche Sympathie, sprechen aus dieser geglückten Würdigung, die der Bundeskanzler einem ehemaligen Oberbürgermeister zuteil werden läßt.

3) Wer so kurz vor einem hohen Feiertag gratuliert, tut recht daran, die Familie und das bevorstehende Fest in den Geburtstagsgruß einzubeziehen.

Politiker (Inland)

Der Bundespräsident sandte an Herbert Wehner, Bonn, zu dessen 80. Geburtstag im Juli 1986 folgendes Glückwunschschreiben:

Sehr geehrter Herr Wehner,

1) die Deutschen werden Sie in Erinnerung behalten als Fraktionsvorsitzenden der SPD im Deutschen Bundestag, dessen Platz immer durch ihn selbst besetzt war und der unzählige Male, sei es als einer der wirkungsmächtigsten Redner, sei es als gefürchteter Zwischenrufer, das Wort ergriff, um für seine Überzeugung zu streiten.
Mehr als sechzig Jahre lang galt Ihr politisches Wirken einem Ziel: dem Wohl des deutschen Volkes.

2) Unser Volk hat viel gelitten in diesem Jahrhundert. Sie haben sich seine Leiden zu eigen gemacht und haben sie Ihr Leben lang mitgetragen. Als Hunger, Not und Arbeitslosigkeit herrschten, setzten Sie sich radikal für soziale Gerechtigkeit ein; als die nationalsozialistische Tyrannei das Land bedrückte, kämpften Sie für die Freiheit des Volkes, als die Teilung das Volk zerriß, für seine Einheit.

3) So war Ihr Leben ein Ringen um Einigkeit und Recht und Freiheit. Stets ging es Ihnen um menschliches Schicksal und nicht um abstrakte Begiffe oder die Schlagwörter der Macht, die in der europäischen Geschichte so viel Verwirrung in Herz und Hirn der Menschen angerichtet haben.

4) Auch Sie glaubten eine Zeitlang, daß es dem Kommunismus wirklich um das Wohl der Menschen gehe. Als Sie erkannten, daß seine Praxis zur Macht über den Menschen führte, wurden Sie zu einem wahrhaft unerbittlichen Kämpfer für demokratische Freiheit.

5) Als solch ein Kämpfer haben Sie die Geschichte Deutschlands seit der Gründung der Bundesrepublik Deutschland wie nur sehr wenige sonst denkend, planend, Anstoß gebend, Entscheidungen treffend, antreibend, mit geduldiger Ungeduld, nie ermüdendem Eifer und ohne Rücksicht auf sich und andere tatkräftig mitgestaltet.

6) Ihnen, einem großen, leidenschaftlichen deutschen Politiker, gelten an Ihrem 80. Geburtstag über alle Unterschiede der Erfahrungen und Meinungen hinweg mein Dank und mein hoher Respekt.

Mit allen guten Wünschen grüßt Sie herzlich
Ihr
Richard von Weizsäcker
Bundespräsident

Dieses Glückwunschschreiben ist ein Beispiel dafür, wie ein Demokrat einen anderen, über alle politischen Gegensätze hinweg, ehren kann und ehren sollte.

1) Herbert Wehner wird den Lesern zunächst so, wie er im Gedächtnis der Menschen weiterleben wird, vorgestellt: immer auf seinem Platz, als wirkungsmächtiger Redner, gefürchteter Zwischenrufer, als streitbarer Demokrat.

2) Das Schicksal seines Volkes war auch sein Schicksal: Auch damit wird die Person wieder in Beziehung zum Ganzen gesetzt.

3) Die Worte der Nationalhymne („Einigkeit und Recht und Freiheit") werden benutzt, um den Geehrten als einen großen Patrioten zu charakterisieren, der für die Freiheit gekämpft und gelitten hat.

4) Dabei werden problematische Elemente, so seine Zugehörigkeit zur KPD, nicht verschwiegen, sondern in sein Leben eingeordnet.

5) Die leidenschaftlich kämpferische und die gestaltende Natur des Geehrten werden besonders hervorgehoben, die Härten des Charakters und der Handlungsweisen angesprochen, ohne zu verletzen. Hervorragend: Die knappen Aufzählungen lassen das Typische der Person sichtbar werden. Sprache und Aussage stimmen überein.

6) Unterschiede werden nicht verschwiegen. Aber statt Gräben zu vertiefen, wird eine Brücke geschlagen.

Das Glückwunschschreiben beeindruckt durch seine innere Wahrhaftigkeit und durch den großen Blick auf ein großes Gegenüber. Es ehrt den Schreiber und den Empfänger gleichermaßen.

Politiker (Inland)

Der Bundespräsident sandte an Landtagspräsident Dr. Helmut Lemke, Nehms (Schleswig-Holstein), zu dessen 70. Geburtstag am 29. September 1977 folgendes Glückwunschschreiben:

> Sehr geehrter Herr Dr. Lemke!
>
> 1) Herzlich gratuliere ich Ihnen zum 70. Geburtstag. Ich wünsche Ihnen Gesundheit und dem passionierten Segler stets eine freundliche Brise.
>
> 2) Seit 1954 haben Sie Ihrem Heimatland Schleswig-Holstein in verantwortungsvollen Stellen gedient und sich dabei weit über die Landesgrenzen hinaus den Ruf eines umsichtigen Politikers erworben. Besonderen Dank verdienen Sie für Ihr erfolgreiches Bemühen um die Verbesserung unserer Beziehungen zu den skandinavischen Ländern, vor allem zu Dänemark.
>
> 3) Ich nehme den heutigen Tag gern zum Anlaß, Ihnen für Ihr weiteres politisches Wirken Glück und Erfolg zu wünschen.
>
> Walter Scheel
> Bundespräsident

1) Der Hinweis auf den „passionierten Segler" nimmt dem Glückwunschschreiben jede steife Förmlichkeit und gibt ihm einen freundlichen Grundtenor.

2) Das politische Wirken wird durch Hervorhebung eines konkreten Beispiels gewürdigt. Gut!

3) Bei einem aktiven Politiker dürfen solche guten Wünsche für weiteres erfolgreiches Wirken nicht fehlen. Etwas umständlich jedoch der Anlauf: „Ich nehme den heutigen Tag gern zum Anlaß ..." Das sollten Sie sich nicht zum Vorbild nehmen. Springen Sie ohne Anlauf: „Ich wünsche Ihnen für Ihr weiteres ..."

Politiker (Inland/Ehefrau)

Der Bundeskanzler sandte an Frau Hannelore Schmidt, Hamburg, im März 1989 folgendes Glückwunschschreiben zum Geburtstag:

> Sehr verehrte gnädige Frau,
>
> 1) gerne übermittle ich meine herzlichen Glückwünsche zu Ihrem Geburtstag.
>
> 2) Sie haben in bewundernswerter Weise Ihr eigenes Engagement in Einklang gebracht mit den oft nicht leichten Pflichten, die der Beruf Ihres Mannes Ihnen auferlegt hat.
>
> 3) Lassen Sie mich dazu einen Satz aus jenem Buch zitieren, das Ihnen gute Freunde im letzten Jahr gewidmet haben. Er stammt von Hans-Jürgen Wischnewski und beschreibt gut, was Sie immer ausgezeichnet hat: "Helmut Schmidt konnte man schon mal böse sein. Ich habe niemand kennengelernt, der Loki böse sein konnte." Das will in Bonn und in der Politik viel bedeuten.
>
> 4) Ich wünsche Ihnen anläßlich Ihres Ehrentages, daß Ihnen diese Kraft erhalten bleibt und Gottes Segen für viele glückliche, gesunde und dem öffentlichen Wohl dienende Jahre an der Seite Ihres Mannes.
>
> Mit freundlichen Grüßen und allen guten Wünschen
> Ihr
> Helmut Kohl

1) Der Glückwunsch gilt einer Frau – der Hinweis auf das Alter fehlt.

2) Auf den ersten Blick eine geschickte Würdigung der (vormaligen) Kanzlergattin, dem leider eine eigenständige Wertung ihres Engagements fehlt.

3) Manches Lob fällt leichter, wenn man sich hinter einem Zitat „verstecken" kann. Das ist legitim, wenn auch hier die Anbindung an den ersten Absatz des Glückwunsches nicht logisch ist. Insgesamt ist das Zitat zu schwerfällig und mit langem Anlauf („Lassen Sie mich ...") eingeschoben worden.

4) Wahrscheinlich hätte sich die Adressatin gefreut, wenn ihr eigenes Engagement deutlicher hervor- und die Hinweise auf ihren Mann stärker zurückgetreten wären (siehe 2).

Postume Ehrung

Der Bundeskanzler sandte dem Festkomitee zum Eisenhower Centennial, Washington D. C., zur 100. Wiederkehr des Geburtstages von Dwight D. Eisenhower am 14. Oktober 1990, das folgende Glückwunschtelegramm:

> Liebe Miss Hayes,
> Senator Percy,
> Freunde Dwight D. Eisenhowers,
>
> 1) zur Feierlichkeit aus Anlaß des 100. Geburtstages von Präsident Dwight D. Eisenhower übermittle ich Ihnen meine besten Wünsche.
>
> Sie ehren heute einen Soldaten und Staatsmann, dessen Wirken für die ersten Jahre der Bundesrepublik Deutschland von fundamentaler Bedeutung war.
> Zusammen mit Konrad Adenauer, dem ersten Bundeskanzler der Bundesrepublik Deutschland, legte er den Grundstein für eine immer engere Zusammenarbeit und Partnerschaft zwischen den Vereinigten Staaten von Amerika und unserem Land, die sich gerade in jüngster Zeit besonders bewährt haben.
>
> Präsident Eisenhowers Handlungen waren dem Ziel eines geeinten Deutschlands in einem freien Europa verpflichtet. Heute, da sich die Freiheit in ganz Europa Bahn bricht, da wir Deutsche unser nationales Ziel erreicht haben und auch die europäische Einheit auf gutem Wege ist, gedenken wir der politischen Vision eines Mannes, dem die Geschichte Recht gegeben hat.
>
> Mit freundlichen Grüßen
> Helmut Kohl
> Bundeskanzler der Bundesrepublik Deutschland

1) Selten, aber möglich: die postume Ehrung anläßlich des Geburtstages. Gratulieren Sie in solchen Fällen aber nur, wenn Sie durch die Organisatoren der Feierstunde einen entsprechenden Hinweis erhalten.

Regisseure und Schauspieler

Der Bundeskanzler sandte an Marcel Marceau, Paris, zu dessen 65. Geburtstag am 22. März 1988 folgendes Glückwunschschreiben:

> Verehrter Marcel Marceau,
>
> zu Ihrem 65. Geburtstag gratuliere ich Ihnen sehr herzlich.
>
> 1) Die einzigartige Faszination Ihres Spiels hängt nicht zuletzt damit zusammen, daß Sie die einfachsten und zugleich die wichtigsten Dinge des Lebens, Freude, Trauer, Liebe und Tod, auf eine höchst eindringliche und unmittelbar verständige Weise anschaulich machen.
> Vor allem mit dem bereits heute legendären Bip verkörpern Sie eine Gestalt, mit deren Gefühlen und Fragen sich jeder zu identifizieren vermag.
> Ihre Sprache wird über die Grenzen der Länder und Völker hinweg verstanden und vermittelt Ihrem Publikum die Erfahrung menschlicher Verbundenheit.
>
> Ich wünsche Ihnen Gesundheit und Wohlergehen und vor allen Dingen, daß Sie noch lange mit Ihrem Spiel Freude und Beglückung schenken.
>
> Mit freundlichen Grüßen
> Ihr
> Helmut Kohl

1) Wichtig ist hier das „nicht zuletzt". Der Verfasser ist sich bewußt, daß die Faszination des Künstlers noch andere Ursachen hat. Der Autor maßt sich nicht an, Kunst umfassend zu „erklären". Er beschränkt sich – und sagt das auch. Dies ermöglicht ihm, sich kurz zu fassen.

(Siehe auch nachfolgendes Schreiben zum 70. Geburtstag)

Regisseure und Schauspieler

Der Bundeskanzler sandte an Marcel Marceau, Paris, zu dessen 70. Geburtstag am 22. März 1993 folgendes Glückwunschschreiben:

> Verehrter Marcel Marceau,
>
> zu Ihrem 70. Geburtstag gratuliere ich Ihnen sehr herzlich.
>
> 1) Meine guten Wünsche gelten einem der herausragenden Pantomimen unseres Jahrhunderts, dessen künstlerische Botschaft weltumspannend wirkt. Zutiefst in der großen Schauspieltradition Ihres Landes zuhause, sind Sie zugleich ein Weltenbürger, dessen Sprache von allen Völkern verstanden wird.
>
> Mit Ihrem Spiel bringen Sie elementare menschliche Erfahrungen zum Ausdruck. Damit gelingt es Ihnen, einen unmittelbaren Zugang zu Ihren Zuschauern zu finden und sie in Ihren Bann zu ziehen. Zugleich machen Sie ihnen deutlich, daß sie über Grenzen hinweg Angehörige einer großen Menschheitsfamilie sind.
>
> 2) Sie selbst haben Ihre Arbeit immer auch als Engagement für die Verständigung zwischen den Völkern verstanden. Ihr außerordentlicher künstlerischer Erfolg unterstreicht, daß es vielfältige Früchte trägt.
>
> Ich wünsche Ihnen weiterhin Glück, Gesundheit und Freude an Ihrer Kunst, mit der Sie anderen Freude schenken.
>
> Mit freundlichen Grüßen
> Ihr
> Helmut Kohl

1) Persönlicher klingt es, wenn Sie sich direkt an den Adressaten wenden und nicht verbal auf Distanz gehen: „Ich wünsche Ihnen, daß Ihre Botschaft ... "

2) Die Würdigung der künstlerischen Leistung hätte einen runden Abschluß gefunden, wenn der Politiker darauf hingewiesen hätte, daß die „Verständigung zwischen den Völkern" ein großes Ziel ist, an dem er – mit anderen Mitteln – ebenfalls arbeitet.

(Siehe auch Glückwunsch zum 65. Geburtstag)

Regisseure und Schauspieler

Der Bundeskanzler übermittelte an Professor Hans Lietzau, Berlin, zu dessen 75. Geburtstag am 2. September 1988 folgendes Glückwunschschreiben:

> Sehr geehrter Herr Professor Lietzau,
>
> zu Ihrem 75. Geburtstag gratuliere ich Ihnen sehr herzlich.
>
> Als einer der herausragenden und zugleich eigenwilligsten Regisseure unseres Landes haben Sie unsere Theaterlandschaft nach dem Kriege entscheidend mitgestaltet und zu ihrem Reichtum beigetragen. Ihr nachhaltiger Einsatz für zeitgenössische Theaterautoren kennzeichnet Ihre künstlerische Aufgeschlossenheit ebenso wie Ihr Mut zum Experiment und zur Inszenierung auch gegen manche Voreingenommenheiten des Zuschauers. Nicht zuletzt deshalb fanden Ihre Interpretationen moderner und klassischer Theaterstücke immer wieder die Bewunderung von Kritik und Publikum.
>
> Für die kommenden Jahre wünsche ich Ihnen Gesundheit, Glück und Schaffenskraft.
>
> Mit freundlichen Grüßen
> Helmut Kohl

1) Mehr amtliche Pflicht als persönliche Neigung bestimmen den Tenor dieses Briefes. Jede persönliche Äußerung fehlt. Dennoch: Völlig in Ordnung, wenn die Verdienste eines Menschen als unbestreitbare Fakten gewürdigt werden.

Regisseure und Schauspieler

Der Bundespräsident sandte an Brigitte Horney, München, zu deren 75. Geburtstag im April 1986 folgendes Glückwunschschreiben:

> Verehrte Frau Horney,
>
> 1) spontane Natürlichkeit, kluge Nachdenklichkeit, verschmitzter Charme, tiefer Ernst, menschliche Wärme und souveräne Selbstbeherrschung verbunden mit einer Meisterschaft der künstlerischen Mittel, die meist nur leiser Andeutung bedarf – das ergibt die einmalige
> 2) Mischung, mit der Sie seit vielen Jahrzehnten Ihr Publikum in Theater, Film und Fernsehen bezaubern.
>
> 3) Heute zeigen Sie Millionen von begeisterten Fernsehzuschauern, wieviel ärmer wir alle ohne unsere Großmütter wären. Sie machen uns vor, wie Alter und Jugend sich wechselseitig bereichern können, wenn sie sich füreinander öffnen. Die Jungen und die Alten – und die dazwischen natürlich auch – danken es Ihnen mit Liebe und Bewunderung.
>
> Zu Ihrem Geburtstag gratuliere ich Ihnen herzlich mit allen guten Wünschen und freundlichen Grüßen
> Ihr
> Richard von Weizsäcker
> Bundespräsident

1) Solche Charakterisierungen in Form von einfachen Eigenschafts-Aufzählungen erfordern genaue Beobachtung, intensives Nachdenken und kreative Sprache.

2) Das Ganze ist ein geistvoll formuliertes Kompliment an eine bedeutende Schauspielerin („einmalige Mischung", „bezaubern").

3) Indem er auf die Rolle der „Großmütter" in unserem Leben hinweist, deutet der Präsident zugleich auf die Wichtigkeit eines gesunden Generationenverhältnisses für unsere Gesellschaft hin.

Stets versucht der Politiker, die Aspekte der Person herauszustellen, die eine positive Wirkung auf die Gesellschaft entfalten können.

Regisseure und Schauspieler

Der Bundespräsident sandte an Lina Carstens, München, zu deren Geburtstag am 6. Dezember 1977 folgendes Glückwunschschreiben:

> Sehr verehrte Frau Carstens,
>
> 1) Geburtstage zu zählen, ist für Schauspielerinnen im allgemeinen tabu. Sie sind aus anderem Holz geschnitzt. Realistisch, nüchtern und vital wie Sie auf der Bühne, im Film und im Fernsehen wirkten, haben Sie das Leben angepackt und auch vor dem Alter nicht kapituliert.
>
> 2) So gratuliere ich Ihnen herzlich zum 85. Geburtstag und bekunde der Künstlerin und der Persönlichkeit Lina Carstens Dank und Respekt.
>
> Walter Scheel
> Bundespräsident

1) Ein schöner, warmherziger Brief, der das Lebensgefühl und das Alter der Jubilarin anspricht. Der Absender weiß, daß die Schauspielerin vor ihrem Alter „nicht kapituliert". Und nur aus diesem Wissen heraus ist die Direktheit erlaubt!

2) Ein geschickt verpackter Glückwunsch – diesmal im Schlußsatz.

Regisseure und Schauspieler

Der Bundesminister der Innern sandte an Frau Lina Carstens, München, nachstehendes Schreiben:

> Verehrte, liebe Frau Carstens,
>
> zu Ihrem Geburtstag sende ich Ihnen meine herzlichsten Glückwünsche.
>
> 1) Sie haben einmal in einem Interview gesagt: „Ich lebe in der Gegenwart, ich hänge nicht an der Vergangenheit." Gleichwohl liegt es für alle Ihre Freunde und Bewunderer nahe, sich an diesem Tage an die Stationen Ihres reichen Schauspielerlebens dankbar zu erinnern.
>
> Ihr langjähriges und erfolgreiches Wirken im deutschen Film fand durch die Auszeichnung mit dem Filmband in Gold bereits im Jahre 1972 die verdiente Würdigung. Wie sehr Sie in der Gegenwart leben und in ihr jung geblieben sind, zeigt Ihr unvermindertes Engagement in Theater, Film und Fernsehen.
>
> 2) Ich denke gern daran zurück, daß ich Ihnen für Ihre vielumjubelte Darstellung der „Lina Braake" vor zwei Jahren in Berlin den Deutschen Filmpreis überreichen durfte.
>
> 3) Mit freundlichen Grüßen
> Maihofer
> Bundesminister des Innern

1) Ein geschickter und erlaubter Kunstgriff, ein Zitat der Jubilarin aufzugreifen und aus dem Gegensatz Vergangenheit – Gegenwart die Laudatio zu entwickeln.

2) Ehrlich und überzeugend der Hinweis auf die persönliche Begegnung, die zugleich die künstlerische Leistung noch einmal exemplarisch würdigt.

3) Der Brief ist im Original natürlich mit vollem Vor- und Nachnamen abgesandt worden (vgl. Kapitel 1). Am besten handschriftlich – aus Gründen der Authentizität Ihres Schreibens und aus Respekt und Höflichkeit gegenüber dem Adressaten.

Sportler

Der Bundeskanzler sandte an Otmar Walter, Kaiserslautern, zu dessen 65. Geburtstag am 6. März 1989 folgendes Glückwunschtelegramm:

> Lieber Otmar Walter,
>
> zu Ihrem 65. Geburtstag gatuliere ich Ihnen sehr herzlich.
>
> 1) Sie haben durch Ihr Können und Ihr Auftreten viel zum internationalen Ansehen des deutschen Fußballs beigetragen. Deshalb bleiben auch Ihre nationalen und internationalen Erfolge in dieser bedeutenden Sportart unvergessen. Ob als Mittelstürmer unserer legendären WM-Mannschaft 1954 oder als zweifacher Deutscher Meister mit den „Roten Teufeln vom Betzenberg", immer war Ihr Einsatz von unbedingtem Leistungswillen und echter Kameradschaft geprägt.
>
> 2) Ich freue mich besonders, daß Sie sich wieder guter Gesundheit erfreuen und wünsche Ihnen für die kommenden Jahre alles Gute.
>
> Mit freundlichen Grüßen
> Ihr
> Helmut Kohl

1) Gut: Die besonderen Leistungen werden nicht nur beispielhaft aufgezählt, sondern mit einer positiven Wertung versehen.

2) Ein betont herzlicher Schluß, der auf die aktuelle Lebenssituation des Jubilars eingeht.

Sportler

Der Bundespräsident sandte an Hans Stuck, Grainau, zu dessen 75. Geburtstag am 27. Dezember 1975 folgendes Glückwunschschreiben:

> Sehr geehrter Herr Stuck!
>
> Ich gratuliere Ihnen herzlich zu Ihrem 75. Geburtstag.
>
> 1) Fast 40 Jahre lang waren Sie der führende Repräsentant des deutschen Motorsports. Unzählige Male wurde für Sie die Siegerfahne geschwenkt. Ihre große Popularität verdanken Sie der Verbindung Ihres fahrerischen Könnens mit lebenslang größter sportlicher Fairneß; eine Verbindung, die noch jeden wahrhaft guten Rennfahrer ausgezeichnet hat.
>
> Walter Scheel
> Bundespräsident

1) In dem einen Sportler wird eine ganze Sportart gewürdigt. Und zugleich werden für alle Sportarten die Wertkategorien aufgerichtet („Können mit lebenslang größter sportlicher Fairneß").

Diese Verbindung des Individuellen mit dem Allgemeinen zeichnet den guten Politiker-Glückwunsch – und jeden anderen – aus.

Schriftsteller

Der Bundeskanzler sandte an Günther Grass, Berlin, zum 50. Geburtstag im Oktober 1977 folgendes Telegramm:

1) Lieber Günter Grass,

Ihre Bücher haben nicht nur einen Hang zum Kulinarischen, was sich mit Ihren eigenen Vorlieben deckt, sondern auch zu allem Kreatürlichen. Hunde, Katzen, Wildhühner, Mäuse, Schnecken und einen Butt haben Sie zu Titelehren gebracht.

2) Der Mensch hat Ihnen nie weniger gegolten. Seiner Probleme haben Sie sich stets und vor allem anzunehmen versucht. Dabei sind Sie nicht immer auf uneingeschränkte Zustimmung gestoßen, gelegentlich sogar auf herbe Kritik. Das sollte Sie nicht grämen. Wer sich an die Öffentlichkeit begibt – politisch wie literarisch –, unterliegt der öffentlichen Kritik. Dies gehört zu den Spielregeln der Demokratie, für die Sie sich immer leidenschaftlich eingesetzt haben.

Ich wünsche Ihnen, daß Ihr schriftstellerisches Kapital mithelfe, Gräben zu überwinden und Brücken zu schlagen. Das ist heute so notwendig wie je.

3) Zu Ihrem heutigen 50. Geburtstag gratuliere ich Ihnen sehr herzlich.

Ihr
Helmut Schmidt
Bundeskanzler

1) Anrede und Einstieg signalisieren Vertrautheit und hohe Kenntnis des Werkes des Schriftstellers Günter Grass.

2) Der Schreiber läßt seine persönliche Erfahrung in die Würdigung mit einfließen.

3) Der Glückwunsch steht ausnahmsweise am Schluß. Das bedeutet, daß es dem Autor wichtig war, dem Jubilar einen persönlichen Brief zu schreiben – der Glückwunsch war nicht das Vorrangige, der Geburtstag war eher Anlaß als der Grund: eine interessante Variante.

Das Beispiel zeigt im übrigen, daß es nicht unüblich ist, einer Person des öffentlichen Lebens schon zum 50. Geburtstag zu gratulieren.

Schriftsteller

Der Bundespräsident sandte an Hans Erich Nossack, Hamburg, zu dessen 75. Geburtstag am 30. Januar 1976 das folgende Glückwunschschreiben:

> Sehr geehrter Herr Nossack!
>
> Ich gratuliere Ihnen herzlich zu Ihrem 75. Geburtstag.
>
> 1) Sie haben stets nur geschrieben, was Ihnen auf den Nägeln brannte, ohne sich um Moden und Zeitströmungen zu kümmern. Eine illusionslose Wahrhaftigkeit gegen sich und Mensch und Zeit bestimmt den Stil und den Rang Ihrer Werke, die schließlich die literarische Welt zur Anerkennung zwangen. Heute gehören Sie, ein großer Einzelner, zu den Repräsentanten der deutschen Literatur.
>
> Mit den besten Wünschen für Sie und Ihre Arbeit.
>
> Walter Scheel
> Bundespräsident

1) Ganz sicher fällt es einem Politiker am leichtesten, einen Jubilar zu ehren, wenn dessen Eigenschaften mit den eigenen Wertvorstellungen weitgehend übereinstimmen. Insofern ergibt eine Sammlung von Glückwunschschreiben ein ziemlich genaues und differenziertes Bild des Gratulanten.

Dieser Brief ist offensichtlich aus der Freude an einem verwandten Charakter geschrieben.

Schriftsteller

Der Bundeskanzler sandte an Hans Erich Nossack, Hamburg, zu dessen 75. Geburtstag am 30. Januar 1976 nachstehendes Telegramm:

> Lieber Hans Erich Nossack,
>
> 1) zu Ihrem 75. Geburtstag sende ich Ihnen meine herzlichen Glückwünsche.
>
> Ein keineswegs alltäglicher Lebensweg hat Sie zur Literatur geführt. Zahlreiche Werke und insbesondere Ihre Sachlichkeit und Ihr stiller Humor haben Ihnen ein treues Leserpublikum geschaffen. Ihre Arbeit wurde durch manche öffentliche Ehrung gewürdigt, die ich für sehr wohl verdient gehalten habe.
>
> Zum Eintritt in das neue Lebensjahr wünsche ich Ihnen Gesundheit und eine weiterhin nie versiegende Feder.
>
> Helmut Schmidt
> Bundeskanzler

1) Nach einem einfühlsamen Einstieg erscheint die Würdigung durch unterkühlt-hanseatische Wortwahl („manche") vergleichsweise oberflächlich; sie wirkt darüber hinaus überheblich und altertümlich: „... die ich für sehr wohl verdient gehalten habe."

Vermeiden Sie solche Sätze, die bei dem Empfänger eine „Sieh mal an! Das ist ja reizend"-Reaktion auslösen müssen.

Schriftsteller

Der Bundespräsident sandte an Dr. h. c. Max Frisch, Berzona/Schweiz, zu dessen 75. Geburtstag am 15. Mai 1986 das folgende Glückwunschschreiben:

Sehr geehrter Herr Frisch,

1) Ihr literarisches Werk hat mich in den vergangenen Jahrzehnten begleitet. Ja, wenn ich die recht umfangreiche Max-Frisch-Ecke in meiner Bibliothek betrachte, stelle ich fest, daß Ihre Bücher zu einem Teil meiner eigenen Biographie geworden sind.

2) Nie werde ich den Eindruck vergessen, den „Andorra" auf mich gemacht hat, oder die Gedanken und Empfindungen, die die „Tagebücher" in mir erregt haben. Ihr mit grausamer Güte gezeichnetes Bild des Menschen hält auch uns Deutschen einen Spiegel vor.

3) Ein Blick in diesen Spiegel ruft uns zur Besinnung auf und zur Arbeit an uns selbst, eine Arbeit, die Sie in Ihrem weitverzweigten Werk auf strenge Weise für Ihre Person geleistet haben.

4) Deutschland ehrt Sie heute als einen der großen Schriftsteller unserer Sprache.

Mit großem Dank und Respekt gratuliere ich Ihnen zu Ihrem 75. Geburtstag.

Richard von Weizsäcker
Präsident der Bundesrepublik Deutschland

1) Hier wird große Literatur in ihrer Einwirkung auf das eigene Leben beschrieben. Dies geschieht auf indirekte und jede Anbiederung vermeidende Weise.

2) Das Bemühen um das Eindringen in das Werk des Schriftstellers führt zu so originellen und einprägsamen Formulierungen wie: „Ihr mit grausamer Güte gezeichnetes Bild des Menschen."

3) Auch hier wird die Identität von Werk und Leben als Kriterium der inneren Glaubwürdigkeit hervorgehoben.

4) Die Formulierung ist nur einem Ausländer gegenüber angemessen.

Schriftsteller

Der Bundespräsident sandte an Salvador de Madariaga, Spanien, zu dessen 90. Geburtstag am 23. Juli 1976 folgendes Glückwunschtelegramm:

1) In den vergangenen 90 Jahren sind Europa und die westliche Zivilisation auf vielfältige Weise erschüttert und tief verändert worden. Mit unermüdlicher Arbeitskraft und unerschöpflichem Ideenreichtum haben Sie diese Zeit als Philosoph, Schriftsteller und Historiker begleitet und als Diplomat mitgestaltet. Sie haben Wesentliches zur Deutung spanischer Kultur und Wesensart in der Welt beigetragen.

2) Vernunft und geschichtliche Erfahrung sollten Grundlage politischen Handelns sein: So lesen wir in Ihren Büchern, und diese Lehre haben Sie selbst vorgelebt. „Das Bildnis eines aufrechten Menschen" und „revolutionären Liberalen", das Sie so oft beschworen haben – Sie sind

3) es selbst. Ihre Stimme ist deshalb immer gehört worden, auch in der Zeit, in der Sie nicht in Ihrer geliebten Heimat leben konnten.

Ich freue mich mit Ihnen, daß Sie nun in ein Spanien zurückgekehrt sind, mit dem Europa in immer engere Verbindung zu kommen hofft. Für dieses Europa sind Sie mit Leidenschaft eingetreten. Der Karlspreis der Stadt Aachen, den Sie 1973 erhalten haben, hat das gewürdigt.

Ich hoffe sehr, daß Sie noch manchen Erfolg auf dem Weg zur europäischen Einigung miterleben.

Zu Ihrem 90. Geburtstag übermittle ich Ihnen auch im Namen meiner deutschen Mitbürger herzliche Glückwünsche.

Walter Scheel
Präsident der Bundesrepublik Deutschland

1) Ein liberales Staatsoberhaupt grüßt und ehrt einen großen liberalen Europäer.

2) Auch hier ist die Identität von Leben und Lehre das höchste Siegel der Glaubwürdigkeit.

3) Zugleich wird der spanische Denker als einer der geistigen Väter der neuen spanischen Demokratie gewürdigt und sein Beitrag zum Werden Europas hervorgehoben.

Auch in diesem Brief, wie bei jeder guten Gratulation an einen „Mann des Geistes" (oder eine ebensolche Frau), steht das meiste zwischen den Zeilen.

Schriftstellerin

Der Bundespräsident sandte an Frau Luise Rinser, Rocca di Papa/Italien, zu deren Geburtstag am 30. April 1976 folgendes Glückwunschschreiben:

> Sehr verehrte Frau Rinser!
>
> 1) Herzlich gratuliere ich Ihnen zum Geburtstag. Für die kommenden Jahre wünsche ich Ihnen Gesundheit und ein erfolgreiches literarisches Schaffen.
>
> 2) Das Grunderlebnis der Schriftstellerin Luise Rinser war die Begegnung und die geistige Auseinandersetzung mit der Menschenfeindlichkeit des Nationalsozialismus. Seitdem ist für Sie eine Trennung von Kunst und Politik undenkbar. Jedes Ihrer Bücher ist eine rückhaltlose Konfession zu jener Liebe, deren Gegenstand nicht ein einzelner, sondern der Mitmensch schlechthin ist.
>
> 3) Als Schriftstellerin haben Sie viel Anerkennung, aber auch manchen Widerspruch erfahren. Alles das haben Sie gelassen hingenommen und sich in dem, was Sie uns zu sagen haben, nicht irremachen lassen.
>
> Walter Scheel
> Bundespräsident

1) Besonderheit bei Frauen: keine Altersangabe!

2) Der Gratulant hebt aus dem Schaffen der Geehrten nur die Aspekte hervor, die seinen Respekt hervorrufen. Die anderen läßt er beiseite. Es ist wichtig, um der Glaubwürdigkeit willen, daß man nur das lobt, mit dem man übereinstimmen kann.

3) Eine Schlußfloskel fehlt – wunderbar! Indem der Verfasser das, was sonst als Schlußformel steht, an den Anfang gezogen hat, steht der eigentlich Schlußsatz nun wie ein wahrer Gipfel und Höhepunkt da, ohne Konkurrenz.

Ein beispielhafter Brief; denn das Ungewöhnliche – und sei es auch nur formal – fasziniert stärker als das Gewöhnliche.

Unternehmer und Manager

Der Bundespräsident übermittelte an Dr. Peter von Siemens, Grünwald, zu dessen 65. Geburtstag am 29. Januar 1976 folgendes Glückwunschschreiben:

> Sehr geehrter Herr von Siemens!
>
> Herzlich gratuliere ich Ihnen zum 65. Geburtstag. Für die kommenden Jahre wünsche ich Ihnen Gesundheit, Erfolg und Lebensfreude.
>
> 1) Der Gedanke an die großen Leistungen Ihrer Vorväter hat Sie nie geschreckt. Wohl aber hat es Sie gereizt, Ihre Fähigkeiten als Unternehmer und Planer auch außerhalb der eigenen Firma zur Geltung zu bringen.
> In der Gestaltung des deutschen Beitrags zur Weltausstellung in Montreal und durch Ihre Mitarbeit im deutsch-französischen Ausschuß für wirtschaftliche und industrielle Zusammenarbeit ist Ihnen das überzeugend gelungen.
>
> 2) Danken möchte ich Ihnen für die Bereitschaft zur Übernahme zahlreicher Ehrenämter. Damit haben Sie der sozialen und politischen Verantwortung der Unternehmer beispielhaft Rechnung getragen.
>
> Walter Scheel
> Bundespräsident

1) Auch hier kommt es dem Staatsoberhaupt darauf an, aus den besonderen Voraussetzungen einer individuellen Biographie die Momente hervorzuheben, die für alle Bürger beispielhaft sein können: die Verdienste um das gemeinsame Ganze, das Gemeinwesen.

2) Eine Schlußformel erübrigt sich durch die – an das vorher Gesagte anknüpfende – zusammenfassende Würdigung der sozialen und politischen Verantwortung.

Unternehmer und Manager

Der Bundeskanzler sandte an Franz Althoff, Maintal, zu dessen 80. Geburtstag im Februar 1988 folgendes Glückwunschschreiben:

> Sehr geehrter Herr Althoff,
>
> zu Ihrem 80. Geburtstag gratuliere ich Ihnen herzlich.
>
> 1) Mit dem Circus Althoff, der Ihr persönliches Lebenswerk ist, haben Sie ungezählten Menschen Stunden der Freude und der Entspannung geschenkt. Gerade in unserer von Technik und Rationalität geprägten Zeit haben die Menschen, nicht zuletzt die Kinder, das Bedürfnis, im unmittelbaren Erleben staunen zu dürfen und sich von der Faszination der Zauberkunst und der artistischen Höchstleistung gefangennehmen zu lassen.
>
> 2) Durch Ihren Einsatz für den Circus Althoff haben Sie dazu beigetragen, diese Dimension lebendig zu halten. Hierfür gilt Ihnen mein besonderer Dank.
>
> Ich wünsche Ihnen weiterhin viel Freude, Gesundheit und Wohlergehen.
>
> Mit freundlichen Grüßen
> Ihr
> Helmut Kohl

1) Dem guten und durchdachten ersten Absatz ...

2) ... folgt ein dürrer zweiter in knochentrockenem Amtsdeutsch: „Durch Ihren Einsatz ... haben Sie dazu beigetragen ... diese Dimension lebendig zu halten (?)". Ohne diesen Satz wäre der Glückwunsch doppelt so gut.

Sehen Sie deshalb jeden Glückwunsch-Entwurf daraufhin durch, welche Sätze gestrichen werden können – und müssen!

Unternehmer und Manager

Der Bundeskanzler sandte an Prof. E. h. Dr. h. c. Toepfer, Hamburg, zu dessen 95. Geburtstag am 13. Juli 1989 folgendes Glückwunschschreiben:

> Lieber Herr Toepfer,
>
> zu Ihrem 95. Geburtstag gratuliere ich Ihnen sehr herzlich.
>
> 1) Sie sehen es als Ihre Lebensaufgabe an, die Allgemeinheit an Ihrem unternehmerischen Erfolg teilhaben zu lassen. Sie verdankt Ihrer Großherzigkeit, Ihrem Ideenreichtum und Ihrem Mut, immer wieder von neuem unerschlossene Pfade zu betreten, eine Fülle beispielhafter Initiativen zur Förderung des Künste und der Wissenschaften. Die Kunstpreise und Stipendien, die die von Ihnen gegründeten Stiftungen vergeben, sind geradezu ein Spiegelbild der Vielfalt, die das kulturelle Leben unseres Landes auszeichnet. Sie lassen zugleich seine europäischen Bezüge erkennen, ohne die unsere Kultur nicht denkbar wäre und die sie künftig mehr prägen wird als je zuvor.
> Auch mit Ihren Initiativen zum Schutz der Natur und zur Pflege unserer Kulturdenkmäler haben Sie wegweisende Pionierleistungen vollbracht.
>
> Ihr Lebenswerk führt uns die geistigen und kulturellen Dimensionen Europas beispielhaft vor Augen. Es ist zugleich eine Ermutigung für alle, die mit eigenen schöpferischen Initiativen, Phantasie und neuen Ideen zur kulturellen Bereicherung der Allgemeinheit beitragen wollen. Hierfür gebührt Ihnen ein herzlicher Dank.
>
> 2) Ich wünsche Ihnen für die kommenden Jahre weiterhin Erfolg, Freude und Wohlergehen.
>
> Mit freundlichen Grüßen und allen guten Wünschen
> Ihr
> Helmut Kohl

1) Ein optimistischer Glückwunsch an einen offenbar optimistischen 95jährigen. Gut, daß die Würdigung der Lebensaufgabe nicht rückwärtsgewandt, sondern – verbunden mit einem abschließenden Dank – als aktiver Beitrag zur Gegenwart betrachtet wird.

2) Auch bei einem hochbetagten Jubilar weist der Glückwunsch in die persönliche Zukunft: Die genannten Kriterien – Erfolg, Freude, Wohlergehen – sind zeit- und alterslos.

Verbandspräsidenten

Der Bundeskanzler sandte an den Präsidenten des Rheinisch-Westfälischen Handwerkerbundes e. V., Georg Schulhoff, Düsseldorf, zu dessen 90. Geburtstag am 30. November 1989 folgendes Glückwunschschreiben:

Lieber Herr Schulhoff,

zu Ihrem 90. Geburtstag übermittle ich Ihnen meine herzlichen Glückwünsche.

1) Neben Ihrer unternehmerischen Tätigkeit haben Sie in herausragender Weise Ihr Leben ganz in den Dienst des deutschen Handwerks gestellt und seine berechtigten Anliegen stets mit Fachkompetenz, Zielstrebigkeit und hohem persönlichen Engagement vertreten.
Als langjähriger Präsident der Industrie- und Handelskammer Düsseldorf haben Sie sich besonders im Bereich der Aus- und Weiterbildung große Verdienste erworben. Als Ratsherr, als Mitglied des Landtages und als Abgeordneter des Deutschen Bundestages haben Sie sich über ein Vierteljahrhundert kämpferisch für die Belange Ihrer Mitbürger eingesetzt und sich dabei um unser Land verdient gemacht.
Die große Anerkennung und Wertschätzung, die Sie in der Fachwelt des In- und Auslandes sowie in Wirtschaft und Politik genießen, kommen in den hohen nationalen und internationalen Auszeichnungen und Ehrenämtern zum Ausdruck, die Ihnen zuteil geworden sind und die Sie zum Teil auch heute noch innehaben.

2) Ich freue mich, daß mir Ihr Geburtstag Gelegenheit gibt, Ihnen für Ihre großartige Lebensleistung und dem damit verbundenen Wirken für die deutsche Wirtschaft und das Gemeinwohl Dank und Anerkennung auszusprechen. Darin schließe ich meinen persönlichen Dank für manches ertragreiche Gespräch und die mir oft gewährte Unterstützung ein.

3) Für die Zukunft wünsche ich Ihnen von Herzen alles Gute, vor allem Kraft, Gesundheit und Wohlergehen.

Mit freundlichen Grüßen
Ihr
Helmut Kohl

1) Vergleichen Sie mit dem folgenden Brief: Wieviel engagierter und auf die Person bezogen lesen sich diese Formulierungen. Sie lassen – soweit ein Schreiben das überhaupt ausdrücken kann – etwas von dem Menschen und seiner Lebensleistung sichtbar werden.
Leider ein Schönheitsfehler: Die Wortwahl hätte gefälliger und abwechslungsreicher ausfallen können. Dreimal (!) das Hilfsverb „haben" in einem Absatz läßt auf eine gewisse Nachlässigkeit schließen.

2) Dem hochrangigen Absender steht es zu, den Dank um das Gemeinwohl auszusprechen. Auf lokaler Ebene besser den Dank auf den eigenen Verantwortungsbereich, z. B. die Stadt, das Wohl ihrer Bürger, die Mitarbeiter usw. beziehen.
Neben den offiziellen Dank tritt der auf konkrete Beispiele bezogene persönliche Dank: gut.

3) Ein angemessener Schluß für einen hochbetagten Jubilar.

Prüfen Sie Ihren Brief, bevor Sie ihn unterschreiben, auch unter diesem Aspekt. Schlagen Sie im Zweifel in einem Synonymen-Lexikon nach, wenn Ihnen keine alternative Formulierung einfällt (z. B. Duden-Reihe, Sinn- und sachverwandte Wörter).

Verbandspräsidenten

Der SPD-Partei- und Fraktionsvositzende Hans-Jochen Vogel hat dem Präsidenten des Rheinisch-Westfälischen Handwerkerbundes e. V., Dipl.-Ing. Georg Schulhoff, nachstehendes Glückwunschschreiben zu dessen 90. Geburtstag übersandt:

> Sehr geehrter Herr Schulhoff,
>
> 1) zu Ihrem 90. Geburtstag gratuliere ich Ihnen, auch im Namen der Sozialdemokratischen Partei Deutschlands und ihrer Bundestagsfraktion, sehr herzlich.
>
> Gerne nehme ich diesen Tag zum Anlaß, Ihnen für Ihren lebenslangen unermüdlichen Einsatz für die Belange des deutschen Handwerks unseren Respekt und unsere Anerkennung auszusprechen. Sie gehören zu den Vätern der Handwerksordnung und haben in Ihren mannigfaltigen Funktionen viel für die Fort- und Weiterbildung sowie für die Bekämpfung der Jugendarbeitslosigkeit getan.
>
> Wir danken Ihnen heute für die stets faire und gute Zusammenarbeit und wünschen Ihnen weiterhin Gesundheit und Schaffenskraft.
>
> 2) Leider ist es mir aus terminlichen Gründen nicht möglich, an dem Empfang zu Ihren Ehren in Düsseldorf teilzunehmen.
>
> Mit freundlichen Grüßen
> gez. Dr. Vogel
>
> (SPD-Pressemitteilung, 30. 11. 89)

1) Für die Würdigung eines 90jährigen ein insgesamt sehr spröder und funktionaler Glückwunsch.

2) Ein liebloser Schluß und eine vertane Chance für einen persönlichen Brief.

Wieviel besser hätte es auf den Adressaten gewirkt, wenn der Absender etwa so angefangen hätte: „Wenn ich heute an dem Empfang zu Ihren Ehren hätte teilnehmen können, hätte ich Ihnen gern persönlich dafür gedankt, daß Sie ... "

Derartige „Bürovermerke" wie im Schlußsatz gehören nicht in ein Glückwunschschreiben! Diese Dinge klären Sie frühzeitig durch Zu- oder Absage zwischen den Büros.

Verfassungsrichter

Der Bundespräsident sandte an Dr. Fabian von Schlabrendorff, Wiesbaden, zu dessen 70. Geburtstag im Juli 1977 folgendes Glückwunschschreiben:

> Sehr geehrter Herr von Schlabrendorff!
>
> 1) Wir dürfen nicht aufhören, mit Dankbarkeit der Frauen und Männer zu gedenken, die unter Einsatz ihres Lebens dem Nationalsozialismus Widerstand geleistet haben. Sie gehören zu den wenigen, die überlebt haben.
>
> 2) Ihr 70. Geburtstag ist mir Anlaß, das historische Verdienst derer zu würdigen, die sich als Patrioten und aus untrüglichem Sinn für Recht und Gerechtigkeit gegen eine Staatsführung empörten, die Unrecht und Unmenschlichkeit zum System erhoben hatte.
>
> 3) Es liegt eine tiefe Konsequenz darin, daß Sie später unserem freiheitlichen Rechtsstaat und dem Grundgesetz acht Jahre lang als Richter beim Bundesverfassungsgericht gedient haben.
>
> Walter Scheel
> Bundespräsident

1) Das Wichtigste zuerst: Das lag dem Bundespräsidenten am Herzen. Man spürt es in der fordernden Formulierung „Wir dürfen nicht aufhören ... "

2) Der Glückwunsch zum Geburtstag wird eingeflochten; er ist Anlaß, die spezifischen Verdienste zu würdigen.

3) Der Bogen wird wieder zum ersten Absatz geschlagen. Ein runder Glückwunsch, ganz auf die Person bezogen und doch mit allgemeingültigen Aussagen.

Verfassungsrichter

Der Bundesminister des Innern sandte an Fabian von Schlabrendorff zu dessen 70. Geburtstag im Juli 1977 nachstehendes Telegramm:

> Sehr geehrter Herr von Schlabrendorff,
>
> zu Ihrem 70. Geburtstag sende ich Ihnen meine herzlichen Glückwünsche.
>
> 1) Sie können an diesem Tage auf ein in außergewöhnlicher Weise erfülltes Juristenleben zurückblicken. Doch hier zögere ich schon; denn es war stets mehr als nur ein Juristenleben. Sie haben in selten gewordener Weise in einer Zeit Beispiel gegeben von dem, was die preußischen Tugenden der aufrechten Geradlinigkeit, der Verpflichtung auf die Wahrhaftigkeit des Daseins, die Würde des Nächsten und die Gerechtigkeit bedeuten konnten, als ein ganzer Staat der unmenschlichen Willkür preisgegeben zu sein schien.
>
> Es bedeutete einen großen Vorzug für unser neues Gemeinwesen, daß Sie Ihr Berufsleben mit Ihrer Tätigkeit am Bundesverfassungsgericht für eine volle Amtsperiode krönen konnten. Dafür wie für Ihre erhellende literarische Tätigkeit gilt Ihnen heute der Dank unseres Landes.
>
> 2) Auf viele gute und erfüllte Jahre noch!
>
> Mit freundlichen Grüßen
> Ihr
> Prof. Dr. Werner Maihofer
> Bundesminister des Innern

1) Der Innenminister weist über seinen eigenen Kompetenzbereich der Würdigung eines Juristen mit einer sehr persönlichen Formulierung hinaus. Er will bewußt die demokratische Gesinnung ehren und damit die Grenzen als Dienstherr des ehemaligen Verfassungsrichters sprengen. Es ist gut, diese Absicht expressis verbis deutlich zu machen.

2) Ein etwas ungewöhnlicher Schlußakkord: Man hört die Sektkorken knallen. Eher etwas für mündliche Gratulationen oder private Anlässe. Es sei denn, Sie kennen den Empfänger Ihres Schreibens so gut, daß Sie auch persönlich mit ihm „auf viele gute und erfüllte Jahre" anstoßen können.

Verleger

Der Bundespräsident sandte an Axel Springer, Berlin, zu dessen 65. Geburtstag am 2. Mai 1977 folgendes Glückwunschschreiben:

> Sehr geehrter Herr Springer!
>
> Zu Ihrem 65. Geburtstag gratuliere ich Ihnen herzlich.
>
> 1) Niemand braucht Ihnen zu bescheinigen, daß Sie zu den erfolgreichsten Verlegerpersönlichkeiten unseres Landes gehören. Das ist so bekannt, daß hie und da die Frage auftaucht, ob es einen so erfolgreichen Zeitungs- und Zeitschriftenverleger überhaupt geben dürfe.
>
> 2) Auch die Menschen, die andere politische Auffassungen als Sie vertreten, erkennen an, daß Sie sich von Anfang an konsequent für die deutsch-israelische Aussöhnung und für Berlin eingesetzt haben. Ihre Stiftungen für das Leo-Baeck-Institut in New York und für die Bibliothek des Israel-Museums in Jerusalem wurden in Israel und in der Welt als Ausdruck deutschen demokratischen Bürgersinns verstanden. Die Verlegung des Hauptsitzes Ihres Konzerns nach Berlin hat ein weithin sichtbares Zeichen gesetzt.
>
> Zusammen mit Ihrer erfolgreichen Verlegertätigkeit haben Sie sich mit diesem Engagement für die deutsch-israelischen Beziehungen und für Berlin große Verdienste um unser Land erworben.
>
> Walter Scheel
> Bundespräsident

1) Vorsicht mit Formulierungen, wie dieser „Niemand braucht Ihnen zu bescheinigen ...". Was nach eigenem Bekunden nicht gesagt werden muß, sollte auch nicht gesagt werden. Hier ist die Wendung dennoch am Platz, weil sie die notwendige Überleitung zum nachfolgenden Satz bildet: geschickt verklausuliertes Auffangen öffentlich geäußerter Kritik.

2) Der unbefangene Leser erkennt nicht, ob der Absender zu den „Menschen, die andere politische Auffassungen als Sie vertreten" gehört; der Adressat mag es geahnt, gewußt haben.

Ein Beispiel, wie Sie politische Distanz und offiziellen Dank dennoch in Einklang bringen können.

Verleger

Der Bundeskanzler sandte an Dr. h. c. Axel Springer, Berlin, zu dessen 65. Geburtstag am 2. Mai 1977 das nachstehende Telegramm:

> Sehr geehrter Herr Springer,
>
> 1) an Ihrem 65. Geburtstag, zu dem ich Ihnen meine Glückwünsche schicke, möchte ich Ihnen meinen Respekt vor der verlegerischen Leistung bekunden, die Sie in den vergangenen drei Jahrzehnten vollbracht haben.
>
> 2) Mit Ihren politischen Vorstellungen und denen der unter dem Dach Ihres Verlages erscheinenden Blätter war ich in der Vergangenheit viele Male nicht einverstanden, und im Politischen werden wir auch in der Zukunft wohl auf unterschiedlichen Positionen stehen.
>
> 3) Das mindert nicht meine Hochachtung vor dem eindrucksvollen Beitrag, den Sie durch Ihre unternehmerische Aktivität für die wirtschaftliche Existenzfähigkeit Berlins geleistet haben. An Ihrem Geburtstag möchte ich nicht den Dank dafür versäumen, daß Sie seit langen Jahren aktiv zum Prozeß der Aussöhnung zwischen Deutschen und Juden beigetragen haben.
>
> 4) Wenn auch unsere Auffassungen über Grundfragen der deutschen Politik unterschiedlich sind, so will ich im Geburtstagsbrief doch die Erwartung äußern, daß in der Diskussion über die unser Volk bewegenden Fragen jeder dabei hilft, schädliche Konfrontationen und unserer demokratischen Gesellschaft abträgliches Freund-Feind-Denken zu überwinden.
>
> Mit freundlichen Grüßen
> Helmut Schmidt

1) Zunächst eine verbindliche Würdigung der Leistung ...

2) ... aber dann: deutliche Klarstellung der politischen Unterschiede. Das ist ehrlich und aufrichtig und

3) ... „mindert nicht meine Hochachtung".

4) Ein erneuter Hinweis auf vorhandene Meinungsverschiedenheiten, verbunden mit einem Appell, „Freund-Feind-Denken" zu überwinden. Warum auch nicht? Dem ehrlichen Bemühen, den Jubilar anzuerkennen, tut das keinen Abbruch.

Verleger

Der Bundespräsident sandte an den Verleger Dr. Gerd Bucerius, Hamburg, zu dessen 70. Geburtstag am 19. Mai 1976 folgendes Glückwunschschreiben:

> Sehr geehrter Herr Bucerius!
>
> 1) Herzlich gratuliere ich Ihnen zum 70. Geburtstag. Nur Sie selbst werden schlüssig die Frage beantworten können, ob Sie sich als Verleger mit politischen Ambitionen oder als Politiker verstehen, dem „Zeit" und „Stern" die Möglichkeiten gaben, unsere Presselandschaft aufzulockern.
>
> 2) Wie dem auch sei, der Politiker Bucerius hat sich nicht gescheut, gegen den Strom zu schwimmen, und dem Verleger verdanken wir mit der „Zeit" eine immer anregende, oft aufregende Wochenzeitschrift.
>
> Mit guten Wünschen für Ihr Wohlergehen.
>
> Walter Scheel
> Bundespräsident

1) In kurzer, knapper Form wird die Summe eines reichen Lebens, einer Lebensleistung und eines selbständigen Charakters gezogen. Dabei ist jeder herablassende Ton vermieden; der Gratulant erteilt keine Zensuren. Er erscheint als Sprachrohr des allgemeinen Respekts, weil er sich nicht selbst über den Geehrten stellt. Dieser Effekt wird mit dem Satz: „Nur Sie selbst werden schlüssig die Fragen beantworten können ..." erreicht.

2) In die gleiche Richtung wirkt das „Wie dem auch sei" (= Ich bin nicht befugt, das zu beurteilen).

Hier ist ein demokratisches Glückwunschschreiben gelungen, also ein solches, das durch seine Sprache bewußt Abstand zu einem hierarchischen Staatsverständnis wahrt!

Wissenschaftler und Forscher

Der Bundespräsident sandte an Dr. Wernher von Braun, Maryland/USA, zu dessen 65. Geburtstag am 23. März 1977 folgendes Glückwunschschreiben:

> Sehr geehrter Herr von Braun!
>
> 1) An Ihrem 65. Geburtstag nimmt ganz Deutschland herzlichen Anteil. Sie blicken auf ein erfülltes Leben zurück. Kaum einem Menschen war es wie Ihnen vergönnt, seine kühnsten Träume zu verwirklichen. Ihre Arbeit und Ihre Leistungen haben dazu beigetragen, der Wissenschaft und der menschlichen Erfahrung wahrhaft neue Räume zu erschließen.
>
> 2) So sind Sie auf der ganzen Welt und nicht zuletzt in Ihrem Geburtsland zu einer Symbolfigur der Wissenschaft und Technik unserer Zeit geworden. Jeder Schüler kennt Ihren Namen.
>
> 3) Möge die Achtung und Verehrung so vieler Menschen Ihnen in diesen Tagen Trost und Stärkung sein.
>
> Walter Scheel
> Präsident der Bundesrepublik Deutschland

1) Ein sympathisch-emphatischer Glückwunsch. Man spürt zwischen den Zeilen, daß es auch ein Wunsch des Absenders ist, „kühnste Träume" zu verwirklichen.
Der erste Satz bietet sich auch für viele andere Gelegenheiten an: „An Ihrem ... Geburtstag nimmt die ganze Stadt/der gesamte Verein/Verband herzlich Anteil."

2) Wie kann man die Bedeutung eines Menschen höher herausstreichen als durch die Formulierung „Jeder Schüler kennt Ihren Namen"?

3) Ein sehr persönlicher, auf die aktuelle Lebenssituation (Krankheit) bezogener Schlußsatz. Ein solcher Hinweis ist in einer schwierigen Lebensphase wichtiger als stereotype Glückwünsche.

Wissenschaftler und Forscher

Der Bundeskanzler sandte an Dr. Wernher von Braun, Alexandria/USA, am 23. März 1977 nachstehendes Telegramm:

> Sehr geehrter Herr von Braun,
>
> zu Ihrem 65. Geburtstag gratuliere ich Ihnen sehr herzlich.
>
> 1) Mit Ihrem Namen untrennbar verbunden ist für uns das beeindruckende historische Ereignis des Fluges zum Mond und seines Betretens durch Menschen. Wir haben Ihnen aber auch ebenso zu danken für Ihren Einsatz, die Erkenntnisse der Weltraumtechnik auf der Erde für unser aller Nutzen zu verwenden. Ich erwähne nur die weltweiten Satellitensysteme, die uns die Kommunikation erleichtern.
>
> 2) Es ist Ihnen vergönnt zu erleben, wie Utopien von gestern durch Ihre Tatkraft mehr und mehr zu Selbstverständlichkeiten von heute werden. Möge diese Gewißheit Ihnen helfen, Ihre Krankheit zu ertragen.
>
> Mit freundlichen Grüßen
> Ihr
> Helmut Schmidt
> Bundeskanzler der Bundesrepublik Deutschland

1) Verglichen mit dem vorausgegangenen Glückwunsch sind diese – Substantiv an Substantiv reihenden – Formulierungen eher bürokratisch. Dennoch beinhalten sie höchstes Lob: „Mit Ihrem Namen untrennbar verbunden ..."

2) Auch hier keine zur Schau gestellten Glückwünsche, sondern der Versuch, dem Menschen durch Würdigung bleibender Verdienste nahe zu kommen.

Wissenschaftler und Forscher

Der Bundespräsident sandte an Prof. Dr. Helmut Schelsky, Münster-St. Mauritz, zu dessen 65. Geburtstag am 14. Oktober 1977 folgendes Glückwunschschreiben:

> Sehr geehrter Herr Professor Schelsky,
>
> 1) Sie haben sich jenen Menschen zugeordnet, die „die Gabe oder den Fluch haben, sich selbst formulierend zu leben".
>
> 2) Damit haben Sie Ihren Lesern einen Schlüssel zum Verständnis Ihrer Schriften geliefert und deren scheinbare Widersprüchlichkeit als innere Entwicklung eines kritischen Geistes erklärt. Von der „skeptischen Generation" bis „Klassenkampf und Priesterherrschaft der Intellektuellen" ist es gewiß ein weiter Weg.
>
> 3) Gemeinsam aber ist Ihren Untersuchungen das Bemühen, Phänomene unserer Zeit zu deuten und dabei das Risiko einer subjektiven Bewertung einzugehen.
>
> Zu Ihrem 65. Geburtstag gratuliere ich herzlich.
>
> Walter Scheel
> Bundespräsident

1) Der Glückwunsch knüpft unmittelbar an eine Aussage des Adressaten an. Ein guter Einstieg...

2) ... wenngleich der nächste Absatz etwas hochtrabend daherkommt. Zumindest der Leser bleibt ratlos zurück. Ein bißchen mehr Allgemeinverständlichkeit wäre – auch zur Würdigung des Jubilars – hilfreich gewesen.

3) Eine schnörkellose, darum herzliche Gratulation.

Wissenschaftler und Forscher

Der Bundeskanzler sandte an Prof. Dr. Heinz Maier-Leibnitz, München, zu dessen 75. Geburtstag am 28. März 1986 folgendes Glückwunschschreiben:

> Lieber Herr Professor Maier-Leibnitz,
>
> zu Ihrem 75. Geburtstag übermittle ich Ihnen meine herzlichen Glückwünsche.
>
> Am heutigen Tage können Sie auf ein bedeutendes Lebenswerk im Dienste der Wissenschaft zurückblicken. Für Ihre großen Leistungen, die weit über die Grenzen unseres Landes hinaus Beachtung fanden, wurden Ihnen vielfältige Ehrungen zuteil.
>
> 1) Erst kürzlich haben die Deutsche Physikalische Gesellschaft und der Deutsche Zentralausschuß für Chemie Ihre Arbeit als Forscher und Lehrer durch die nur wenigen Wissenschaftlern zuteil gewordene Verleihung des Otto-Hahn-Preises gewürdigt.
>
> 2) Die Deutsche Forschungsgemeinschaft, als deren Präsident Sie sich in den siebziger Jahren große Verdienste erworben haben, wird Ihnen zu Ehren einen Empfang geben. Gern werde ich mich in den Kreis derjenigen einreihen, die Ihnen bei dieser Gelegenheit für Ihre Verdienste
>
> 3) als Wissenschaftler, als kluger Ratgeber und als Vorbild für nachwachsende Wissenschaftlergenerationen danken wollen.
>
> Mit freundlichen Grüßen und allen guten Wünschen
> Ihr
> Helmut Kohl

1) Der Bundeskanzler enthält sich jeglichen Urteils über die wissenschaftliche Leistung des Geehrten; er verweist auf die Ehrungen der Fachwelt.

2) „Gern werde ich mich in den Kreis derjenigen einreihen" – in solchen Formulierungen kommt ein demokratisches Verständnis des Verhältnisses eines Regierungschefs zu einer Geistesgröße zum Ausdruck.

3) Der Dank ist durchdacht und wohlüberlegt (= konkret) formuliert.

Wissenschaftler und Forscher

Der Bundespräsident sandte an Professor Dr.-Ing. E. h. Walter Bruch, Hannover, zu dessen 80. Geburtstag am 2. März 1988 folgendes Glückwunschschreiben:

> Sehr geehrter Herr Bruch,
>
> 1) zu Ihrem 80. Geburtstag übermittle ich Ihnen meine herzlichen Glückwünsche.
>
> Mit Inspiration, praktischem Verstand und nie versiegender Forscherleidenschaft haben Sie die Entwicklung des Fernsehens vorangetrieben. Schon die ersten Fernsehgeräte hatte Ende der zwanziger Jahre Ihre Phantasie beflügelt. An vielen späteren Pioniertaten waren Sie anregend und prägend beteiligt.
>
> Unverwechselbar verbunden ist Ihr Name mit der Entwicklung eines technisch ausgefeilten Farbfernsehsystems, das Sie zu einem der erfolgreichsten Erfinder unserer Zeit werden ließ.
>
> 2) Hohen Respekt und Dankbarkeit verbinde ich mit meinen besten Wünschen für erfüllte Jahre.
>
> Mit freundlichen Grüßen
> Richard von Weizsäcker
> Bundespräsident

1) Manche Forscher haben ihr Lebenswerk auf ein einziges Fachgebiet konzentriert. In solchen Fällen würde es meist verkrampft wirken, in einem Glückwunsch weitere unbedeutendere Tätigkeiten zu erwähnen, die den Blick von der Hauptleistung ablenken. Es fällt allerdings auf, daß es der Bundespräsident bei dieser Gelegenheit unterlassen hat, zu der gesellschaftsprägenden Wirkung des Fernsehens Stellung zu nehmen.

2) Eine schöne und angemessene Schlußformel für einen 80jährigen verdienten Forscher.

Glückwünsche zum Jubiläum

An Firmen, Verbände und Vereine ...

KAPITEL 4.2

In unserer schnellebigen Zeit wollen viele Institutionen nicht warten, bis sie hundert Jahre alt geworden sind, sondern bereits ihren zwanzigsten Geburtstag mit gehörigem Aufwand feiern.

Damals und heute – das ist der Bogen, den es bei einer Gratulation zum Jubiläum zu schlagen gilt. Der schriftliche Glückwunsch sollte sich auf die Zeit von der Gründung bis zur Gegenwart beziehen – verbunden mit Wünschen, die in die Zukunft weisen.

Faustregel:

- eine DIN A 4 Seite: vorzüglich
- zwei Seiten: statthaft
- drei Seiten: übertrieben

Formulierung

Der Glückwunsch gehört an den Anfang, der Ausblick an den Schluß. Dazwischen empfiehlt sich neben interessanten rückschauenden und auf die Gegenwart bezogenen konkreten Details z. B.:
- eine hübsche Anekdote
- eine persönliche Erinnerung
- ein für den Jubilar schmeichelhaftes Testimonial eines bedeutenden Zeitgenossen („Theodor Heuss nannte Sie und Ihre Kollegen – in Anlehnung an einen seinerzeit sehr populären Film – ‚Die vier von der Denkstelle'").

Keine Bange, Sie brauchen das Rad nicht neu zu erfinden – vor allem dann nicht, wenn Firma, Institution, Verband etc., um die es geht, schon früher einmal „gejubelt" oder einen Jahrestag festlich begangen haben.

Wo Sie Material finden

Fragen Sie vor allem nach Festschriften früherer Jahre. Daraus ziehen Sie gewöhnlich viele Anregungen. Rückgriffe auf und kurze Zitate aus früheren Festadressen sind erlaubt und für interessante Anknüpfungen gut; vor allem zeigen Sie damit, daß Sie sich mit dem Jubilar gründlich beschäftigt haben.

„Damals vor 40 Jahren, als Ihre Schuhfabrik im wahrsten Wortsinn noch in den Kinderschuhen steckte", sagte Paul Hartfeld in seiner Grußadresse: ...

Interessant sind auch die Presseberichte (vor allem aus den Anfangsjahren!).

„Ich erinnere mich noch an Ihre Geburtsanzeige im Kölner Stadt-Anzeiger: Die Fa. Müller Nachfolger nimmt am Donnerstag, den 1. 9. 1964, ihre Geschäfte in Köln-Marienburg auf..."

Wenn Ihnen die Pressestelle ausnahmsweise nicht mit interessanten Materialien und Presseausschnitten dienen kann, müssen Sie anderweitig auf die Suche gehen. Zum Beispiel selbst die Zeitungsarchive befragen (vor allem Lokalzeitung/Fachpresse).

Jede Einrichtung in Deutschland hat zumindest einen Pressebeauftragten – und wenn es (in kleineren Vereinen beispielsweise) der Vorsitzende selber ist.
Größere Unternehmen, Gewerkschaften, Verbände, Vereine verfügen über eigene Pressestellen.

Mit der Gratulation „Politik" machen?

Warum nicht!
Wenn das Seniorenheim 10 Jahre besteht, ist das durchaus Anlaß, daß Sie Ihre Meinung zum Thema „Alte Menschen und Gesellschaft" sagen.
Würdigen Sie die Lebensleistung der älteren Generation zum Aufbau Ihrer Stadt/Gemeinde und knüpfen Sie daran an:

„Deshalb war es für uns vor zehn Jahren selbstverständlich, den Neubau des Seniorenheims mit Vorrang voranzutreiben. Unsere älteren Mitbürgerinnen und Mitbürger sollen hier in ihrer Heimatgemeinde, in der sie Familie, Freunde und Bekannte haben, einen guten, gesicherten Lebensabend verbringen."

Wenn der Kindergarten sein 20jähriges begeht: Nehmen Sie ruhig zum Geburtenrückgang Stellung.
Wenn das Max-Planck-Institut in Ihrem Wahlkreis auf 40 Jahre erfolgreicher Grundlagenforschung zurückblickt, dann blicken Sie nach vorn.

Beziehen Sie Stellung. Aber denken Sie an den Adressaten!
- Stoßen Sie die Empfänger niemals hart vor den Kopf.
- Stören Sie nicht allzusehr das Harmonie-Bedürfnis, das mit jeder Feier, jedem Jubiläum verbunden ist.

Formulieren Sie also politische Positionen in diesem Zusammenhang möglichst moderat und konsensfähig.

75jähriges Bestehen des Deutschen Hausfrauen-Bundes e.V.

Zu Jubiläen bundesweit tätiger Verbände läßt sich der lokale Glückwunsch-Bezug leicht herstellen: Verbände wie der DHB und andere haben in jedem Bundesland Landesverbände, in der Regel auch Kreis- und Ortsverbände.

Die drei folgenden Grußworte und Glückwünsche dienen als Orientierung für Struktur und Inhalt (Festschrift des DHB, 1990).

1) Zum 75jährigen Jubiläum des Deutschen Hausfrauen-Bundes übermittle ich herzliche Grüße und Glückwünsche. Ich danke allen Mitgliedern des Verbandes für ihren unermüdlichen Einsatz zur Anerkennung der Leistungen unserer Hausfrauen.

2) In den vergangenen Jahrzehnten hat der Deutsche Hausfrauen-Bund viel erreicht. Hierfür stehen die Anerkennung der Hauswirtschaft als Ausbildungsberuf und die Mitbegründung der Arbeitsgemeinschaft Hauswirtschaft. Auch ist es seiner maßgeblichen Mitwirkung zu verdanken, daß die Arbeitsgemeinschaft der Verbraucherverbände gegründet wurde.

   Mit den wichtigen Fragen des Umweltschutzes hat sich der Verband bereits sehr früh befaßt. Heute hat sich der Umweltschutz zu einer der wichtigsten und drängendsten Aufgaben unserer Gesellschaft entwickelt. Unsere Umwelt braucht dringend Menschen, die nicht gedankenlos mit ihr umgehen. Daher begrüße ich, daß der Deutsche Hausfrauen-Bund mit dem von der Bundesregierung geförderten Modellprojekt „Umweltberatung Haushalt – Weiterqualifizierung von Familienfrauen" einen Weg weist, Frauen verstärkt in die Bewältigung dieses Problems einzubeziehen.

3) Eine besonders wichtige Aufgabe ist die Anerkennung der Arbeit in der Familie. Noch immer ist das Arbeitsverständnis häufig nur auf Erwerbsarbeit begrenzt, werden die Leistungen der Frauen in der Familie zu wenig anerkannt und unterstützt. Unverrückbare Tatsache ist, daß vielfältige, für Menschen und Gesellschaft unverzichtbare Tätigkeiten außerhalb der Erwerbsarbeit geleistet werden. Dies betrifft vor allem die Arbeit im Haushalt, die Kindererziehung und die Pflege älterer, kranker oder behinderter Menschen.

> Die Arbeit in diesen Bereichen ist gleichwertig der Arbeit im Beruf; beide bestimmen das Zukunftsbild unserer Gesellschaft. Für die Bundesregierung ist die Aufwertung der Arbeit in der Familie und für die Familie ein wichtiges Anliegen. Nur wenn hier Erfolge erzielt werden, wird es gelingen, das notwendige Gleichgewicht zwischen der Arbeit in der Familie und der Arbeit im Erwerbsleben zu erreichen. Insbesondere die in den letzten Jahren geschaffenen Leistungen wie Erziehungsgeld und -urlaub sowie Anerkennung von Kindererziehungszeiten und – ab 1992 – von Pflegeberücksichtigungszeiten im Rentenrecht trugen zu einem neuen Verständnis von Arbeit im Haushalt bei. Unser Ziel muß es bleiben, gemeinsam die Anerkennung der Leistungen von Hausfrauen durchzusetzen. Denn nur dann werden Frauen in der Familie gleichberechtigt neben Frauen im Beruf stehen.
>
> Ich wünsche dem Deutschen Hausfrauen-Bund weiterhin viel Erfolg.
>
> Mit freundlichen Grüßen
> Dr. Helmut Kohl
> (Bundeskanzler)

1) Gut, daß der Dank konkret an alle Mitglieder, nicht nur allgemein an den Verband oder die Vorsitzende gerichtet wird.

2) Bei jedem Jubiläum ist es unerläßlich, wichtige Stationen, Leistungen und Verdienste beim Namen zu nennen – wie hier.

3) Der Politiker nutzt die Gelegenheit, in bezug auf den Anlaß seine Grundposition und Leistungen darzulegen. Das ist nicht nur legitim, sondern erhöht auch – durch den Hinweis auf gemeinsame Ziele – den Wert der Arbeit des Verbandes.

75jähriges Bestehen des Deutschen Hausfrauen-Bundes e.V.

1) Zum 75jährigen Bestehen spreche ich dem Deutschen Hausfrauen-Bund meine besten Glückwünsche aus. Ihre Kompetenz für die deutsche Hauswirtschaft wird von allen Seiten anerkannt. Ihre Arbeit mit seinem breiten Aufgabenfeld ist ein Beispiel dafür, wie sich die Situation der Hausfrau im Laufe der Jahrzehnte gewandelt hat.

Sie vertreten sowohl die Hausfrau in der Familie als auch die ständig größer werdende Zahl von Frauen, die eine Kombination von Familien- und Erwerbsarbeit anstreben. Ebenso setzen Sie sich für Frauen ein, die ihre Erwerbsarbeit im Bereich der Hauswirtschaft ausüben.

Zu Recht treten Sie für eine angemessene Beachtung und Bewertung der Tätigkeit der Frau in Haushalt und Familie sowie für die Anerkennung der Frau in Beruf und Gesellschaft ein. Ihre Forderungen sind für Politiker nicht immer leicht zu erfüllen, doch die von Ihnen vorgeschlagenen Lösungsmöglichkeiten für anstehende Probleme werden stets in die öffentliche Diskussion mit einbezogen.

2) Im Laufe der Jahre hat die Bundesregierung für Frauen, Familie und Beruf vieles getan. Die soziale Sicherung der Frau wurde verbessert, ihre Leistungen bei der Betreuung von kranken Menschen in der Familie durch die Gesundheitsreform erstmals anerkannt, die Wiedereingliederung von Frauen in das Berufsleben erleichtert und die berufliche Bildung im Bereich Hauswirtschaft unter Beteiligung des Deutschen Hausfrauen-Bundes neu geordnet.

3) Ich wünsche Ihnen, daß Sie auch weiterhin neu auftretende Probleme bewußt machen, Lösungsmöglichkeiten aufzeigen und sich an der politischen Diskussion in Ihrer Verantwortlichkeit für den Bereich Hauswirtschaft so aktiv beteiligen wie bisher.

Mit freundlichen Grüßen
Ihr
Norbert Blüm
(Bundesminister für Arbeit und Sozialordnung)

---

1) Ein großes Kompliment am Anfang, das dadurch glaubwürdig wirkt, wenn es – wie hier – im folgenden begründet wird.

2) Auch hier nimmt der Politiker das Jubiläum des Verbandes zum Anlaß, Leistungen in seinem Aufgabenbereich der sozialen Sicherung hervorzuheben, vergißt aber nicht, den Beitrag des Verbandes eigenständig zu betonen.

3) Der letzte Absatz enthält konkrete Wünsche für die Zukunft.

Insgesamt ein sehr gelungener, von Inhalt und Umfang her stimmiger Glückwunsch zum Verbandsjubiläum.

75jähriges Bestehen des Deutschen Hausfrauen-Bundes e.V.

1) Der Deutsche Hausfrauen-Bund kann auf eine stolze Tradition zurückblicken, zählt er doch zu denjenigen Gruppen unserer Gesellschaft, die schon früh den engen Zusammenhang zwischen Verbraucheraufklärung und umweltbewußtem Verbraucherverhalten entdeckt haben. Bereits 1927 gründete er in Berlin den „Hauswirtschaftlichen
2) Beratungs- und Auskunftdienst". Es war auch der Deutsche Hausfrauen-Bund, der in den fünfziger Jahren die Verbraucherzentrale mitgegründet und aufgebaut hat.

3) Mit zahlreichen Broschüren, Ausstellungen und Vortragsreihen hat der Deutsche Hausfrauen-Bund Pionierarbeit im Bereich der Umweltaufklärung geleistet. Gebote und Verbote können nur dann greifen, wenn der Betroffene deren Sinnhaftigkeit einsieht und sein Verhalten entsprechend ändert. Es ist daher für das Gelingen von Umweltpolitik unabdingbar, daß der einzelne seine Kenntnisse über mögliche Umweltgefährdung bzw. deren Vermeidung ständig aktualisiert. Dies gilt ganz besonders für den Bereich der Aus- und Weiterbildung.

Ich freue mich daher, daß der Deutsche Hausfrauen-Bund gerade in seinem Jubiläumsjahr ein Projekt, gefördert aus Mitteln meines Hauses, zur Integration der Umweltberatung in die hauswirtschaftliche Berufspraxis der Hauswirtschafterinnen und Hauswirtschaftsmeisterinnen in Angriff nimmt.

Dafür und für seine weitere verantwortungsvolle Arbeit wünsche ich dem Deutschen Hausfrauen-Bund viel Erfolg.

Prof. Dr. Klaus Töpfer
(Bundesminister für Umwelt, Naturschutz und Reaktorsicherheit)

---

1) Der Rückblick auf die „stolze Tradition" ist unabdingbarer Bestandteil jedes Jubiläumsschreibens.

2) Diese Information ist allenfalls für Außenstehende neu: Zählen Sie nicht nur wichtige Stationen referierend auf, sondern bewerten Sie (positiv); schaffen Sie einen persönlichen Bezug, z. B. so: „Ich war noch nicht geboren, da gründeten Sie schon ..."

3) Der Politiker beschränkt sich weise auf seinen Zuständigkeitsbereich und verweist auf konkrete, gemeinsame Vorhaben.

100jähriges Bestehen des Verbandes Deutscher Maschinen- und Anlagenbau

Aus Anlaß des 100jährigen Bestehens des Verbandes Deutscher Maschinen- und Anlagenbau übermittelte Bundesforschungsminister Dr. Heinz Riesenhuber folgendes Glückwunschschreiben an den Präsidenten Dr. Ing. E. h. Berthold Leibinger:

1) Der Maschinenbau ist wie kaum eine andere Branche für die Geschichte der industriellen Entwicklung Deutschlands und die heutige Leistungsfähigkeit unserer Volkswirtschaft von entscheidender Bedeutung. Der Maschinenbau hat dabei einen wesentlichen Beitrag zur Begründung des guten Rufs von „Made in Germany" und zur Erarbeitung der technologischen Spitzenstellung Deutschlands geleistet.

2) Auch der Verband Deutscher Maschinen- und Anlagenbau hat sich in den nunmehr 100 Jahren seines Wirkens zu einem der wichtigsten Akteure im wirtschaftlichen Geschehen Deutschlands entwickelt. Aufgrund seiner besonderen mittelständischen Verantwortung hat er dabei stets seine Stimme zum Wohle der gesamten mittelständischen Wirtschaft in Deutschland erhoben und damit auch einen wichtigen Beitrag zur Entwicklung der Leistungskraft unserer sozialen Marktwirtschaft nach dem Zweiten Weltkrieg geleistet. Auf dem Gebiet der Forschungs- und Entwicklungspolitik hat der VDMA wichtige Anstöße gegeben. Die Gemeinschaftsforschung des Maschinenbaus hat weit über die Branche und die deutschen Grenzen hinaus Vorbildfunktion.

Die Innovationskraft der Unternehmen und die Leistungsfähigkeit, die der VDMA während seines 100jährigen Bestehens bewiesen hat, geben mir die Zuversicht, daß der deutsche Maschinenbau auch die Herausforderungen, die sich aufgrund der gegenwärtig schwierigen Lage auf den Weltmärkten stellen, bestehen wird. An der Schwelle des 21. Jahrhunderts wird dabei der Maschinenbau auch an vorderster Stelle bei der Nutzung neuer Zukunftstechnologien gefordert sein, um seine technologische Position zu halten und auszubauen. Gleichzeitig besteht eine wichtige Aufgabe darin, in den neuen Bundesländern, in denen traditionell einige der Leistungszentren des deutschen Maschinenbaus lagen, die Maschinen- und Anlagenbauer wieder an die Leistungskraft ihrer westdeutschen Kollegen heranzuführen.

3) Zum 100jährigen Bestehen des VDMA möchte ich Ihnen, Herr Präsident, Ihrem gesamten Verband, den Mitarbeitern und Mitgliedsfirmen meine herzlichen Glückwünsche übermitteln und Mut, Tatkraft und Freude für die schwierigen, vor uns liegenden Aufgaben wünschen.

Dr. Heinz Riesenhuber
(Bundesminister für Forschung und Technologie)

(BMFT-Pressemitteilung, 16. 10. 92)

1) Ein fachlich-kompetenter Glückwunsch des zuständigen Ministers. Gleich zu Beginn wird der Bogen vom Gestern „Geschichte der industriellen Entwicklung" zur heutigen Bedeutung der Branche geschlagen. Auf lokaler Ebene schlagen Sie den Bogen entsprechend kleiner. Heben Sie die Bedeutung des Wirtschaftszweiges bzw. des Interessenverbands für die Entwicklung Ihrer Region, des Kammerbezirks in der Vergangenheit und den zukünftigen Beitrag zur wirtschaftlichen Wettbewerbsfähigkeit hervor:

„Wir wollen mit vereinten Kräften unsere Region fit machen für das neue Jahrtausend. Der Maschinenbau wird dabei – wie in den zurückliegenden Jahrzehnten – entscheidende Impulse für Wachstum und Beschäftigung liefern, wenn wir gemeinsam ... "

2) Geschickt verknüpft der Absender politische Grundaussagen mit Leistungen des Verbandes.

3) Der Glückwunsch weist – richtig – in die Zukunft, auf „vor uns liegende", gemeinsame Aufgaben, die bereits im vorherigen Absatz konkret benannt wurden: schwierige Lage auf den Weltmärkten, Aufbau in den neuen Bundesländern. Das Wörtchen „uns" bietet Gemeinsamkeit im Ziel an und nimmt den Verband zugleich in die Pflicht.

Positiv hervorzuheben ist im letzten Absatz auch, daß in den Glückwunsch ausdrücklich Mitarbeiter und Mitgliedsfirmen eingeschlossen werden.

30. Jahrestag der Gründung des „MDR – Deutschen Fernsehballetts"

Der Bundeskanzler sandte an die Mitglieder des „MDR – Deutschen Fernsehballetts" am 25. November 1992 folgendes Grußwort:

> Anläßlich des 30. Jahrestages der Gründung des „MDR – Deutschen Fernsehballetts" übermittle ich allen Mitgliedern des Balletts meine herzlichen Grüße.
>
> 1) Gerne erinnere ich mich an den Auftritt des Fernsehballetts beim diesjährigen Sommerfest im Park des Bundeskanzleramtes. Die beeindruckenden Leistungen fanden bei meinen Gästen und natürlich auch bei mir selbst ungeteilten Beifall, zeichneten sie sich doch durch technische und künstlerische Spitzenleistungen von hohem Unterhaltungswert aus.
>
> Gutes Ballett ist ein unerläßlicher Bestandteil im kulturellen Angebot eines Kulturstaates.
>
> 2) Ich bin zuversichtlich, daß es dem Fernsehballett mit Engagement und Kreativität gelingen wird, seinen Wirkungskreis zu stabilisieren und auszubauen.
>
> Auf diesem Wege begleiten das „MDR – Deutsche Fernsehballett" meine besten Wünsche.
>
> Mit freundlichen Grüßen
> Helmut Kohl

1) Gut. Wo immer es geht, knüpfen Sie an eine konkrete Begegnung oder Begebenheit an. Der Absender schließt sich hier ausdrücklich in den Kreis der „Fans" ein: Das freut die Jubilare um so mehr.

2) Eine aussagekräftige Schlußpassage, die in die Zukunft weist.

Zum Jahrestag des Regierungsantritts

Der Bundeskanzler sandte Seiner Durchlaucht, dem Fürsten Franz Josef II von und zu Liechtenstein, Vaduz, zu dessen 50. Jahrestag seines Regierungsantritts am 26. Juli 1988 folgendes Glückwunschschreiben:

Durchlaucht,

1) zum 50. Jahrestag Ihres Regierungsantritts übersende ich Ihnen meine herzlichen Glückwünsche.

Weit über die Grenzen des Fürstentums hinaus wird mit Respekt und Bewunderung anerkannt, daß Sie während Ihrer langen Regierungszeit die Bevölkerung Ihres Landes zu Wohlstand und Liechtenstein zu kultureller Blüte geführt haben. Gesundheit und Schaffenskraft mögen Ihnen auch weiterhin zum Wohle des Fürstentums beschieden sein.

Gern denke ich an meine Besuche in Ihrem Land zurück, unsere Begegnungen sind mir in bleibender guter Erinnerung.

Meine besten Wünsche gelten auch Ihrem Erbprinzen Hans-Adam und der fürstlichen Familie.

Mit freundlichen Grüßen
Ihr
Helmut Kohl
Bundeskanzler der Bundesrepublik Deutschland

1) Ein freundschaftlicher Glückwunsch angesichts eines unkomplizierten Verhältnisses beider Länder. Die im diplomatischen Umgang gewohnte floskelhafte Sprache wird erfreulicherweise durch persönliche Erinnerungen und Grüße „ausgehöhlt".

Nach diesem Muster verfahren Sie sinngemäß bei „Dienstjubiläen" von Bürgermeistern, Vereins- oder Verbandsvorsitzenden.

70. Jahrestag Frauenwahlrecht

Der Bundeskanzler sandte an die Teilnehmerinnen der Mitgliederversammlung des Deutschen Frauenrates in Bad Honnef im November 1988 folgendes Grußwort:

1) Allen Teilnehmerinnen der diesjährigen Mitgliederversammlung des Deutschen Frauenrates übermittle ich meine herzlichen Grüße.

2) Diese Mitgliederversammlung fällt – sicher nicht zufällig – auf ein historisches Datum: Am 12. November 1918 haben Frauen in Deutschland erstmals das aktive und passive Wahlrecht erhalten.
Zum 70. Jahrestag dieser großen demokratischen Errungenschaft möchte ich an Sie und an alle im Deutschen Frauenrat zusammengeschlossenen Frauenverbände einen Gruß und auch ein Wort des Dankes richten.

Sie stehen in der Tradition jener organisierten Frauenbewegung, die schon im letzten Jahrhundert unermüdlich für die Gleichberechtigung gekämpft und maßgeblich dazu beigetragen hat, daß Frauen die uns heute selbstverständlichen staatsbürgerlichen Rechte endlich erhielten. Auch durch die Nazi-Diktatur hat sich die Frauenbewegung nicht entmutigen lassen und sich schon bald in der Phase des Wiederaufbaus erneut zusammengeschlossen, um die nunmehr als Grundrecht verbürgte Gleichberechtigung von Mann und Frau in die Tat umzusetzen.

3) Daß seitdem in vielen Bereichen Fortschritte erzielt wurden, ist auch den vielfältigen Anregungen des Deutschen Frauenrates und seiner Mitgliedsverbände zu verdanken. Ich will an dieser Stelle nur Erziehungsgeld und Erziehungsurlaub sowie die erstmalige Anerkennung von Zeiten der Kindererziehung in der Rentenversicherung nennen, um die Bedeutung der Frauenpolitik für die Bundesregierung hervorzuheben.

Vieles bleibt noch zu tun. Die Bundesregierung wird sich auch in Zukunft energisch für die Gleichberechtigung der Frauen auf allen Gebieten einsetzen. Mit im Vordergrund stehen gerechte Beschäftigungs- und Aufstiegschancen für Frauen. Wir wollen ihnen neue Wege in Familie und Beruf eröffnen. Unsere Lebenswelt und die Gesetze, die dort gelten, müssen sich mehr auf die Lage und die Anliegen der Frauen einstellen.

Dafür müssen wir den vielfältigen Lebensentwürfen von Frauen und ihren besonderen Anliegen in verschiedenen Lebensphasen Rechnung tragen und ihnen günstigere Chancen geben, Familie und Beruf miteinander zu vereinbaren. Hier sind vor allem die Tarifpartner gefragt, denn es geht nicht zuletzt darum, familienfreundlichere Arbeitszeiten einzuführen. Aber auch der Staat ist als Arbeitgeber in Bund, Ländern und Gemeinden gefordert.

Frauen und Männer sollen ihren Lebensweg frei wählen können. Wahlfreiheit für Frauen bedeutet, daß sie entscheiden können, ob sie sich ganz oder überwiegend der Familie widmen oder auf eine außerhäusliche Berufstätigkeit konzentrieren oder beides miteinander verbinden wollen. Vor allem aber sollen sie nicht gezwungen werden, sich in jungen Jahren endgültig zwischen Familie und Beruf entscheiden zu müssen.

Unsere Gesellschaft braucht die beschäftigte Frau und ebenso die Leistung jener Frauen, die sich ganz dem Haushalt, der Kindererziehung sowie der Pflege behinderter oder kranker Familienangehöriger widmen. Wer als Mutter aus dem Erwerbsleben ausscheidet, muß die Chance erhalten, wieder in den Beruf zurückzukommen.

4) Das Bewußtsein für diese Herausforderungen zu schärfen, Lösungen zu erarbeiten, ist eine vordringliche Aufgabe. Dabei kommt auch in Zukunft den Beiträgen des Deutschen Frauenrats und seiner Mitgliedsverbände eine große Bedeutung zu.

5) Der Mitgliederversammlung in Bad Honnef wünsche ich ertragreiche Diskussionen und einen erfolgreichen Verlauf.

Mit freundlichen Grüßen
Helmut Kohl

---

1) So ist es üblich: Als Anschrift wird der Tagungsort, nicht die normale Postanschrift des Verbandes, hier des Deutschen Frauenrates, gewählt.

2) Da der Bundeskanzler ein Jubiläum – den 70. Jahrestag des Frauenwahlrechts – zum Anlaß für sein Grußwort nimmt, ist der Rückblick nicht nur statthaft, sondern sinnvoller Bestandteil.

3) Natürlich ist das Grußwort auf seine Veröffentlichung hin konzipiert. Das ist legitim. Der Kanzler nutzt die Gelegenheit, die Erfolge und Ziele der Regierungspolitik für Frauen in einem zentralen, zitierfähigen Satz herauszustellen, der die folgenden Detailaussagen bündelt: „Die Bundesregierung wird sich auch in Zukunft energisch für die Gleichberechtigung der Frauen auf allen Gebieten einsetzen." Diese Aussage wurde von den Medien – wie beabsichtigt – aufgegriffen.

4) Gut: Der Blick nach vorn bezieht auch die Adressatinnen des Grußwortes ein.

5) Der Bundeskanzler verzichtet nicht auf den bei Grußworten üblichen „Abbinder".

Zum Dienstjubiläum

Der SPD-Partei- und Fraktionsvorsitzende Hans-Jochen Vogel gratuliert dem Vorsitzenden der Jüdischen Gemeinde zu Berlin, Heinz Galinski, zu dessen 40jährigem Jubiläum. Das Schreiben hat folgenden Wortlaut:

1) Sehr geehrter, lieber Herr Galinski,

2) zu Ihrem 40jährigen Jubiläum als Vorsitzender der Jüdischen Gemeinde zu Berlin gratuliere ich Ihnen im Namen der Sozialdemokratischen Partei Deutschlands und der Sozialdemokratischen Bundestagsfraktion, aber auch persönlich, sehr herzlich.

Wir würdigen an diesem Tag einmal mehr die großen Verdienste, die Sie sich nicht nur um die Jüdische Gemeinschaft, sondern auch um die Festigung der Demokratie in der Bundesrepublik erworben haben.

3) Mit freundlichen Grüßen
gez. Dr. Vogel

(SPD-Pressemitteilung, 1. 4. 89)

1) Formal korrekte und freundschaftlich-persönliche Anrede werden hier in Einklang gebracht. Erlaubt, wenn Sie den Empfänger Ihres Glückwunsches persönlich gut kennen, zugleich aber auch den offiziellen Charakter und Anlaß Ihres Schreibens deutlich machen wollen.

2) „Wir würdigen einmal mehr ..." soll das Gefühl vermitteln, daß es dieses Anlasses nicht bedurft hätte, um auf die Verdienste des Adressaten hinzuweisen. Dennoch hätte der Brief eine Ergänzung gut vertragen, die auf den Anlaß der Gratulation konkreten Bezug nimmt.

3) So, wie hier veröffentlicht, ist der Brief sicher nicht abgesandt worden.

Zur persönlichen Gratulation gehört die eigenhändige Unterschrift mit Vor- und Zuname! (Ausnahme: Telegramm)

Glückwünsche zur Preis- und Ordensverleihung

Die besondere Auszeichnung

KAPITEL 4.3

Wie verschieden Gratulationen zur Preis- oder Ordensverleihung angelegt werden können, wie differenziert sich gratulieren läßt, zeigt die nachstehende Auswahl.

Neben Einzelbeispielen zu anderen Anlässen hat die Redaktion bewußt Glückwünsche für ein einziges Ereignis zusammengestellt, um die Bandbreite der Möglichkeiten klarer vor Augen zu führen.

Es handelt sich um Glückwünsche aus aller Welt, die der damalige Bundeskanzler Willy Brandt im November 1971 zur Verleihung des Friedensnobelpreises erhielt. Abgesehen davon, daß auch bei so seltenen und hohen Auszeichnungen Glückwünsche auf lokaler Ebene erforderlich sind: Die Grundstrukturen der Beispiele lassen sich auch auf „kleinere" Anlässe übertragen; sei es die Verleihung eines Verdienstkreuzes oder ein Preis im Wettbewerb „Jugend forscht".

Wie lang soll der Glückwunsch sein?

Der König gratuliert, eine große alte Dame gratuliert. Mit zwei knappen Sätzen der eine, die andere mit einer einzigen Zeile. Kurz und knapp also beide, aber deshalb nicht weniger eindrucksvoll als längere Schreiben.

Es gibt keine verbindlichen Regularien für den Umfang, wohl aber einige Hinweise zur Beachtung:

- In der Regel genügt ein DIN A 4-Blatt. Nur Vorderseite beschreiben.
- Wenn Sie besonders enge Freundschaft oder Verbundenheit ausdrücken wollen, darf Ihr Schreiben auch etwas länger sein.
- Umgekehrt: Je höherrangig oder älter der Absender, umso kürzer darf die Gratulation ausfallen, ohne unhöflich zu wirken.
- Die kürzeste Form („Gratuliere, Reiner") ist nur unter engsten Freunden angebracht.

Extreme Kürze oder Länge markieren also jeweils einen besonderen Grad von Intimität.

Anders ausgedrückt: Wenn Sie den Eindruck großer Vertrautheit/Vertraulichkeit vermeiden wollen, vermeiden Sie formale Extreme.

Zum Stil

Die Wortwahl muß
- der Bedeutung des Ereignisses (Regel 1),
- der Person des Empfängers (Regel 2)
- und der Stellung des Absenders (Regel 3)

angemessen sein.

Ausland

Unsere Auswahl ausländischer Gratulanten läßt die Bedeutung der Stellung des Absenders bei der Formulierung sehr gut erkennen.
Beachten Sie die Steigerung:
- Der Diplomat (in unserer Auswahl der Botschafter des Niger) gratuliert im Namen seiner Regierung und würdigt die Verdienste des Adressaten für die bilateralen Beziehungen.
- Der Botschafter der östlichen Führungsmacht verweist über sein Land hinaus auf die Verdienste um die Entspannung zwischen den Blöcken.
- Der Präsident (hier der USA) gratuliert im Namen des Volkes und wählt die universal-globale Perspektive: „Freunde aus aller Welt".

Ich beeile mich, Ihnen meine herzlichsten Glückwünsche zur Verleihung des Friedensnobelpreises auszusprechen. Sie wissen aus unseren früheren Gesprächen, wie sehr ich mit Ihrer Aktion zur Enteisung der Ost-West-Beziehungen einverstanden bin. Nun freut es mich ungemein zu sehen, daß Ihre Bemühungen, allen Attacken zum Trotz, auf höherer internationaler Ebene anerkannt werden. Der Preis, den Sie bekommen, steht im rechten Verhältnis zum Preise, den Sie jetzt jahrelang haben zahlen müssen. Es gibt also doch noch publike Kompensationen für den unentwegten Einsatz im Dienste höherer Ideen.
Ihre Genugtuung freilich wird Sie nicht, so wie ich Sie kenne, Ihren guten Elan abbremsen lassen. Sie werden Ihr Werk fortsetzen wie bisher und dafür wünsche ich Ihnen noch größeren Mut und noch stärkere Kräfte.

Pierre Grégoire
Präsident der Abgeordnetenkammer/Luxemburg

Seit vielen Jahren rechne ich es mir zur Ehre an, Ihr persönlicher Freund zu sein. In der Stunde, in der Sie Träger einer sehr hohen, ebenso gerechtfertigten wie angemessenen Auszeichnung werden, berufe ich mich, mehr noch als auf meine Eigenschaft als Außenminister, auf dieses Vorrecht, um Ihnen meine herzlichsten Glückwünsche zu übermitteln.

Maurice Schumann
Außenminister/Frankreich

Gestatten Sie mir, Ihnen anläßlich der Verleihung des Friedensnobelpreises meine herzlichen Glückwünsche auszusprechen. Dies ist ein Zeichen eindrucksvoller Anerkennung der großen internationalen Bedeutung der Entspannungspolitik und der Verbesserung der Beziehungen zwischen der Bundesrepublik Deutschland und den sozialistischen Ländern, Anerkennung Ihrer persönlichen Bemühungen und Verdienste im großen historischen Werk – im Schaffen eines Europas des wahren Friedens.
Ich möchte Ihnen viel Kraft, Inspiration und jegliches Wohlergehen wünschen.

Valentin Falin
Botschafter der Union der Sozialistischen Sowjetrepubliken

Gestatten Sie mir, Ihnen und Ihrer Familie anläßlich der Verleihung des Friedensnobelpreises im Namen meiner Regierung, meiner Mitarbeiter und in meinem persönlichen Namen die lebhaftesten und herzlichsten Glückwünsche auszusprechen und Ihnen aus ganzem Herzen gute Gesundheit und gutes Gedeihen zu wünschen. Ihre Politik der Normalisierung unter Achtung der Grundrechte des Menschen, Ihre Bemühungen zur Verbesserung ihrer Beziehungen in der Überzeugung, damit die Welt vom Krieg zu befreien und sie neu zu gestalten, sind durch die Verleihung des Nobel-

preises geehrt worden, und mit dieser Ehrung war gewiß die Meinung verbunden, daß Sie auf diesem Wege fortfahren sollen.
Der Friede, den Sie pflegen, ist ein Unterpfand für die Entwicklung der Dritten Welt.

Ibro Kabo
Botschafter/Niger

Zu Ihrer Wahl als Träger des Friedensnobelpreises sende ich Ihnen meine und des amerikanischen Volkes herzlichsten Glückwünsche. Dies ist eine wahrhaft hervorragende Auszeichnung, die Sie in hohem Maße verdienen.
Das Geschick und die Tatkraft, mit denen Sie sich stets den schwierigen Aufgaben der Aussöhnung der Völker und Regierungen widmeten, haben das amerikanische Volk mit Bewunderung erfüllt. Sie wissen, wie anfällig der Frieden ist, und haben sich unermüdlich dafür eingesetzt, die ihn bedrohenden Kräfte zu mäßigen: Angst, Mißtrauen und Mißverständnis.
Wir schließen uns mit Freude Ihren Freunden in aller Welt an und entbieten Ihnen aus diesem glücklichen Anlaß unsere Grüße.

Richard M. Nixon
Präsident der Vereinigten Staaten von Amerika

Ich sende meine besten Wünsche. Gut!
Eleanor Dulles/USA

Kirchen

Die herausragenden Vertreter der Kirchen haben die Gratulation nicht nur als Pflichtübung verstanden. Das zeigt die ausgesuchte Wortwahl der beiden Schreiben, die herzliche Mitfreude auf jeweils besondere Weise ausdrücken.

Sowohl die Formulierung „Vom Grund meines Herzens kommt meine Mitfreude" als auch der Gruß „In herzlicher Mitfreude" kann auch von „geringeren" Absendern bei außerordentlichen Ehrungen verwendet werden.

Zu der ehrenvollen Auszeichnung mit dem Friedensnobelpreis 1971 sende ich Ihnen als Vorsitzender der Deutschen Bischofskonferenz einen herzlichen Glückwunsch. Da der Dienst der Versöhnung und das Bemühen um den Frieden die große Aufgabe der gegenwärtigen Stunde ist, freuen wir uns, daß einem deutschen Politiker diese Ehrung zuteil wurde.

Julius Kardinal Döpfner
Vorsitzender der Deutschen Bischofskonferenz

Von Grund meines Herzens kommt meine Mitfreude über die außerordentliche Ehrung, die Sie durch die Verleihung des Friedensnobelpreises erfuhren. Ich empfinde diese Freude besonders angesichts dessen, was Sie auf Ihrem ganzen Lebensweg gemeint haben. Mit Ihnen erinnere ich mich in diesem Augenblick an den schweren Weg unseres Landes seit 1945 und an die Bemühungen, Beiträge für die Versöhnung zwischen den Völkern, für die Erhaltung und die Festigung des Friedens zu leisten. Heute ist ein Tag, der uns alle in Deutschland eint in der Freude und im Dank. Aufrichtig erbitte ich Ihnen, daß Sie auf dem Wege vor Ihnen von der Gnade unseres Gottes begleitet werden, und wir mit Ihnen als Frucht Ihrer Arbeit den Segen des Friedens erfahren.

Hermann Kunst
Bischof
Bevollmächtigter des Rates der EKD

Der Tag der Bekanntgabe der hohen internationalen Anerkennung Ihres staatsmännischen Wirkens stand unter der biblischen Losung 2. Samuelis 7, 11: „Ich will Dir Ruhe geben vor allen Deinen Feinden." Gott schenke die sichtbare Erfüllung dieser Zusage für Sie, hochverehrter Herr Bundeskanzler, und für unser ganzes Volk in naher Zukunft.
In herzlicher Mitfreude

Kurt Scharf
Bischof von Berlin-Brandenburg

Mitarbeiter

Ein persönlicher Brückenschlag – wie im nachfolgenden Beispiel – ist immer ein Optimum:

Ernst Wolf Mommsen, Staatssekretär im Bundesministerium der Verteidigung:

Die Nachricht von der Verleihung des Friedensnobelpreises an Sie hat mich tief bewegt. Möge unser Land doch nun wirklich erkennen, welch große Chance in der von Ihnen geprägten Politik für uns alle liegt. Wann ist uns in unserer Geschichte überhaupt die Möglichkeit gegeben worden, einmal der Mittelpunkt einer Friedenspolitik zu sein, die nicht nur Anerkennung in der ganzen Welt gefunden, sondern sogar bereits Auswirkungen auf das Zusammenleben der Völker gezeigt hat. Möge Ihnen, hochverehrter Herr Bundeskanzler, nach dieser hohen Auszeichnung, die Sie in gleichem Maße mit Stolz und Freude erfüllen kann, die Kraft geschenkt sein, Ihr großes Werk erfolgreich zu Ende zu führen.

Da mein eigener Großvater der erste deutsche Nobelpreisträger war, darf ich mir erlauben, Ihnen die „Römische Geschichte" – in der Ausgabe der Nobelstiftung – anliegend zu überreichen. In dieser Ausgabe ist auch die Begründung für die damalige Verleihung des Nobelpreises enthalten. Theodor Mommsen war einer der großen Linksliberalen des alten deutschen Reichstages in der Gründerzeit, so daß sich hieraus vielleicht ein kleiner Brückenschlag zu Ihnen, hochverehrter Herr Bundeskanzler, dem heutigen Friedensnobelpreisträger, finden läßt.

Politische Freunde

Unter Freunden darf es, wie gesagt, durchaus ganz kurz und formlos zugehen:

William Borm, MdB/FDP:

Herzlichste Glückwünsche. Niemand ist würdiger als Sie.

... und humorvoll:

Professor Herbert Weichmann, ehemaliger Erster Bürgermeister von Hamburg:

Bürgermeister a. D. zu sein ist nicht schwer, ohne Sekretärin leben aber sehr – besonders wenn man eine unleserliche Handschrift hat. Daher nur kurz, aber sehr herzlich, aufrichtigste Glückwünsche für den Nobelpreis an den wahrhaften Nobelmann.

Politische Gegner

Dem politischen Gegner ausgerechnet dann zu gratulieren, wenn die jahrelang bekämpfte Politik ausgezeichnet wird – das ist fürwahr nicht leicht. Das zeigt zwar Format und Statur, ist aber auch ein Balanceakt (ggf. vor staunendem Publikum in aller Öffentlichkeit).

In aller Kürze, meisterhaft ausbalanciert:

Soeben höre ich, daß die Nobelpreis-Kommission des norwegischen Parlaments Ihnen den Friedensnobelpreis verliehen hat. Ich gratuliere Ihnen dazu – unbeschadet unserer sachlichen Differenzen.

Dr. Rainer Barzel
CDU-Vorsitzender

Das Schreiben selbst als Fortsetzung der politischen Fehde in der Sache nutzend – und doch zugleich die Person und die politische Absicht würdigend:

Auch ich möchte in der großen Zahl derer nicht fehlen, die Ihnen zu der hohen Ehrung des Friedensnobelpreises herzlich gratulieren.
Sie wissen, daß ich gerade die Politik, auf die das Nobelkomitee in seiner Preisverleihung hingewiesen hat, für verfehlt halte und eben nicht als friedenssichernd ansehen kann. Ich muß es daher bedauern, daß das Nobelkomitee in der Auseinandersetzung darüber Stellung bezogen hat, ob eine bestimmte Politik richtig oder falsch ist. Da die Preisverleihung aber vor allem und darüber hinaus eine Würdigung Ihrer Person und Ihres Wollens darstellt, darf ich Sie ehrlichen Herzens dazu beglückwünschen.

Karl Theodor Freiherr zu Guttenberg
MdB/CSU

Beispiele zu anderen Anlässen: Nobelpreis

Der Bundespräsident sandte an die drei mit dem Nobelpreis für Chemie ausgezeichneten deutschen Forscher Prof. Dr. Robert Huber, Martinsried, Prof. Dr. Johann Deisenhofer, Dallas/Texas und Dr. Hartmut Michel, New Haven/Connecticut, am 20. Oktober 1988 folgendes gleichlautendes Glückwunschtelegramm:

> 1) Zur Verleihung des Nobelpreises für Chemie gratuliere ich Ihnen von Herzen. Gemeinsam mit Ihren beiden mitausgezeichneten Kollegen haben Sie die Wissenschaft um bahnbrechende neue Erkenntnisse in
> 2) der Photosynthese bereichert. Mit Ihrer Leistung wie mit deren internationaler Anerkennung stehen Sie in der Tradition großer deutscher Chemiker. Sie geben damit dem hohen Niveau der deutschen Forschung Ausdruck und stärken den wissenschaftlichen Rang unseres Landes.
>
> 3) Die Freude, die wir hierüber empfinden, verbinde ich mit meinem
> 4) hohen Respekt und mit meinen besten Wünschen für Ihre weitere Wirksamkeit.
>
> Richard von Weizsäcker
> Bundespräsident

1) Wenn mehrere Personen für eine gemeinsame Leistung ausgezeichnet werden, ist es kein Mangel an Phantasie, sondern völlig korrekt, jedem Preisträger gesondert, aber allen gleichlautend zu gratulieren.

2) Natürlich ist es notwendig zu erwähnen, für welche Leistung der Preis verliehen wurde. Vernünftig, daß hier nicht der Versuch unternommen wird, eine hochkarätige wissenschaftliche Leistung im Detail zu würdigen; stattdessen erfolgt eine klare politische Würdigung durch den Hinweis auf die „Tradition".

3) Nichts Formelhaft-Steifes, sondern offensichtliche Freude schwingt im Schlußsatz mit.

4) Das Wort Wirksamkeit ist sehr ungewöhnlich in diesem Zusammenhang. Für den Normalfall angemessener: „Ihr weiteres Wirken".

Preisverleihung/Orden

Der Bundeskanzler sandte an Prof. Dr. Klaus von Klitzing, Stuttgart, zur Verleihung des Großen Verdienstkreuzes mit Stern und Schulterband des Verdienstordens der Bundesrepublik Deutschland am 21. April 1986 folgendes Telegramm:

> Sehr geehrter Herr von Klitzing,
>
> zur Verleihung des Großen Verdienstkreuzes mit Stern und Schulterband des Verdienstordens der Bundesrepublik Deutschland gratuliere ich Ihnen sehr herzlich.
>
> Mit Ihren wissenschaftlichen Arbeiten, die in der gesamten Fachwelt große Anerkennung und mit dem Nobelpreis 1985 höchste wissenschaftliche Auszeichnung erfuhren, haben Sie wesentliche Beiträge zur Weiterentwicklung Ihres Fachgebietes geleistet. Aus meiner Sicht haben Sie damit nicht zuletzt Rang und Bedeutung deutscher Wissenschaftler in der internationalen Fachwelt hervorgehoben.
>
> 1) Für Ihre weitere Arbeit, auch in der Anleitung und Ermutigung des wissenschaftlichen Nachwuchses unseres Landes, wünsche ich Ihnen viel Freude und Erfolg.
>
> Mit freundlichen Grüßen
> Ihr
> Helmut Kohl
> Bundeskanzler

1) Die im letzten Absatz enthaltene leise Mahnung, über all den Ehrungen die soziale Verpflichtung gerade des bedeutenden Wissenschaftlers nicht zu vergessen, nämlich einen Teil seiner Arbeit der „Anleitung und Ermutigung des wissenschaftlichen Nachwuchses" zu widmen, ist sachgerecht und einem demokratischen Regierungschef angemessen.

Preisverleihung/International

Der Bundespräsident sandte an Dr. Marion Gräfin Dönhoff, Hamburg, die am 25. November 1994 in Warschau mit dem „Deutsch-polnischen Preis" ausgezeichnet wurde, folgendes Glückwunschschreiben:

Sehr verehrte Gräfin Dönhoff,

1) in Dankbarkeit und hohem Respekt sende ich Ihnen meine besten Grüße zur Verleihung des diesjährigen „Deutsch-polnischen Preises" an Sie und Professor Stomma.

2) Darin findet Ihr langjähriges und stets zukunftsgerichtetes Engagement für eine gedeihliche und friedliche Nachbarschaft zwischen Deutschen und Polen seine verdiente Anerkennung. Ihrer beider Namen sind aus dem Prozeß der Aussöhnung und Verständigung zwischen Deutschen und Polen nicht mehr wegzudenken. Frühzeitig haben Sie nach der Katastrophe des zweiten Weltkrieges über einen Neubeginn nachgedacht und sich auch öffentlich dafür engagiert. Immer wieder haben Sie zum Dialog gemahnt und sind wechselseitigen Vorurteilen und Stereotypen entgegengetreten. Beispielhaft haben Sie beide Zivilcourage und persönliches Engagement vorgelebt.

3) Bitte nehmen Sie hierfür meinen herzlichen Dank, den ich mit allen guten Wünschen für die Zukunft verbinde.

Roman Herzog
Präsident der Bundesrepublik Deutschland

1) Der andere Preisträger, Professor Stomma, hat korrekterweise ein wortgleiches Schreiben erhalten, das durch die würdigende Einleitung auffällt. Nicht der Glückwunsch steht am Anfang, sondern Dankbarkeit und Respekt. Exzellent.

2) Eine sofort zum Kern der Sache kommende, treffende Würdigung in knappen, aussagekräftigen Sätzen, die höchstes Lob enthalten: „ ... nicht mehr wegzudenken".

3) Wie zu Anfang eine ungewöhnliche, sehr überlegt formulierte Dankes- und Grußadresse am Schluß.

Preisverleihung/Ausländischer Preisträger

Der Bundeskanzler sandte an Sir Edward Heath, House of Commons, London, am 27. April 1993 folgendes Glückwunschtelegramm:

> Lieber Herr Heath,
>
> zur Verleihung des Großen Verdienstkreuzes mit Stern und Schulterband des Verdienstordens der Bundesrepublik Deutschland übermittle ich Ihnen meine herzlichen Glückwünsche.
>
> 1) Durch diese Ehrung werden Ihre außerordentlichen Verdienste gewürdigt, die Sie sich als Premierminister, Vorsitzender der Konservativen Partei und in mehr als 40 Jahren parlamentarischer Tätigkeit um das Zusammenwachsen der europäischen Völker erworben haben.
>
> Der Beitritt Großbritanniens zur Europäischen Gemeinschaft, der das europäische Einigungswerk so entscheidend gestärkt hat, ist nicht zuletzt Ihrem unermüdlichen Engagement zu verdanken.
> In Ihrer langen politischen Laufbahn habe ich Sie stets als einen bewährten Freund unseres Landes kennen- und schätzengelernt, der sich in hohem Maße um die Beziehungen zwischen dem Vereinigten Königreich und der Bundesrepublik Deutschland verdient gemacht und für die Wiederherstellung der Einheit Deutschlands nachhaltig eingesetzt hat.
>
> 2) Für die kommenden Jahre begleiten Sie meine besten Wünsche.
>
> Mit freundlichen Grüßen
> Ihr
> Helmut Kohl
> Bundeskanzler der Bundesrepublik Deutschland

1) Der Bundeskanzler nimmt die Ehrung des ausländischen Politikers zum Anlaß, seinerseits eine persönliche Würdigung der Leistungen an den Glückwunsch anzuschließen – und damit die Auszeichnung auf seine Weise zu begründen.

2) Ein unprätentiöser, schnörkelloser Schlußsatz, der – wie es auch bei Preisträgern sein sollte –, nicht nur Vergangenes hervorhebt, sondern in die Zukunft weist.

Preisverleihung/Ehrendoktorwürde

Der Bundeskanzler sandte an Prof. Dr. theol. h. c. Schalom Ben-Chorin, Bonn, zur Verleihung der Ehrendoktorwürde der Katholisch-Theologischen Fakultät der Rheinischen Friedrich-Wilhelms-Universität zu Bonn am 28. April 1993 folgendes Glückwunschschreiben:

> Sehr geehrter Herr Professor Ben-Chorin,
>
> zur Verleihung der Ehrendoktorwürde der Katholisch-Theologischen Fakultät der Rheinischen Friedrich-Wilhelms-Universität zu Bonn übermittle ich Ihnen meine herzlichen Glückwünsche.
>
> 1) Mit dieser bedeutenden Auszeichnung findet Ihr unermüdlicher Einsatz für den Dialog zwischen Christen und Juden und die Verständigung zwischen Deutschland und Israel eine verdiente Würdigung.
> In Ihren Werken plädieren Sie leidenschaftlich dafür, daß Christen und Juden sich ihrer gemeinsamen geistigen Grundlage bewußt werden, ihre Glaubensgeschichte gegenseitig kennenlernen und Wege für eine aufrichtige Verständigung und Versöhnung finden. Mit Ihrem Lebenswerk haben Sie dazu beigetragen, Vorurteile abzubauen und das gegenseitige Verständnis zu fördern. Dies ist gerade für uns Deutsche Anlaß zu großer Dankbarkeit. Sie wird auch mit der Ihnen jetzt verliehenen Ehrendoktorwürde zum Ausdruck gebracht.
>
> 2) Ich wünsche Ihnen von Herzen Wohlergehen, Gesundheit und Gottes Segen.
>
> Mit freundlichen Grüßen
> Helmut Kohl
> Bundeskanzler der Bundesrepublik Deutschland

1) Der Bundeskanzler kann von einer „verdienten" Würdigung sprechen, ohne dabei anmaßend zu urteilen und zu schulmeistern. Unverfänglicher sind Formulierungen wie „Ich freue mich, daß mit dieser Auszeichnung ... gewürdigt wird."

2) Nehmen Sie die Gratulation auch zum Anlaß, in die Zukunft zu weisen und Erfolg für das weitere Wirken zu wünschen.

Preisverleihung/Managerin des Jahres

Der Bundeskanzler sandte an die Präsidentin der Treuhandanstalt, Frau Birgit Breuel, Berlin, am 25. März 1992 folgendes Glückwunschschreiben:

> Liebe Frau Breuel,
>
> 1) zu Ihrer Wahl zur „Managerin des Jahres 1992" übermittle ich Ihnen meine herzlichsten Glückwünsche.
>
> 2) Am 13. April wird es ein Jahr, seit Sie als Präsidentin die Treuhandanstalt leiten. Schon in dieser kurzen Zeit haben Sie zum Erfolg und zum Ansehen, das die Treuhandanstalt genießt, entscheidend beigetragen. Rasch privatisieren und entschlossen sanieren – im Interesse der ostdeutschen Wirtschaft und ihrer Beschäftigten – ist in der Tat eine Aufgabe, die eine „Managerin des Jahres" erfordert.
>
> Mit Ihnen steht eine Frau an der Spitze der Treuhand, die diese Aufgabe mit wirtschaftlichem Sachverstand, Entscheidungsfreude und der nötigen Durchsetzungsfähigkeit meistert.
>
> Darüber hinaus zeichnet Sie Ihr Verständnis für die Sorgen der Menschen ebenso aus wie die Fähigkeit, dort zu vermitteln und Lösungen zu finden, wo harte, für den einzelnen oft auch bittere Entscheidungen anstehen.
>
> 3) Nochmals herzlichen Glückwunsch zu der verdienten Auszeichnung!
>
> Mit freundlichen Grüßen
> Ihr
> Helmut Kohl

1) Der erste Satz kommt sprachlich etwas holprig daher. Eleganter und persönlicher: „Ich freue mich mit Ihnen über Ihre Wahl zu ... "

2) Die Preisverleihung wird zum Anlaß einer eigenen persönlichen Würdigung genommen. Gut und legitim.

3) Leider erfahren die Leser des auch auf Veröffentlichung hin konzipierten Schreibens nicht, was Adressatin und Absender wissen: wer die Wahl getroffen, die Auszeichnung verliehen hat. Erwähnen Sie dies der Vollständigkeit und Verständlichkeit halber.

Glückwünsche zu sportlichem Sieg und Höchstleistung

KAPITEL 4.4

Für Fairness und Teamgeist

- Einzelsiege und Mannschaftsleistungen
  Wintersport, Leichtathletik, Radsport, Reiten, Rudern, Schwimmen, Tennis, Fußball
- Behindertensport

Die Gratulation an einzelne Sportler oder an eine Mannschaft als Ausdruck spontaner Mitfreude ist verständlich und legitim.

Die Gratulation eines Politikers, die in der Regel veröffentlicht wird, hat jedoch zugleich zu beachten, wie sie in der Öffentlichkeit „ankommt", das heißt, interpretiert, kommentiert und verstanden wird.

In den Anfängen der deutschen Demokratie durfte Sport lange Zeit als Synonym für fairen, regelgerechten Umgang miteinander gelten. Da war Sport noch überall Amateursport.
Sportliches Verhalten konnte damals noch als eine zutiefst demokratische Tugend ausgezeichnet werden.
Und heute? Spitzensport ist heute in manchen Disziplinen reines (Show-)Geschäft.
Der gratulierende Politiker steht daher heutzutage in der Gefahr, sich zum PR-Hanswurst und Handlanger von Geschäftsinteressen zu machen.

Umgekehrt nutzen Sie als Politiker sicher gern die Öffentlichkeit, die Ihnen Ihre Gratulation verschafft. Ihr Glückwunsch-Telegramm fungiert wie eine Art Bandenwerbung im Fußballstadion.
Es sollte Ihnen aber nicht reichen, bloß namentlich genannt zu werden. Sie sollten vielmehr mit Ihrem Glückwunsch auch Politik machen. Ihr Politik könnte z. B. heißen: Sport wieder als Fairplay und Spiel zu definieren, einzufordern, und auch die Auswüchse beim Namen zu nennen.

Die Methoden, die in einzelnen Sektoren dieses Geschäfts praktiziert werden, eignen sich keineswegs immer als Vorbilder für das Zusammenleben in der staatlichen Gemeinschaft. Oft sind es gerade nicht Teamgeist und Fairplay, sondern unfaire Tricks, Brutalität und Doping, die zum Erfolg verhelfen.

Gratulieren Sie deshalb niemals „blind", sondern machen Sie sich erst sachkundig. Das heißt (leider) auch: Warten Sie bei einem sensationellen („unglaublichen") Sieg erst die Doping-Kontrollen ab. Und stellen Sie dann Ihren Text auf Fairness, Sportlichkeit und Teamgeist ab. Sportsgeist beweisen Sie, wenn Sie auch dem Gegner und Unterlegenen Lob für gute Leistung und Fairplay zollen.

50 Prozent gedopt

„Wir können davon ausgehen, daß 50 Prozent der Medaillenkandidaten weltweit noch mit unerlaubten Mitteln operieren", sagte der Leistungssportreferent des deutschen Leichtathletik-Verbandes (DLV) anläßlich der Leichtathletik-WM in Stuttgart 1993.

Unsere Auswahl
Gratulationen zu
- Einzelsiegen und Mannschaftsleistungen bei Olympischen Spielen
  - Wintersport
  - Leichtathletik, Radsport, Reiten, Rudern, Schwimmen
- Behindertensport
- weitere Sportarten: Tennis, Fußball

Olympische Spiele oder Kreismeisterschaften: Mitfreude

Bei Olympischen Spielen wird sich für Politiker auch auf lokaler Ebene immer wieder die Aufgabe stellen, vielen Sportlern zu gratulieren. Die nachstehenden Telegramme geben Beispiele dafür, wie dies individuell formuliert, frei von patriotischen Mißtönen, geschehen kann.

Für Gratulationen zu olympischen Siegen wie zum Gewinn der Kreismeisterschaft gilt:
Im Grunde wird in ihnen nur das eine Thema der Mitfreude abgewandelt. Je spontaner und unmittelbarer das geschieht, desto besser. Die Muster der folgenden Beispiele können Sie deshalb – unter Beachtung der Anmerkungen – getrost auf Ihre Zwecke übertragen.

So schön viele sportliche Erfolge sind – ein Problem stellt sich dann unausweichlich: Sie führen zu einer Inflation von Glückwünschen und beim Absender zu einer gewissen Sprachnot. Zwar kommt es im Erinnerungsalbum der Siegerinnen und Sieger auf sprachliche Vielfalt und Feinheit nicht unbedingt an – aber dennoch: Unsere Beispiele bieten zahlreiche Alternativen.
Statt vieler Einzelglückwünsche können Sie auch folgenden Ausweg wählen – oder sogar beides miteinander verbinden:

Erstens:
Einen Willkommensgruß richten Sie an die Mannschaft (siehe das nachfolgende Schreiben des Bundespräsidenten).

Der Bundespräsident sandte an Walther Tröger, Chef de Mission de la Délégation Olympique de l'Allemagne, Village Olympique de Brides-les-Bains, Albertville-Cedex, folgendes Schreiben:

Der Mannschaft des NOK für Deutschland sende ich meine besten Grüße. Erstmals nach über 40 Jahren konnten sich deutsche Athletinnen und Athleten aus West und Ost wieder gemeinsam vorbereiten und werden in einer Mannschaft starten.
Allen Olympiateilnehmern wünsche ich von Herzen einen erfolgreichen und fairen Verlauf der Spiele. Wir zu Hause werden Ihnen die Daumen halten.

Richard von Weizsäcker
Bundespräsident

Zweitens:
Bei Ende der Veranstaltung bzw. nach Rückkehr der Sportler senden Sie ein weiteres Schreiben an die Mannschaft, in dem Sie den Erfolg aller Teilnehmer/innen – auch derer, die nicht auf dem Siegertreppchen standen – würdigen (siehe das nachfolgende Schreiben des Bundeskanzlers an die deutsche Olympiamannschaft).

Der Bundeskanzler sandte an den Chef de Mission der deutschen Olympiamannschaft, Walther Tröger, zur Zeit Calgary/Kanada, folgendes Telegramm:

Lieber Herr Tröger,

die Olympischen Winterspiele 1988 sind mit einer beeindruckenden Schlußveranstaltung ausgeklungen. Ich bin sicher, daß allen Mitgliedern unserer Olympiamannschaft die ereignisreichen Tage in Calgary unvergessen bleiben werden.

Mein herzlicher Dank gilt Ihnen für Ihren konstruktiven und erfolgreichen Einsatz. Bitte übermitteln Sie diesen Dank auch an alle Aktiven und Trainer sowie an die Betreuer und die oftmals im stillen wirkenden Helfer, ohne die das Ereignis von Calgary nicht möglich gewesen wäre.

Die gesamte Olympiamannschaft der Bundesrepublik Deutschland beeindruckte durch Teamgeist, Fairneß und Leistung.

Ich wünsche Ihnen allen einen guten Flug und eine glückliche Heimkehr.

*Mit freundlichen Grüßen
Ihr
Helmut Kohl
Bundeskanzler*

Drittens:
Indem Sie – besonders wichtig und wirkungsvoll – die Sportlerinnen und Sportler zu einem Empfang einladen (siehe Schreiben des Bundeskanzlers an den Präsidenten des Deutschen Behinderten-Sportverbandes).

Der Bundeskanzler sandte an den Präsidenten des Deutschen Behinderten-Sportverbandes, Herrn Reiner Krippner, zum Abschluß der Paralympischen Winterspiele in Tignes/Frankreich, folgendes Schreiben:

Sehr geehrter Herr Präsident Krippner,

die bevorstehende Schlußfeier der Winterparalympics in Albertville/Tignes wird unsere Sportlerinnen und Sportler nochmals mit Aktiven aus einer Vielzahl von Ländern zusammenführen. Es heißt für alle, Abschied zu nehmen nach ereignisreichen Tagen, die spannende Wettkämpfe und hervorragende Leistungen gebracht haben.
Unsere Mannschaft kann zu Recht auf ihre sportlichen Erfolge stolz sein. Sehr herzlich gratuliere ich nochmals allen Medaillengewinnern, schließe dabei aber diejenigen ein, die nur knapp die begehrte Auszeichnung verfehlt haben.

Mein Dank gilt der gesamten deutschen Delegation für ihr faires und kameradschaftliches Verhalten. Der Abschied von Albertville/Tignes ist mit der Gewißheit verknüpft, Freunde über die Grenzen hinweg gewonnen zu haben. Ich bin überzeugt, daß diese Freundschaften intensiv gepflegt werden. Zugleich bitte ich aber unsere Leistungssportler, ihre Vorbildfunktion verstärkt auch in der Heimat zugunsten der Breitenwirkung des Behindertensports einzusetzen.

Schon heute freue ich mich auf unser Zusammentreffen im Mai 1992 im Bundeskanzleramt und wünsche allen eine gute Heimkehr.

*Mit freundlichen Grüßen
Ihr
Helmut Kohl
Bundeskanzler*

Olympia/Slalom

Der Bundeskanzler gratulierte Frank Wörndl zur Silbermedaille im Slalom mit folgenden Worten:

> Lieber Frank Wörndl,
>
> 1) nach zwei begeisternden Läufen haben Sie im Olympischen Slalomwettbewerb die Silbermedaille gewonnen.
>
> Beherzt und mit optimalem Rhythmus meisterten Sie den schwierig gesteckten Stangenwald.
>
> 2) Sehr herzlich gratuliere ich Ihnen zu dieser phantastischen Leistung.
>
> Alles Gute und freundliche Grüße
> Ihr Helmut Kohl
> Bundeskanzler

1) Dieser Absatz gibt bildhaft und spontan den optischen Eindruck der Fernsehübertragung wieder. Störend allerdings der Tempuswechsel (statt „meisterten Sie" müßte es heißen „haben Sie gemeistert"). Und was heißt schon „optimal"? Das objektiv Beste oder nur das subjektiv Bestmögliche? Eine schwammige Vokabel! Sie sollten dieses Wörtchen deshalb, wo immer es auftaucht, streichen. – Im übrigen ist es hier auch inhaltlich problematisch: Hätte eine noch harmonischere Schwungfolge nicht zur Goldmedaille geführt?

2) „Phantastisch" – das klingt nach Fabelrekord! Bei einer Silbermedaille unangemessen! „Zu dieser hervorragende Leistung" oder „zu diesem hervorragenden Erfolg" wäre besser gewesen.

(Calgary 1988)

Olympia/Biathlon

Der Bundeskanzler sandte an Ricco Groß, z. Zt. Albertville, folgendes Glückwunschtelegramm:

> Lieber Ricco Groß,
>
> 1) beim Biathlon der Männer über 10 Kilometer bei den Olympischen Winterspielen von Albertville haben Sie mit größtem Einsatz gekämpft und die Silbermedaille gewonnen.
> Ich freue mich sehr über diese herausragende Leistung und gratuliere
> 2) ganz herzlich. Für die kommenden Aufgaben wünsche ich alles Gute.
>
> Mit freundlichen Grüßen
> Ihr
> Helmut Kohl
> Bundeskanzler

1) Ein Glückwunsch, der ohne Umschweife zur Sache kommt und – auch für Außenstehende – alle nötigen Informationen im ersten Satz enthält: wobei, wo, was gewonnen.

2) Ein einfühlsamer und kenntnisreicher Schlußsatz, der auf weitere sportliche Wettkämpfe verweist.

(Albertville 1992)

Olympia/Eisschnelllauf

Der Bundeskanzler sandte an Uwe-Jens Mey, z. Zt. Albertville, folgendes Glückwunschtelegramm:

Lieber Uwe-Jens Mey,

1) Ihren Ruf als Ausnahmesprinter haben Sie erneut eindeutig unter Beweis gestellt und zum zweiten Male die olympische Goldmedaille über 500 Meter im Eisschnelllauf gewonnen.

2) Ich gratuliere Ihnen sehr herzlich zu Ihrer herausragenden Leistung und wünsche für die kommenden Aufgaben viel Erfolg.

Mit freundlichen Grüßen
Ihr
Helmut Kohl
Bundeskanzler

1) Ein zusätzliches Kompliment neben dem Glückwunsch zum Medaillensieg – das wird den Empfänger besonders gefreut haben.

2) Ein erster Platz, eine Goldmedaille, verdient in jedem Fall das Prädikat „herausragend".

(Albertville 1992)

Olympia/Rodeln (Mannschaft)

Bundeskanzler Helmut Kohl sandte anläßlich der Bronzemedaille für den Doppelsitzer der Rennrodler folgendes Telegramm:

1)

> Lieber Thomas Schwab, lieber Wolfgang Staudinger,
>
> ich gratuliere Ihnen sehr herzlich zum Gewinn der Bronzemedaille in der Doppelsitzer-Konkurrenz der Rennrodler.
>
> Nach Ihren vielen gemeinsam erkämpften nationalen und internationalen Erfolgen nun diese großartige Leistung im Olympischen Eiskanal von Calgary. Ich freue mich mit Ihnen.
>
> Alles Gute und herzliche Grüße
> Ihr
> Helmut Kohl
> Bundeskanzler

1) Ein einfaches Telegramm, in dem jedes Wort „sitzt". „Ich freue mich mit Ihnen", solche herzlichen, einfachen, ungekünstelten Sätze bezeichnen die Stilebene, die bei diesen Gelegenheiten angemessen ist; sie wirken am besten, wenn sie – wie hier – am Schluß stehen.

(Calgary 1988)

Olympia/Nordische Kombination (Mannschaft)

Glückwunschschreiben des Bundeskanzlers anläßlich der Goldmedaille in der Nordischen Kombination:

> Lieber Hans-Peter Pohl, lieber Hubert Schwarz, lieber Thomas Müller,
>
> **1)** zu Ihrem großartigen Sieg in der Nordischen Kombination und dem Gewinn der Olympischen Goldmedaille gratuliere ich Ihnen sehr herzlich.
>
> Gegen schärfste Konkurrenz haben Sie bewiesen, was ein Team, in dem jeder für den anderen kämpft, erreichen kann.
>
> Ich versichere Ihnen, daß der Jubel, der Ihnen von den deutschen Schlachtenbummlern am Ziel entgegenschlug, in der Heimat widerhallt.
>
> **2)** Wir sind alle stolz auf Sie.
>
> Herzliche Grüße und alles Gute
> Ihr
> Helmut Kohl
> Bundeskanzler

1) Beim Gewinn einer Goldmedaille darf der Text natürlich etwas „länger" sein als bei Silber und Bronze. „Widerhallt" klingt allerdings ein wenig zu dick aufgetragen!

2) Statt: „Wir sind alle stolz auf Sie" würde hier: „Wir freuen uns alle mit Ihnen" besser gefallen.

(Calgary 1988)

Olympia/Biathlon (Mannschaft)

Der Bundeskanzler sandte an Ricco Gross, z. Zt. Albertville, folgendes Glückwunschtelegramm:

> Lieber Rico Gross,
>
> 1) sehr herzlich gratuliere ich Ihnen zur olympischen Goldmedaille in der 4 x 7,5 Kilometer Biathlon-Staffel, die Sie zusammen mit Jens Steinigen, Mark Kirchner und Fritz Fischer gewonnen haben.
>
> 2) Dieser hervorragende Mannschaftserfolg wurde möglich, weil jeder von Ihnen sein Bestes gegeben und sich für den anderen eingesetzt hat. Sie können überzeugt sein, daß Sie mit dieser Leistung viele
> 3) weitere Freunde für Ihre Sportdisziplin gewonnen haben.
>
> Mit freundlichen Grüßen
> Ihr
> Helmut Kohl
> Bundeskanzler

1) Ein schnörkelloser, herzlicher Glückwunsch, den – gleichlautend – alle Sieger je einzeln für das persönliche Erinnerungsalbum erhalten haben.

2) Vorbildlich: Hier werden die besten Seiten des Sports betont – indirekt eine Beziehung zu demokratischen Tugenden.

3) Die Feststellung, daß der Sieg der Sportart zu neuen Freunden verholfen hat, ist bei weniger populären Disziplinen eine zusätzliche Anerkennung.

(Albertville 1992)

Olympia/Kunstspringen

Der Bundeskanzler sandte an Albin Killat, Olympic Village, Seoul, nachstehendes Telegramm:

> Lieber Albin Killat,
>
> 1) äußerst knapp haben Sie im Kunstspringen die Olympische Bronzemedaille verfehlt. Freuen Sie sich über Ihren Erfolg, zu dem ich Ihnen herzlich gratuliere.
>
> Mit freundlichen Grüßen
> Ihr
> Helmut Kohl
> Bundeskanzler

1) Eine noble und nette Geste, einem Sportler zu einem persönlichen Erfolg zu gratulieren, auch wenn ihm der offizielle sportliche Lorbeer versagt geblieben ist. Beispielhaft! Insbesondere auch für Kommunal- und Lokalpolitiker.

(Seoul 1988)

Olympia/Florett

Der Bundeskanzler sandte anläßlich der Goldmedaille im Florett-Einzel an Anja Fichtel, der Silbermedaille an Sabine Bau und der Bronzemedaille an Zita Funkenhauser folgende Telegramme:

Wieder ein Spezialfall – diesmal drei Sportlerinnen aus einem Team, die gleich alle drei Medaillenränge belegt haben. Durchaus angemessen formuliert, mit einigen Schwächen:

> Liebe Anja Fichtel,
>
> zur Olympischen Goldmedaille im Florett-Einzel gratuliere ich Ihnen sehr herzlich.
>
> Ich freue mich mit Ihnen über Ihre kämpferische Leistung, die zum größten Erfolg in Ihrer bisherigen Laufbahn führte.
>
> 1) Auch war es beeindruckend, Sie mit Ihren Vereinskameradinnen in gemeinsamer Freude bei der Siegerehrung zu erleben.
>
> Alles Gute und freundliche Grüße
> Ihr
> Helmut Kohl
> Bundeskanzler

1) Hölzern – gedrechselt! Besser: „Und dann noch Silber und Bronze für Ihre Vereinskameradinnen! Wenn das kein Grund zum Jubeln ist!"

(Seoul 1988)

> Liebe Sabine Bau,
>
> 1) zum Gewinn der Olympischen Silbermedaille gratuliere ich Ihnen ganz herzlich.
>
> 2) Ich freue mich mit Ihnen über Ihren großen Erfolg, auf den Sie zu Recht stolz sein können.
>
> 3) Auch war es beeindruckend, Sie mit Ihren Vereinskameradinnen in gemeinsamer Freude bei der Siegerehrung zu erleben.
>
> Alles Gute und freundliche Grüße
> Ihr
> Helmut Kohl
> Bundeskanzler

> Liebe Zita Funkenhauser,
>
> 1) zum Gewinn der Olympischen Bronzemedaille gratuliere ich Ihnen herzlich. Spannender konnte der Kampf um den dritten Platz wirklich nicht geführt werden.
>
> 2) Ich freue mich mit Ihnen über Ihren Erfolg.
>
> 3) Auch war es beeindruckend, Sie mit Ihren Vereinskameradinnen in gemeinsamer Freude bei der Siegerehrung zu erleben.
>
> Alles Gute und freundliche Grüße
> Ihr
> Helmut Kohl
> Bundeskanzler

1) Wenn Sie die ersten Absätze vergleichen (auch mit dem vorangehenden Glückwunsch zur Goldmedaille), erkennen Sie die Abstufungen: Gold „sehr herzlich", Silber „ganz herzlich", Bronze „herzlich".

2) Gleiche Abstufung im zweiten Absatz: Gold „zum größten Erfolg", Silber „zum großen Erfolg", Bronze „über Ihren Erfolg".

3) Anders der Schlußsatz, er ist überall gleich. Das unterstreicht: Hier wird ein Team geehrt.

(Seoul 1988)

Olympia/Degen

Der Bundeskanzler sandte an Arnd Schmitt, Seoul, anläßlich der Goldmedaille im Degen-Einzel folgendes Telegramm:

> Lieber Arnd Schmitt,
>
> zum Gewinn der Olympischen Goldmedaille im Degen-Einzel gratuliere ich Ihnen sehr herzlich.
>
> 1) Es war bis zum Schluß ein äußerst spannender Wettkampf, wobei ich vor allem Ihre Nervenstärke bewundert habe. Ich freue mich mit Ihnen über Ihren Erfolg.
>
> Alles Gute und freundliche Grüße
> Ihr
> Helmut Kohl
> Bundeskanzler

1) Ein unaufdringliches Lob, das die für den Sieg ausschlaggebende Leistung, nämlich die Nervenstärke des Sportlers, in den Mittelpunkt stellt. Diese Leistung kann der Politiker auch besser nachvollziehen als die sportliche Qualifikation. Das allerdings könnte gesagt werden: „.... wobei ich vor allem die Nervenstärke bewundert habe, die ich mir in manchen politischen Auseinandersetzungen auch wünsche."

(Seoul 1988)

Olympia/Reiten

Der Bundeskanzler sandte an Nicole Uphoff, Seoul, anläßlich der Goldmedaille im Dressur-Reiten folgendes Telegramm:

> 1) Liebe Nicole Uphoff,
>
> der Triumph für Sie ist vollkommen. Souverän gewannen Sie mit Ihrem Pferd Rembrandt in der Dressur auch die Olympische Goldmedaille in der Einzelwertung.
>
> Meine herzlichsten Glückwünsche zu dieser Leistung.
>
> Mit freundlichen Grüßen
> Ihr
> Helmut Kohl
> Bundeskanzler

1) Kein überflüssiges Wort, aber jedes paßt als Anerkennung einer großen sportlichen Leistung: so souverän wie der sportliche Erfolg.

(Seoul 1988)

Olympia/Radsport

Der Bundeskanzler sandte anläßlich der Silbermedaille im Radsport an Jutta Niehaus und Bernd Gröne, sowie anläßlich der Bronzemedaille an Christian Henn folgende Glückwunschtelegramme:

> 1)
>
> Liebe Jutta Niehaus,
>
> nach Ihrem kraftvollen Endspurt haben Sie im Radsport in der Straßenkonkurrenz die Silbermedaille gewonnen.
>
> Ich gratuliere Ihnen ganz herzlich zu diesem Erfolg und wünsche für die Zukunft alles Gute.
>
> Mit freundlichen Grüßen
> Ihr
> Helmut Kohl
> Bundeskanzler

1) „ ... und wünsche für die Zukunft ..." – jetzt ist der Empfänger gespannt, was kommt. Er erwartet etwas, das auf ihn persönlich zugeschnitten ist. Statt dessen folgt die hilflose Floskel „alles Gute". Besser: „... weiterhin so tolle Erfolge!" oder: „... daß Ihnen dieser Gewinn die harten Strapazen versüßt, die eine Spitzensportlerin Tag für Tag auf sich nehmen muß."

(Seoul 1988)

> Lieber Bernd Gröne,
>
> 1) zu Ihrem großen Erfolg, dem Gewinn der Olympischen Silbermedaille, gratuliere ich Ihnen ganz herzlich.
>
> Während des gesamten Rennens haben Sie immer aufs Neue Ihre Chance gesucht und verwirklicht. Ich freue mich mit Ihnen und wünsche alles Gute.
>
> Mit freundlichen Grüßen
> Ihr
> Helmut Kohl
> Bundeskanzler

1) Welches Rennen, welche Sportart, ist gemeint? Zumindest für Dritte (also bei Veröffentlichung) ungünstig, weil unpräzise Formulierung! Seien Sie eindeutig!

> Lieber Christian Henn,
>
> 2) im Spurt der Verfolger haben Sie die Olympische Bronzemedaille im Straßenfahren gewonnen.
>
> Ich freue mich über Ihren Erfolg und gratuliere herzlich.
>
> Alles Gute und freundliche Grüße
> Ihr
> Helmut Kohl
> Bundeskanzler

2) So ist es richtig.

Sportlicher Sieg und Höchstleistung

Olympia/Schwimmen

Telegramm des Bundeskanzlers anläßlich der Goldmedaille im Schwimmen an Michael Groß:

> Lieber Michael Groß,
>
> 1) meine herzlichen Glückwünsche zum Gewinn der Goldmedaille im 200-Meter-Schmetterling.
>
> Mit hohem kämpferischen Einsatz haben Sie den Endlauf bestritten und sind souverän Olympiasieger geworden.
>
> Alles Gute und freundliche Grüße
> Ihr
> Helmut Kohl
> Bundeskanzler

1) Kurz und knapp im Telegrammstil: So sitzt die Gratulation! Selbst die Formulierung „Alles Gute" wirkt hier unaufdringlich.

(Seoul 1988)

Olympia/Schwimmen (Mannschaft)

Glückwunschschreiben des Bundeskanzlers an die Gewinner der Bronzemedaille in der 4 x 200-Meter-Freistilstaffel:

Lieber Michael Groß,

zum Gewinn der Bronzemedaille in der 4 x 200-m-Freistilstaffel gratuliere ich herzlich. Ich freue mich über Ihren gemeinsam mit Erik Hochstein, Thomas Fahrner und Rainer Henkel erreichten Erfolg.

Alles Gute und freundliche Grüße
Ihr
Helmut Kohl
Bundeskanzler

Lieber Erik Hochstein,

zum Gewinn der Bronzemedaille in der 4 x 200-m-Freistilstaffel gratuliere ich herzlich. Ich freue mich über Ihren gemeinsam mit Thomas Fahrner, Michael Groß und Rainer Henkel erreichten Erfolg.

Alles Gute und freundliche Grüße
Ihr
Helmut Kohl
Bundeskanzler

Lieber Rainer Henkel,

zum Gewinn der Bronzemedaille in der 4 x 200-m-Freistilstaffel gratuliere ich herzlich. Ich freue mich über Ihren gemeinsam mit Erik Hochstein, Thomas Fahrner und Michael Groß erreichten Erfolg.

Alles Gute und freundliche Grüße
Ihr
Helmut Kohl
Bundeskanzler

Lieber Thomas Fahrner,

zum Gewinn der Bronzemedaille in der 4 x 200-m-Freistilstaffel gratuliere ich herzlich. Ich freue mich über Ihren gemeinsam mit Michael Groß, Rainer Henkel und Erik Hochstein erreichten Erfolg.

Alles Gute und freundliche Grüße
Ihr
Helmut Kohl
Bundeskanzler

---

1) Daß jeder Beteiligte einer Staffel gesondert einen Glückwunsch erhält, ist eine aufmerksame Geste.

2) Daß in diesem Fall alle Telegramme textidentisch sein müssen, bedarf keiner weiteren Erklärung. Das Folgebeispiel (Military) zeigt jedoch die Ausnahme von der Regel!

(Seoul 1988)

Olympia/Reiten (Mannschaft)

Anläßlich der Goldmedaille in der Military sandte der Bundeskanzler folgende Telegramme:

> Lieber Claus Erhorn,
>
> herzlichen Glückwunsch zur Goldmedaille, die Sie gemeinsam mit Ihren Kameraden in der Military gewonnen haben.
>
> 1) Dabei haben Sie uneigennützig auf Ihre Chance, einen Medaillenrang in der Einzelwertung zu belegen, verzichtet.
>
> 2) Ich freue mich über den Erfolg der deutschen Equipe, der nach den gezeigten Leistungen in Dressur und Geländeritt im abschließenden Springen überzeugend ausfiel.
>
> Herzliche Grüße und alles Gute
> Ihr
> Helmut Kohl
> Bundeskanzler

> Lieber Matthias Baumann,
>
> herzlichen Glückwunsch zur Goldmedaille, die Sie gemeinsam mit Ihren Kameraden in der Military gewonnen haben.
>
> Ich freue mich über den Erfolg der deutschen Equipe, der nach den gezeigten Leistungen in Dressur und Geländeritt im abschließenden Springen überzeugend ausfiel.
>
> Herzliche Grüße und alles Gute
> Ihr
> Helmut Kohl
> Bundeskanzler
>
> 3)

1) Alle Telegramme sind gleichlautend formuliert – bis auf eine Ausnahme. Dieser Absatz erklärt, warum!

2) Der lange Nebensatz – zumal mit der unglücklichen Formulierung „überzeugend ausfiel" – vermag ganz und gar nicht zu überzeugen. Warum nicht weglassen?

3) Diese „Normalausführung" erhielten auch die anderen drei Reiter.

(Seoul 1988)

Olympia/Rudern (Mannschaft)

Glückwunschtelegramm des Bundeskanzlers an die Mannschaft des Deutschland-Achters anläßlich des Gewinns der Olympischen Goldmedaille:

> Lieber Thomas Möllenkamp, lieber Matthias Mellinghaus, lieber Eckhard Schultz, lieber Ansgar Wessling, lieber Armin Eichholz, lieber Thomas Domian, lieber Dr. Wolfgang Maennig, lieber Bahne Rabe, lieber Manfred Klein,
>
> 1) meine ganz herzlichen Glückwünsche zum Gewinn der Olympischen Goldmedaille im "Deutschland-Achter".
>
> Das große Ziel ist erreicht: In der Favoritenrolle startend und nach spannenden Bord-an-Bord-Kämpfen haben Sie den Vorsprung souverän ins Ziel gefahren.
>
> 2) Ich freue mich mit Ihnen allen und wünsche für die Zukunft alles Gute.
>
> Mit freundlichen Grüßen
> Ihr
> Helmut Kohl
> Bundeskanzler

1) Ein situationsgerechtes Telegramm ...

2) ... bis auf die beiden Wörtchen „alles Gute". Den siegreichen Sportlern hätte man Persönlicheres mit auf den Weg geben können: Wünsche für weitere sportliche Erfolge zum Beispiel.

(Seoul 1988)

Olympia/Rudern

Der Bundeskanzler sandte an Peter-Michael Kolbe anläßlich der Silbermedaille im Rudern folgendes Telegramm:

1)
> Lieber Peter-Michael Kolbe,
>
> zum Gewinn der Olympischen Silbermedaille gratuliere ich Ihnen ganz herzlich.
>
> Ich habe mich über Ihre Leistung gefreut und wünsche alles Gute.
>
> Mit freundlichen Grüßen
> Ihr
> Helmut Kohl
> Bundeskanzler

1) Sehr glatt und routiniert – es fehlt ein Wort der persönlichen Zuwendung, gar der Hinweis auf die Sportart, der mit Blick auf die Veröffentlichung des Telegramms erforderlich ist. Warum nicht wenigstens: „.... und wünsche Ihnen, daß Sie weiter auf Erfolgskurs rudern."

(Seoul 1988)

Tennis

Der Bundeskanzler sandte an Stefanie Graf, Brühl, am 5. Juli 1992 folgendes Glückwunschtelegramm:

> Liebe Steffi Graf,
>
> meine herzlichen Glückwünsche zu Ihrem Sieg in Wimbledon.
>
> 1) Von Beginn des Finales an war Ihr unbedingter Wille zu spüren, Ihren Titel zu verteidigen und auch 1992 den Centre Court als Gewinnerin des Damen-Einzels zu verlassen.
>
> 2) Mit diesem Erfolg, mit Ihrer großartigen Leistung, haben Sie eine lange, für Sie sehr schwierige Phase abgeschlossen.
> Die Sympathien der Menschen waren auf Ihrer Seite: Dies nicht nur, weil Sie ein hervorragendes Spiel gezeigt haben. Ihre Einstellung, Ihr
> 3) Kampfgeist und zugleich Ihre Menschlichkeit haben die Tennis-Welt für Sie eingenommen.
>
> Für die Zukunft wünsche ich Ihnen persönlich und sportlich alles Gute.
>
> Mit freundlichen Grüßen
> Ihr
> Helmut Kohl
> Bundeskanzler

1) Ein einfühlsamer, kenntnisreicher Glückwunsch, der ...

2) ... nicht nur die sportlichen Leistungen anspricht – sehr geschickt: indirekt auch die des Vorjahres! –, sondern auch auf die Persönlichkeit der Sportlerin eingeht.

3) „Menschlichkeit" ist allerdings ein sehr großes Wort für die junge Adressatin. Besser: „sympathische Fairneß" oder „Persönlichkeit".

Tennis

Der Bundeskanzler sandte an Boris Becker, Leimen, am 6. Dezember 1988 folgendes Glückwunschtelegramm:

> Lieber Boris Becker,
>
> 1) nach einem spannenden Endspiel mit begeisterndem Tennis haben Sie das Masters-Turnier in New York gewonnen. Sehr herzlich gratuliere ich Ihnen zu dieser überzeugenden Leistung und diesem hervorragenden Ergebnis.
>
> 2) Für die Daviscup-Spiele in der nächsten Woche wünsche ich Ihnen und unserer Mannschaft schon heute allen Erfolg.
>
> Mit freundlichen Grüßen
> Ihr
> Helmut Kohl
> Bundeskanzler

1) Gut: Leistung und Ergebnis, die gemeinsam den Erfolg ausmachen, werden getrennt angesprochen und gewürdigt.

2) Sehr gut: Ermunternde Worte für die nächste sportliche Herausforderung, die zugleich die gesamte Mannschaft einbeziehen.

Fußball (Club)

Der Bundeskanzler sandte an den Präsidenten des FC Bayern München, Prof. Dr. Scherer, München, im Juni 1989 folgendes Glückwunschtelegramm:

> Sehr geehrter Herr Professor Scherer,
>
> 1) herzlich gratuliere ich zum Gewinn der Deutschen Fußballmeisterschaft 1988/89. Bitte übermitteln Sie den Spielern, dem Trainer und Vorstand, sowie allen, die diesen großartigen nationalen Erfolg möglich gemacht haben, meine Glückwünsche.
>
> Mit dem FC Bayern hat der deutsche Fußball einen Meister, der bereits früh die Ansprüche auf den Titel angemeldet und dank seines erfolgreichen mannschaftsdienlichen Spiels das große Ziel auch erreicht hat.
>
> 2) Für die kommenden nationalen und internationalen Aufgaben wünsche ich viel Erfolg, zunächst aber nach dieser guten Saison unbeschwerte und erholsame Urlaubstage.
>
> Mit freundlichen Grüßen
> Ihr
> Helmut Kohl
> Bundeskanzler

1) Wichtig: Gerade weil das Telegramm an den Präsidenten, nicht an die gesamte Mannschaft adressiert ist, muß der Glückwunsch expressis verbis an alle Beteiligten gerichtet werden.

2) Gut: Nicht nur Leistung und Erfolg ansprechen, sondern auch den verdienten Urlaub.

Fußball (Damen)

Glückwunschschreiben des Bundeskanzlers anläßlich des Gewinns der Europameisterschaft 1989 der deutschen Fußball-Nationalmannschaft der Damen:

> Sehr geehrter Herr Neuberger,
>
> 1) zum Gewinn der Europameisterschaft durch die deutsche Fußball-Nationalmannschaft der Damen gratuliere ich sehr herzlich. Bitte übermitteln Sie den Spielerinnen, dem Trainer und allen, die Anteil an diesem großartigen Erfolg haben, meine Glückwünsche.
>
> Ich bin begeistert über den in seiner Höhe verdienten Finalsieg und die Art und Weise, wie er herausgespielt wurde. Die gesamte Mannschaft zeichnete sich durch Einsatzfreude, technisches Können und Geschlossenheit aus.
>
> 2) Dem Deutschen Fußballbund wünsche ich weiterhin sportliche Erfolge.
>
> Mit freundlichen Grüßen
> Ihr
> Helmut Kohl
> Bundeskanzler

1) Können Damen eine Mannschaft bilden? Das englische „Team" wäre hier eleganter gewesen.

2) Welche Erfolge sonst als „sportliche"? Hier fehlt eine qualifizierende Bemerkung, z. B. „wünsche ich weiterhin so erfreuliche Erfolge, die das Publikum wieder für den Fußball begeistern können".

Weitere Gratulationen zu Höchstleistungen finden Sie in Kapitel 4.3.: „Glückwünsche zur Preis- und Ordensverleihung: Die besondere Auszeichnung."

Behindertensport

Behindertensport ist längst keine Randerscheinung mehr: Leistung und Ansehen dieser Sportlerinnen und Sportler steigen ständig. Und sie verdienen – wegen ihrer ermutigenden Vorbildfunktion – die öffentliche Anerkennung noch mehr als jene Spitzenathleten und Spitzenverdiener, denen der Applaus von vornherein sicher ist.

Beachten Sie auch das Schreiben des Bundeskanzlers an den Präsidenten des Deutschen Behinderten-Sportverbandes zu Beginn dieses Kapitels.
Die folgenden fünf Glückwunschschreiben des Bundeskanzlers anläßlich der Winterparalympics in Tignes/Frankreich 1992 zeigen, wie Sie individuell, mit jeweils anderen Worten und ohne falsches Pathos gratulieren.

1)
> Lieber Gerd Schönfelder,
>
> die Winterparalympics in Albertville/Tignes verlaufen für Sie äußerst erfolgreich. Ich gratuliere sehr herzlich zur zweiten Goldmedaille, die Sie in der Abfahrt gewonnen haben.
>
> Mit freundlichen Grüßen
> Ihr
> Helmut Kohl
> Bundeskanzler

1) Ein sachlich-herzlicher Tonfall, der alle folgenden Glückwünsche auszeichnet. Bei behinderten Sportlern gilt – wie auch sonst –: Vermeiden Sie falsche Töne durch übertriebene Formulierungen.

1)
> Lieber Karl Lotz,
>
> herzlich gratuliere ich Ihnen zum Gewinn der Bronzemedaille im Riesenslalom bei den Winterparalympics in Albertville/Tignes. Ich freue mich mit Ihnen über diesen herausragenden internationalen Erfolg und wünsche für die Zukunft alles Gute.
>
> Mit freundlichen Grüßen
> Ihr
> Helmut Kohl
> Bundeskanzler

1) Auch hier: Vorbehaltlose Mitfreude – variantenreich formuliert.

> Lieber Markus Pfefferle,
>
> bei den Winterparalympics haben Sie auch im Riesenslalom der Herren erfolgreich abgeschnitten und Ihre Leistungsstärke erneut unter Beweis gestellt. Ich gratuliere Ihnen ganz herzlich zur Silbermedaille.
>
> Mit freundlichen Grüßen
> Ihr
> Helmut Kohl
> Bundeskanzler

1) Auch hier ist der Ton richtig getroffen. In diesem Beispiel steht der Glückwunsch am Schluß. So erhält die Gratulation noch mehr Gewicht.

> Lieber Frank Höfle,
>
> meine herzlichsten Glückwünsche zum Gewinn der dritten Goldmedaille bei den Winterparalympics 1992. Ich bewundere Ihre Leistungsstärke und Ihren Einsatz und freue mich mit Ihnen über Ihre Erfolge.
>
> Mit freundlichen Grüßen
> Ihr
> Helmut Kohl
> Bundeskanzler

> Lieber Alexander Spitz,
>
> meine herzlichsten Glückwünsche zum Gewinn der dritten Medaille bei den Winterparalympics 1992. Durch Ihren Sieg im Riesenslalom gehören Sie zu den erfolgreichsten Athleten unserer Mannschaft.
>
> Mit freundlichen Grüßen
> Ihr
> Helmut Kohl
> Bundeskanzler

1) So unterschiedlich, aber in jedem Fall persönlich-anerkennend, läßt sich Dreifach-Siegern gratulieren.

Glückwünsche zum Wahlsieg und Amtsantritt

An Politiker(innen), Funktionäre, Vorsitzende ...

KAPITEL 4.5

Ohne Wahlen keine Demokratie. Ohne Demokratie keine Wahlen. Gratulationen zur Wahl in ein Regierungs- oder ein anderes hohes Amt, zum Amtsantritt oder auch zu einem erfolgreichen Abstimmungsergebnis gehören deshalb zum besten demokratischen Brauch.

Drei Stufen ...

Als Grundregel gilt: Allen, mit denen Sie zusammenarbeiten oder Gemeinsamkeiten pflegen, sollten Sie gratulieren: Gleichrangigen, Höhergestellten wie auch auf der politischen Leiter (noch?) weiter unten Stehenden und selbstverständlich auch Wahlsiegern aus anderen politischen Lagern.

Die wesentlichen Merkmale:

- das demokratische Element, den Respekt vor der Mehrheitsentscheidung betonen
- Wunsch nach (weiterhin) guter Zusammenarbeit deutlich aussprechen; bei Wiedergewählten an bisherige Gemeinsamkeiten anknüpfen; wenn möglich, an ein konkretes Vorhaben, einen gemeinsamen Erfolg, erinnern
- abschließender Wunsch für persönliches Wohlergehen und erfolgreiche Arbeit für das Gemeinwohl

Was tun, wenn Sie zwar möglichst unter den ersten Gratulanten sein wollen, aber nicht sicher wissen, wer das Rennen machen wird?
Machen Sie's wie der Bundeskanzler bei der US-Präsidentschaftswahl 1992. Vorsichtshalber ließ er zwei Glückwunschschreiben vorbereiten: eines, falls Bush gewinnen sollte, das andere, wenn der Sieger – wie geschehen – Clinton heißen sollte – und das dann als „Erklärung des Bundeskanzlers", als Variante zum Wortlaut der Glückwunschadresse, veröffentlicht wurde **(Beispiel A)**.

Nicht vergessen ...

In diesem Fall sollten Sie nicht vergessen, als Zeichen der Verbundenheit einige Zeilen an den scheidenden Amtsinhaber zu senden **(Schreiben B)**.

Wenn – wie im Fall USA – auch ein Vizepräsident gewählt wurde, sollten Sie auch ihm in einem gesonderten Schreiben persönlich Glück wünschen **(Schreiben C)**.

Wenn Wahl und Amtsantritt zeitlich auseinanderfallen, können Sie erneut zum Amtsantritt gratulieren **(Schreiben D)**.

Die US-Präsidentschaftswahl und die Reaktionen deutscher Gratulanten zeigen, wie alle drei Aspekte berücksichtigt wurden.

Wahl (Politiker/Ausland)

Der Bundeskanzler erklärte zum Ausgang der US-Präsidentschaftswahl im November 1992:

> Heute früh habe ich Gouverneur William Clinton zu seinem Wahlsieg gratuliert. Ich habe dabei zum Ausdruck gebracht, daß ich mich auf eine gute Zusammenarbeit und ein baldiges Zusammentreffen mit ihm freue. Gleichzeitig habe ich die existentielle Bedeutung unserer Beziehungen mit den Vereinigten Staaten von Amerika bekräftigt. Es ist mein Wunsch, daß wir die enge transatlantische Freundschaft verstärken. Es gilt, über die bewährte Sicherheitspartnerschaft im Atlantischen Bündnis hinaus unsere Zusammenarbeit in Wirtschaft, Wissenschaft und Kultur weiter zu vertiefen.
>
> Wir brauchen den engen Schulterschluß mit den Vereinigten Staaten von Amerika auch in der Zukunft. Dies ist um so wichtiger, als wir nach dem Ende des Ost-West-Konflikts vor neuen Herausforderungen stehen. Noch haben sich unsere Hoffnungen auf eine friedlichere Welt und auf die Durchsetzung von Menschenrechten, Demokratie und Marktwirtschaft überall in Europa und der Welt nicht erfüllt.
>
> Ich wünsche dem künftigen amerikanischen Präsidenten William Clinton Glück und Gottes Segen für sein neues Amt.
>
> Ich möchte bei dieser Gelegenheit die Leistungen von Präsident George Bush für die deutsch-amerikanischen Beziehungen und seine großen Verdienste um die Überwindung des Ost-West-Konflikts und die Wiedervereinigung Deutschlands würdigen. George Bush war und ist ein guter Freund Deutschlands und der Deutschen. Wir haben allen Grund, ihm und seiner Regierung dankbar zu sein.

A

Diese Erklärung des Kanzlers enthält alle Elemente: Glückwunsch, Wunsch nach weiterer guter Zusammenarbeit (Kontinuität), verbunden mit einer zentralen politischen Aussage, abschließender Wunsch für persönliches Wohlergehen und erfolgreiches Wirken im neuen Amt sowie Dank an den Vorgänger im Amt.

Wahl (Politiker/Ausland)

Der Bundesminister das Auswärtigen schrieb am 4. November 1992 an den Gouverneur von Arkansas, Bill Clinton, folgenden Brief:

1) Sehr geehrter Herr Gouverneur!

Zu Ihrer Wahl zum Präsidenten der Vereinigten Staaten von Amerika möchte ich Ihnen meine herzlichen Glückwünsche übermitteln.

Sie haben es sich zur Aufgabe gesetzt, Amerika in eine neue Zukunft zu führen. Bei der Bewältigung der damit verbundenen großen Herausforderungen wünsche ich Ihnen alles Gute. Die Welt braucht ein starkes Amerika als Bewahrer des Friedens und als Vorkämpfer für Freiheit, Demokratie und Menschenrechte.

Amerika kann sich dabei auf die Freundschaft mit Deutschland verlassen, die sich in über 40 Jahren enger Zusammenarbeit bewährt hat.

Ich bin überzeugt, daß sich unsere vertrauensvolle Partnerschaft während Ihrer Amtszeit weiter festigen und intensivieren wird.

Für Ihr verantwortungsvolles Amt wünsche ich Ihnen Kraft, Glück und Erfolg.

Mit freundlichen Grüßen
Ihr
Klaus Kinkel

(Pressemitteilung AA, 4. 11. 92)

1) **Ein runder Glückwunsch, der ganz auf Gemeinsamkeit und Zusammenarbeit abgestellt ist.**

Wahl (Schreiben an ausscheidenden Amtsinhaber)

Der Bundesminister des Auswärtigen schrieb am 4. November 1992 an Herrn James Baker, Chief of Staff, White House, Washington:

B

Lieber Jim!

1) Ich weiß, daß Sie als guter Demokrat das Votum der amerikanischen Wähler akzeptieren. In dieser für Sie auch persönlich schwierigen
2) Stunde möchte ich Ihnen sagen, wie sehr ich die viel zu kurze Zusammenarbeit mit Ihnen geschätzt habe. Wir Deutsche werden Ihnen immer zu tiefem Dank für Ihre hervorragenden Leistungen bei der Herstellung der deutschen Einheit verpflichtet bleiben.

3) Ich würde mich sehr freuen, wenn wir auch nach Ihrem Ausscheiden aus dem Amt in Kontakt bleiben könnten.

Mit herzlichen Grüßen
Ihr
Klaus Kinkel

(Pressemitteilung AA, 4. 11. 92)

1) Sehr herzlich, offenbar spontan und eigenhändig formuliert; vom ersten bis zum letzten Satz aus einem Guß.

2) „persönlich schwierige Stunde" klingt jedoch eher nach Trauerfall als nach demokratischer Normalität. Besser: „politischen und persönlichen Enttäuschung, die Sie im Augenblick sicher empfinden, ..."

3) Nachahmenswert: Es tut jedem Empfänger gut zu wissen, daß er offenbar nicht nur als Amtsinhaber, sondern auch als Person geschätzt wird.

Wahl (Vizepräsident/Ausland)

Der Bundesminister des Auswärtigen sandte an den Senator Albert Gore, Little Rock, Arkansas, folgendes Schreiben:

1) Sehr geehrter Herr Senator!

Zu Ihrer Wahl als Vizepräsident der Vereinigten Staaten von Amerika spreche ich Ihnen meine herzlichen Glückwünsche aus.

Als Vizepräsident werden Sie die Politik der Vereinigten Staaten maßgeblich mitbestimmen. Ihre langjährige Erfahrung in der Sicherheitspolitik und Ihr Engagement für die Erhaltung unserer Umwelt werden Ihnen dabei zugute kommen.

Bei der Bewältigung der damit verbundenen neuen, großen Herausforderungen wird Deutschland ein zuverlässiger Partner Amerikas sein.

Das deutsche und das amerikanische Volk verbindet eine lange und vertrauensvolle Freundschaft. Ich bin überzeugt, daß wir diese freundschaftlichen Beziehungen in den kommenden Jahren weiter festigen und fördern können.

Ich wünsche Ihnen eine erfolgreiche Amtsführung.

Mit freundlichen Grüßen
Ihr
Klaus Kinkel

(Pressemitteilung AA, 4. 11. 92)

1) Verglichen mit dem vorherigen Schreiben ist dieser Brief eher „staatstragend" formuliert: Das ist richtig, weil der Glückwunsch nicht nur der Person, sondern dem Amt gilt und infolgedessen genutzt wird, eine politische Botschaft zu transportieren.

Amtsantritt (Politiker/Ausland)

Der Bundeskanzler sandte Seiner Exzellenz dem Präsidenten der Vereinigten Staaten von Amerika, Herrn Bill Clinton, am 20. Januar 1993 folgendes Glückwunschschreiben:

Sehr geehrter Herr Präsident,

1) zu Ihrer heutigen Übernahme des höchsten Staatsamtes der Vereinigten Staaten von Amerika übermittle ich Ihnen meine herzlichen Glückwünsche. Ich wünsche Ihnen eine erfolgreiche Regierungszeit zum Wohle Ihres Landes und der Völkergemeinschaft insgesamt.

Ich freue mich auf eine vertrauensvolle Zusammenarbeit mit Ihnen. Unsere beiden Länder sind durch gemeinsame Werte, eine festgefügte Freundschaft und eine enge, in Jahrzehnten bewährte Zusammenarbeit verbunden. Ein entscheidendes Bindeglied unserer Partnerschaft bleibt das Nordatlantische Bündnis, das nicht nur Sicherheit und Sta-

2) bilität für die eigenen Mitglieder gewährleistet, sondern auch zum Anker der Hoffnung für unsere neuen Partner im Osten geworden ist.

Mit Ihnen und unseren Verbündeten wollen wir uns den neuen Herausforderungen in einer veränderten Welt stellen. Gleichzeitig wird es weiterhin ein vorrangiges Ziel meiner Politik sein, die ausgezeichneten Beziehungen zwischen unseren beiden Ländern über den Atlantik hinweg weiter auszubauen und insbesondere die junge Generation verstärkt einzubeziehen.

3) Ich würde mich sehr freuen, bald mit Ihnen persönlich zusammentreffen zu können.

Ich wünsche Ihnen Gottes Segen für Ihre große Aufgabe.

Mit freundlichen Grüßen
Ihr
Helmut Kohl

1) Gut, wenn die Glückwünsche über nationale/regionale Grenzen hinausweisen.

2) Ungekünstelt wird der Wunsch nach Zusammenarbeit ausgedrückt und sprachlich ein schönes Bild für die aus Sicht des Absenders besonders wichtigen Partner im Osten gefunden.

3) Auch hier: nicht erhaben-gestelzt, sondern ungezwungen-korrekt – so wirkt der Wunsch nach persönlichem Kennenlernen unaufdringlich und aufrichtig.

Amtsantritt
(Schreiben an ausscheidenden Amtsinhaber)

Der Bundeskanzler sandte an den Stabschef des Weißen Hauses, James A. Baker, Washington, am 18. Januar 1983 folgendes Schreiben:

> Lieber Jim,
>
> den Abschluß der Amtszeit der jetzigen Administration Ihres Landes möchte ich zum Anlaß nehmen, Ihnen im Namen des deutschen Volkes und persönlich sehr herzlich für Ihre außenpolitische Arbeit zu danken.
>
> 1) Sie haben in einer Zeit des welthistorischen Umbruchs überragende Leistungen vollbracht, die für immer mit Ihrem Namen verknüpft bleiben werden: Nach dem Zusammenbruch des Kommunismus und dem Ende der Sowjetunion haben Sie die neue Partnerschaft mit den ehemaligen Gegnern maßgeblich mitgestaltet, große Erfolge in der Abrüstung erzielt und eine neue Rolle für das Atlantische Bündnis vorgezeichnet.
>
> 2) Trotz der über Jahrzehnte unlösbar scheinenden Probleme des Nahen Ostens haben Sie in unermüdlicher Arbeit den Durchbruch zum Beginn des Friedensprozesses erzielt und damit das Tor zu einer besseren Zukunft für diese Region der Welt geöffnet.
>
> Vor allem aber haben Sie uns Deutsche auf unserem Wege zur Einheit von Anfang an nachhaltig unterstützt. Durch Ihre entscheidende Mitwirkung ist der Zwei-plus-Vier-Prozeß ins Werk gesetzt und zum Erfolg geführt worden. Hierfür sind und bleiben die Deutschen Ihnen zu Dank verpflichtet.
>
> Ihnen persönlich wünsche ich alles Gute, Glück und Erfolg.
>
> Mit herzlichen Grüßen und allen guten Wünschen
> Ihr
> Helmut Kohl

B/D

1) „Überragende Leistungen, für immer mit Ihrem Namen verknüpft" – das ist höchstes Lob. Sprechen Sie es nur aus, wenn es nach übereinstimmender Einschätzung derer, für die Sie gratulieren, gerechtfertigt ist; dann aber ohne Scheu, z. B. „Sie haben in einer Zeit, als das Geld knapp war und viele verzagten, durch Ihren Einsatz dafür gesorgt, daß in unserer Gemeinde ... Diese überragende Leistung wird im Gedächtnis der Bürger von ... immer mit Ihrem Namen verknüpft sein."

2) „unermüdliche Arbeit/Durchbruch": Formulierungen wie diese sollten Sie nur verwenden, wenn – wie hier – größte Wertschätzung ausgedrückt werden soll.

Amtsantritt
(Schreiben an ausscheidenden Amtsinhaber)

Der Regierende Bürgermeister Eberhard Diepgen übermittelte dem scheidenden Präsidenten der Vereinigten Staaten von Amerika, George Bush, ein Schreiben, in dem es unter anderem heißt:

1)

Sehr geehrter Herr Präsident,

am Ende Ihrer verdienstvollen Amtszeit erlaube ich mir, Ihnen den Dank und die Hochachtung der Bürgerinnen und Bürger Berlins auszusprechen. Wir werden Ihre Präsidentschaft in guter Erinnerung behalten, denn Sie und Ihre Regierung waren es, die unserem Land – und ganz besonders Berlin – außenpolitisch den Weg zur Einheit in Freiheit geebnet haben. Wir sind dankbar, sagen zu dürfen: George Bush hat den Kalten Krieg beendet. Denn nirgends spürt man dies deutlicher als hier in Berlin!

Ohne Ihre Entschlossenheit, dem Selbstbestimmungsrecht auch in der Frage der Einheit der Deutschen volle Anerkennung zu verschaffen, wäre es sicher nicht möglich gewesen, die Vereinigung Deutschlands außenpolitisch abzusichern.

Berlin ist wieder vereint. Dies ist auch – und nicht zuletzt – ein Ergebnis Ihrer weitsichtigen Politik, deren oberster Grundsatz das Recht auf Freiheit war. 40 Jahre lang haben amerikanische Präsidenten ihr Wort für die Freiheit West-Berlins verpfändet, haben amerikanische Soldaten schützende Dienste geleistet und den schwierigen Status der Halbstadt verteidigt. Das war – insbesondere in den fünfziger und sechziger Jahren – eine ungemein schwierige Aufgabe, die Mut und Entschlossenheit erforderte. Daran hat es Amerika nicht gemangelt. Aus Gegnern des Krieges sind bald Freunde und Verbündete geworden. Das haben wir in Berlin besonders intensiv erfahren.

2)

Sie, Herr Präsident, haben Deutschland Vertrauen geschenkt, als es darum ging, Hoffnungen und Versprechen aus Jahrzehnten einzulösen. Dafür sind wir Ihnen sehr dankbar. Auch in Zukunft wird sich an der engen Verbundenheit zwischen Ihrem Land und den Bürgerinnen und Bürgern dieser Stadt nichts ändern.

Ich wünsche Ihnen für Ihr weiteres Tun von Herzen Gesundheit und Glück.

(Landespressedienst, Senat Berlin 20. 1. 93)

1) Nicht für jeden (Ober-)Bürgermeister als Vorlage geeignet, aber in diesem Fall wegen der besonderen Beziehungen Berlins zu den USA sehr angemessen.

2) Ein warmherziger Dank im Namen der Stadt Berlin und gleichzeitig eine gelungene persönlich-politische Würdigung der Verdienste um Berlin, auf die sich der Absender klug beschränkt.

Amtsantritt (Politiker/Ausland)

Der Bundeskanzler sandte dem Bundeskanzler der Republik Österreich, Herrn Dr. Franz Vranitzky, am 1. Dezember 1994 folgendes Glückwunschtelegramm:

> Sehr geehrter Herr Bundeskanzler,
>
> 1) zu Ihrer erneuten Ernennung zum Bundeskanzler der Republik Österreich gratuliere ich Ihnen herzlich.
>
> 2) Ich freue mich, auch in Zukunft mit Ihnen bei der Vertiefung der deutsch-österreichischen Beziehungen und der Festigung der Europäischen Union zusammenwirken zu können. Ich bin mir sicher, daß unsere Zusammenarbeit in den kommenden Jahren, vor allem auch als Partner in der Europäischen Union, besonders eng und vertrauensvoll sein wird.
>
> 1) Für die Ausübung Ihres hohen Amtes wünsche ich Ihnen viel Glück und Erfolg.
>
> Mit freundlichen Grüßen
> Helmut Kohl
> Bundeskanzler der Bundesrepublik Deutschland

1) In der einleitenden Gratulation oder am Schluß kann der Glückwunsch auch im Namen der Gruppe ausgesprochen werden, für die der Absender schreibt: „Für Ihr neues Amt wünsche ich Ihnen, auch im Namen der Vereins-/Fraktionsmitglieder, viel Glück und Erfolg."

2) Der Glückwunsch – gesteigert zur Freude – wird im folgenden mit der Arbeit an gemeinsamen Zielen begründet und somit auch für Außenstehende nachvollziehbar.

Amtsantritt (Politiker/Ausland)

Der Bundeskanzler sandte an den Außenminister der Vereinigten Staaten von Amerika, James Baker, Washington, am 20. Januar 1989 folgendes Telegramm:

1) Sehr geehrter Herr Außenminister,

meine besten Wünsche begleiten Sie in Ihrem neuen Amt als Außenminister der Vereinigten Staaten von Amerika.

2) Ich freue mich, in Ihnen eine Persönlichkeit als Chef der amerikanischen Diplomatie begrüßen zu können, der die Beziehungen zwischen unseren beiden Ländern aus reicher Erfahrung als Finanzminister und Chef des Stabes im Weißen Haus sehr vetraut sind und die sich ihrer Bedeutung bewußt ist.

Mit Zuversicht sehe ich daher auf die Fortsetzung der fruchtbaren und partnerschaftlichen Beziehungen zwischen unseren beiden Ländern.

Mit freundlichen Grüßen
Ihr
Helmut Kohl
Bundeskanzler der Bundesrepublik Deutschland

1) Korrekt, den Empfänger nur mit seinem Titel anzusprechen. Erlaubt und weniger distanziert ist auch eine Kombination von Titel und Namen.

2) Ein gelungener persönlicher Einstieg, an den allgemein politische Erwartungen geknüpft werden.

Es ist eine Frage des persönlichen Stils, den Adressaten in der dritten Person anzusprechen. Wer einen Brief als Angebot zum Dialog betrachtet, sollte lieber persönlich werden: „Ich freue mich, Sie ... ".

Wiederwahl (Politiker/Inland, Parteivorsitzender)

Der FDP-Bundesvorsitzende Dr. Klaus Kinkel sandte an Dr. Helmut Kohl das nachfolgende Schreiben:

1)
> Lieber Herr Kohl!
>
> Zu Ihrer Wiederwahl als Vorsitzender der CDU mit einem beeindruckenden Ergebnis gratuliere ich Ihnen ganz herzlich. Ich wünsche Ihnen für die Zukunft alles Gute.
> Auf weiterhin gute Zusammenarbeit!
>
> Ihr
> Klaus Kinkel
> (freie demokratische korrespondenz, 28. 11. 1994)

1) Dieser Glückwunsch ist das Kontrastprogramm zu den vorherigen, mit inhaltlichen Aussagen verknüpften Gratulationen. So kurz und schnörkellos können Sie natürlich auch auf kommunaler Ebene jedem gratulieren, der (wieder-)gewählt wird, ob Partei-, Fraktions- oder Vereinsvorsitzender.

Wir empfehlen jedoch, auch im Blick auf eine Veröffentlichung, etwas mehr „Butter an die Fische" zu geben. Genaugenommen lohnt dieser Glückwunsch nicht das Papier, auf dem er veröffentliche wurde.
Für die Presse enthält er keine zitierfähige Aussage.

Wiederwahl (Politiker/Ausland)

Der Bundespräsident sandte an Staatspräsident Vaclav Havel, Prag, zu dessen Wiederwahl am 5. Juli 1990 folgendes Glückwunschtelegramm:

> Herr Präsident, verehrter Freund,
>
> 1) zu Ihrer Wiederwahl zum Präsidenten der Tschechischen und Slowakischen Föderativen Republik übermittle ich Ihnen meine und des deutschen Volkes herzliche Glückwünsche. Als Nachbarn und Freunde freuen wir uns mit Ihnen und Ihren Landsleuten über diese Wahl, die eine überzeugende Manifestation demokratischen Lebens ist. Sie haben mit beeindruckender Weitsicht und Klarheit die Rückkehr Ihres Landes zu Rechtsstaat und Demokratie entscheidend mitgeprägt und mitgestaltet. Ihr friedens- und freiheitsstiftendes Engagement, gespeist aus europäischer humanistischer Tradition, hat weit über Ihr Land hinaus ein unübersehbares Zeichen der Hoffnung für eine gemeinsame europäische Zukunft gegeben.
>
> 2) Die bewegenden Worte der Versöhnung und Verständigung, die Sie an jenem unvergeßlichen 15. März 1990 in Prag an unsere Völker gerichtet haben, haben Deutsche, Tschechen und Slowaken zueinander geführt und ein neues Kapitel in den Beziehungen unserer Staaten und Völker aufgeschlagen. Ich grüße Sie an diesem Tage der Freude und Hoffnung in freundschaftlicher Verbundenheit und wünsche Ihnen für Ihr verantwortungsvolles Amt Glück und gutes Gelingen.
>
> Richard von Weizsäcker
> Präsident der Bundesrepublik Deutschland

1) Warmherzig, von gegenseitigem Verstehen gekennzeichnet, ist der Glückwunsch im Namen aller, die der Absender repräsentiert, formuliert.

2) Bei der Gratulation zur Wiederwahl unverzichtbar: Die Erinnerung an eine wichtige, gemeinsam erlebte Begebenheit, die – im Hinblick auf die Veröffentlichung – auch den nicht unmittelbar Beteiligten bekannt sein sollte.

Wahl (Politiker/Ausland)

Der Bundeskanzler sandte an den zukünftigen Präsidenten der Republik Chile, Patricio Aylwin Azocar, Santiago de Chile, am 15. Dezember 1989 folgendes Glückwunschtelegramm:

> 1) Sehr geehrter Herr Aylwin, lieber Freund,
>
> zu Ihrem so eindrucksvollen Wahlsieg übermittle ich Ihnen – auch im Namen der von mir geführten Bundesregierung – meine herzlichen Glückwünsche.
>
> Ihr großer Erfolg ist das Ergebnis des Mutes und der Beharrlichkeit, mit der Sie dem chilenischen Volk den Weg zu Freiheit, Demokratie, Rechtsstaat, Achtung der Menschenrechte und sozialer Gerechtigkeit gewiesen haben. Die große Mehrheit der Chilenen ist Ihnen auf diesem Weg gefolgt.
>
> 2) Ich teile die Freude aller chilenischen Demokraten über diesen Wahlausgang und bin sicher, daß der Erfolg einer demokratischen Regierung Chiles über Ihr Land hinaus Wirkung entfalten wird.
>
> 3) Für die vor Ihnen liegenden schweren und umfangreichen Aufgaben wünsche ich Ihnen Kraft und Gottes Segen. Die Bundesregierung wird Sie dabei nach Kräften unterstützen und mit der von Ihnen geführten Regierung eng und vertrauensvoll zusammenarbeiten.
>
> Mit freundlichen Grüßen
> Helmut Kohl
> Bundeskanzler der Bundesrepublik Deutschland

1) Die freundschaftliche Anrede macht die politisch-persönliche Verbundenheit nicht nur für den Empfänger, sondern auch für Dritte deutlich.

2) Mitfreude und politische Aussage werden in diesem Satz eindrucksvoll verknüpft.

3) Nachahmenswert auch für andere Gewählte (z. B. Bürgermeister, Vorsitzende): das Angebot, „Sie dabei nach Kräften zu unterstützen."

Wahl (Politiker/Ausland)

Der Bundeskanzler sandte an den Premierminister von Kanada, Brian Mulroney, Ottawa, am 22. November 1988 folgendes Glückwunschtelegramm:

1)
> Lieber Brian,
>
> zu Deinem überzeugenden Wahlsieg übermittle ich Dir meine herzlichen Glückwünsche.
>
> Das klare Votum der kanadischen Wähler hat nun auch auf dem nordamerikanischen Kontinent die Tür zu noch engerer wirtschaftlicher Zusammenarbeit geöffnet. Zu Recht erwartest Du davon – wie auch wir vom europäischen Binnenmarkt 1992 – zusätzliche Wachstumsimpulse für Dein Land und für die Weltwirtschaft insgesamt.
>
> Uns stellt sich nun die entscheidende Aufgabe, gemäß unseren Gipfelbeschlüssen von Toronto gemeinsam dafür einzutreten, daß die Integrationsgemeinschaften auf beiden Seiten des Atlantik nach außen offen und zu konstruktiven Beiträgen zum Welthandel bereit bleiben. Laß uns in diesem Sinn bereits auf der kommenden Halbzeitkonferenz 2) des GATT in Montreal deutliche Signale setzen!
>
> 3) Ich freue mich über die Fortsetzung unserer engen persönlichen Zusammenarbeit in gemeinsamer Regierungsverantwortung und bin mit herzlichen Grüßen
> Dein
> Helmut

1) Die Anrede mit dem Vornamen ist im angelsächsischen Sprachraum Sitte. Im Inland sollte sie nur sehr guten politischen Freunden vorbehalten bleiben. Einen sauberen Kompromiß bietet die Kombination von Amt bzw. Titel und Namen, z. B.: „Sehr geehrte Frau Abgeordnete, liebe Ingrid Matthäus-Maier!"

2) Der persönliche Glückwunsch wird mit einem politischen Appell verbunden. Auf eine politische Aussage oder Erwartung sollten Sie gerade bei einer Gratulation zu einem Wahlerfolg nicht verzichten. Sie beantworten damit die Frage, warum Sie sich über den Erfolg des Wahlsiegers freuen.

3) Die Freude wirkt echt, sogar ein wenig euphorisch mit dem Hinweis auf „gemeinsame Regierungsverantwortung".

Wahl (Politikerin/Ausland)

Der Bundespräsident hat der gewählten Präsidentin von Irland, Frau Mary Robinson, Dublin, mit folgendem Schreiben am 13. November 1990 gratuliert:

> 1) Zu Ihrer Wahl zur Präsidentin von Irland übermittle ich Ihnen auch im Namen meiner Mitbürger die herzlichsten Glückwünsche. Ich bin davon überzeugt, daß Sie in diesem hohen Amt die herzlichen und freundschaftlichen Beziehungen, die unsere beiden Völker verbinden, weiter vertiefen werden.
>
> 2) Lassen Sie uns unsere Zusammenarbeit in Europa und der Welt, die sich auf gemeinsame Ideale und Wertvorstellungen gründet, vertrauensvoll fortsetzen.
>
> Für die vor Ihnen liegenden Aufgaben wünsche ich Ihnen Erfolg, Gesundheit und Schaffenskraft.
>
> Richard von Weizsäcker
> Präsident der Bundesrepublik Deutschland

1) Der Glückwunsch „im Namen meiner Mitbürger" ist auch für Landes- und Kommunalpolitiker bei gleichrangigen Adressaten angemessen. Heute setzt sich zunehmend die Formulierung „Mitbürgerinnen und Mitbürger" durch.

2) Die appellative Formulierung „Lassen Sie uns ..." unterstreicht durch die Form den Inhalt: das Gemeinsame.

Amtsantritt (Bankenpräsident/Inland)

Der Bundeskanzler sandte an den Präsidenten der Deutschen Bundesbank, Herrn Prof. Dr. Helmut Schlesinger, Frankfurt/Main, zu dessen Amtsantritt als Präsident der Deutschen Bundesbank am 1. August 1991 folgendes Glückwunschschreiben:

> Lieber Herr Schlesinger,
>
> zu Ihrem heutigen Amtsantritt als Präsident der Deutschen Bundesbank möchte ich Ihnen sehr herzlich gratulieren.
>
> 1) Sie kennen die Bundesbank wie kaum ein anderer. Sie haben sie seit 1952 praktisch mit aufgebaut. Deshalb freut es mich besonders, daß Sie jetzt mit Ihrer langjährigen Erfahrung und Ihrem brillanten ökonomischen Sachverstand an der Spitze der Notenbank stehen.
>
> 2) Ich bin fest davon überzeugt, daß Sie die vor Ihnen liegenden schwierigen Aufgaben und großen Herausforderungen auf nationaler, europäischer und internationaler Ebene meistern werden, zumal Sie in so hohem Maße dem Stabilitätsauftrag der Bundesbank verbunden sind.
>
> Ich wünsche Ihnen für Ihre Tätigkeit viel Erfolg und stets eine glückliche Hand, verbunden mit der Zuversicht, die gute und bewährte Zusammenarbeit zwischen Bundesregierung und Bundesbank auch unter Ihrer Präsidentschaft fortsetzen zu können.
>
> Mit freundlichen Grüßen
> Ihr
> Helmut Kohl

1) In jeder Zeile ist Respekt und Sympathie für den brillanten Ökonomen zu spüren. Die Gratulation bestätigt aus der Sicht des Absenders die Richtigkeit der Entscheidung, wird auch für Dritte nachvollziehbar begründet.

2) Viele Vorschußlorbeeren, die Sie nur dann aussprechen sollten, wenn Sie persönlich von den Fähigkeiten des Gewählten überzeugt sind.

Wahl (Politikerin/Inland)

Die Vorsitzende des Landesfrauenrates Schleswig-Holstein, Karla Treml, sandte an die neugewählte Ministerpräsidentin des Landes Schleswig-Holstein, Heide Simonis, folgendes Glückwunschschreiben:

> Sehr geehrte Frau Ministerpräsidentin,
>
> der Landesfrauenrat Schleswig-Holstein gratuliert Ihnen sehr herzlich zur Wahl in das höchste Regierungsamt in unserem Land.
>
> Ihr Erfolg beruht vor allem auf Ihrem Engagement, Ihrer hohen Kompetenz und Überzeugungskraft. Ich denke, Sie machen vor allem denjenigen Frauen Mut, die noch immer glauben, den an sie gestellten Herausforderungen und Ansprüchen nicht gewachsen zu sein.
>
> Der Landesfrauenrat wünscht Ihnen viel Erfolg!
>
> Mit freundlichen Grüßen
> Karla Treml
> Vorsitzende
> (Von Frau Treml handschriftlich abgesandt.)
>
> (Mitteilungen Landesfrauenrat, 6/93)

1) Ein Sonderfall, aber nachahmenswert: das Handschreiben. Im Zeitalter elektronischer Textverarbeitung und Fax-Korrespondenz eine schöne Auszeichnung und persönliche Geste.

Wahl (Politiker/Inland)

Der Bundeskanzler sandte an den Ministerpräsidenten des Landes Thüringen, Herrn Dr. Bernhard Vogel, am 5. Februar 1992 folgendes Glückwunschtelegramm:

> Lieber Bernd,
>
> 1) zu Deiner Wahl zum Ministerpräsidenten des Landes Thüringen gratuliere ich Dir ganz herzlich.
>
> Für Dein neues Amt wünsche ich Dir zum Wohle der Bürgerinnen und Bürger Thüringens und zum Wohle unseres vereinten deutschen Vaterlandes Erfolg und eine glückliche Hand.
>
> 2) Ich bin sicher, daß das Land Thüringen von Deinen großen politischen Erfahrungen profitieren wird. Meine Hilfe und Unterstützung sind Dir jederzeit sicher.
>
> Dir persönlich wünsche ich Mut, Kraft und Gottes Segen.
>
> Mit freundlichen Grüßen
> Dein
> Helmut Kohl

1) Dem ist nichts hinzuzufügen: Offizielle und persönliche Gratulation, verbunden mit einer kraftvollen Zusage für Hilfe und Unterstützung, erfüllen alle Kriterien eines guten Glückwunsches.

2) Letzteres steht vor allem höherrangigen Absendern gut zu Gesicht; umgekehrt – Bürgermeister an Ministerpräsidenten – ist eher so zu verfahren: „…. und hoffe ich, daß Sie den besonderen Problemen unserer Stadt Ihre Aufmerksamkeit widmen werden."

Wahl (Vorsitzender/Inland)

Der Bundeskanzler sandte an den neugewählten Vorsitzenden des Deutschen Gewerkschaftsbundes, Heinz-Werner Meyer, Hamburg, am 23. Mai 1990 folgendes Glückwunschschreiben:

> Sehr geehrter Herr Vorsitzender,
>
> 1) zu Ihrer Wahl zum Vorsitzenden des Deutschen Gewerkschaftsbundes gratuliere ich Ihnen herzlich.
>
> 2) Sie übernehmen Ihr Amt in einer Zeit großer Herausforderungen. Mit dem Abbau des Ost-West-Konfrontation und dem demokratischen Aufbruch in den Ländern Mittel- und Osteuropas bietet sich erstmals die Möglichkeit, die Teilung Deutschlands und Europas friedlich zu überwinden. Die sich hieraus ergebenden Chancen gilt es zum Wohle aller beherzt zu ergreifen. Bei der Mitgestaltung sind alle gesellschaftlichen Gruppen gefordert, insbesondere auch die Gewerkschaften, denen beim Aufbau einer sozialen Marktwirtschaft eine unverzichtbare Rolle als Vertretung der Arbeitnehmerschaft zukommt.
>
> 3) Als langjähriger Vorsitzender des Industriegewerkschaft Bergbau und Energie bringen Sie große Erfahrung und Sachkunde für Ihre neue Aufgabe mit. Ich bin zuversichtlich, daß unter Ihrem Vorsitz der Dialog zwischen dem Deutschen Gewerkschaftsbund und der Bundesregierung im Interesse des Gemeinwohls fortgesetzt wird.
>
> Für Ihre neue Tätigkeit wünsche ich Ihnen Kraft und Erfolg.
>
> Mit freundlichen Grüßen
> Ihr
> Helmut Kohl
> Bundeskanzler

1) Gratulationen an Gewerkschaftsführer sind – auch auf lokaler Ebene – ein „Muß".

2) Ausdrücklich wird hier die gesellschaftlich unverzichtbare Rolle der Gewerkschaften angesprochen und respektiert – zugleich in die großen historischen Herausforderungen eingebettet.

3) Gerade wenn die Beziehung zwischen den Institutionen, die Absender und Adressat vertreten, nicht immer konfliktfrei ist, gehört der Wunsch nach weiterem Dialog unverzichtbar zu einem über den Tag hinaus gültigen Glückwunsch.

Wahl (Politikerin/Inland)

Glückwunschschreiben der Bundesministerin für Jugend, Familie, Frauen und Gesundheit, Frau Dr. Rita Süßmuth, an Frau Dr. Herta Däubler-Gmelin, zu deren Wahl zur stellvertretenden Vorsitzenden der SPD:

> Sehr geehrte Frau Däubler-Gmelin,
>
> 1) zu Ihrer Wahl zur stellvertretenden Vorsitzenden der SPD gratuliere ich Ihnen herzlich. Für Ihre neuen Aufgaben wünsche ich Ihnen Kraft, Durchsetzungsvermögen und eine glückliche Hand. Es freut mich, daß mit Ihnen nun auch die zweite große Partei über eine Frau als stellvertretende Vorsitzende verfügt.
>
> Sie haben Grund, sich über die frauenpolitischen Beschlüsse zu freuen. Es wäre nie zur Diskussion über Quoten gekommen, wenn die Parteien früher auf den berechtigten Beteiligungsanspruch der Frauen reagiert hätten.
>
> 2) Ob Quoten oder Richtwerte, es kommt entscheidend darauf an, unseren Frauen den Zugang zu verantwortungsvollen politischen Ämtern zu ermöglichen. Ich wünsche Ihnen und uns den notwendigen Erfolg.
>
> Mit freundlichen Grüßen
> Ihre
> Prof. Dr. Rita Süßmuth
>
> (Pressemitteilung, 1. September 1988)

1) Ein ungewöhnlicher und deshalb reizvoller Brief: Die (damalige) CDU-Ministerin freut sich mit einer SPD-Kollegin. Das ist mehr als guter politischer Stil. Die Gemeinsamkeit in der Sache, nämlich den Frauen in politische Ämter zu verhelfen, ist stärker als alle parteipolitischen Differenzen um Quoten oder Richtwerte.

2) Die Gemeinsamkeit im politischen Ziel wird im letzten Satz ganz deutlich: „Ihnen und uns den notwendigen Erfolg".

Wahl (Sport)

Der Bundeskanzler sandte an den neuen Präsidenten des Deutschen Sportbundes, Manfred von Richthofen, im Dezember 1994 nachfolgendes Schreiben:

> 1) Sehr geehrter Herr Präsident,
> lieber Herr von Richthofen,
>
> ich gratuliere Ihnen sehr herzlich zu Ihrer Wahl zum Präsidenten des Deutschen Sportbundes.
>
> 2) Sie übernehmen dieses wichtige Amt in einer Zeit großer Herausforderungen, denen sich der deutsche Sport stellen muß. Ich wünsche Ihnen für diese verantwortungsvolle Tätigkeit viel Erfolg und – um in der Sprache des Sports zu bleiben – eine gute Kondition.
>
> 3) Gerne bin ich zu einer vertrauensvollen Zusammenarbeit bereit und freue mich auf eine baldige Begegnung.
>
> Mit freundlichen Grüßen
> Ihr
> Helmut Kohl

1) Wenn Sie – auch nach außen – eine freundschaftliche Beziehung zum Adressaten dokumentieren wollen, verbinden Sie wie in diesem Beispiel die offizielle und persönliche Anrede.

2) Jede Gratulation ist umso besser, je genauer sie auf Anlaß, Amt und Person eingeht; beispielhaft hier durch den expliziten Rückgriff auf die Sprache des Sports.

3) Der Wunsch nach einer baldigen Begegnung bekräftigt den schriftlichen Glückwunsch; allerdings klingt die einleitende Formulierung „Gerne bin ich zu einer vertrauensvollen Zusammenarbeit bereit" leicht herablassend. Besser und kürzer: „Ich freue mich auf eine vertrauensvolle Zusammenarbeit und eine baldige Begegnung."

Wahl (Kirche/katholisch)

Der Bundeskanzler sandte an Frau Rita Waschbüsch, Präsidentin des Zentralkomitees der deutschen Katholiken, Stadthalle Bad Godesberg, im November 1988 folgendes Telegramm:

> 1) Sehr verehrte Frau Präsidentin,
> liebe Frau Waschbüsch,
>
> zu Ihrer Wahl zur Präsidentin des Zentralkomitees der deutschen Katholiken gratuliere ich Ihnen sehr herzlich. Ihnen ist damit ein Amt anvertraut worden, das durch vielbeachtete Diskussionsbeiträge weit über die katholische Kirche hinaus Bedeutung erlangt hat.
>
> 2) In der Debatte über die ethische Dimension des wissenschaftlich-technischen Fortschritts, seine Chancen und Risiken für die humane Gestaltung unserer Gesellschaft, wird gerade von kirchlicher Seite Orientierungshilfe erwartet. Ich bin sicher, daß sich das Zentralkomitee der deutschen Katholiken unter Ihrem Vorsitz weiterhin mit Erfolg dieser verantwortungsvollen Aufgabe stellen wird.
>
> 3) Ihnen, liebe Frau Waschbüsch, wünsche ich für Ihr neues Amt Kraft und Gottes Segen!
>
> Mit freundlichen Grüßen
> Ihr
> Helmut Kohl
> Bundeskanzler

1) Die Trennung in einen offiziellen und einen persönlichen Teil signalisiert Respekt vor dem neuen Amt der Adressatin und persönliche Verbundenheit.

2) Der Regierungschef äußert nicht nur politische Erwartungen, sondern gibt durch die Formulierung „Ich bin sicher" auch zu erkennen, daß er die Wahl der neuen Präsidentin begrüßt.

3) Die erneute persönliche Anrede im Schlußsatz verstärkt den Eindruck der Verbundenheit und des Einverständnisses.

Wahl (Kirche/katholisch)

Der Bundeskanzler sandte an Herrn Prof. Dr. Walter Kasper, Rottenburg a. N., zu dessen Ernennung zum Bischof von Rottenburg/Stuttgart am 19. April 1989 folgendes Glückwunschschreiben:

> Sehr geehrter Herr Bischof,
>
> zu Ihrer Wahl und Ernennung zum Bischof von Rottenburg/Stuttgart übermittle ich Ihnen meinen herzlichen Glückwunsch.
>
> 1) Mit Ihnen übernimmt ein Wissenschaftler von hohem internationalen Ansehen die Leitung des Bistums Rottenburg/Stuttgart, der mit seinen theologischen Arbeiten immer auch der praktischen Seelsorge wertvolle Impulse gegeben hat. Viele Ihrer Werke haben den Christen Wege zur Vertiefung ihres Glaubens gewiesen und sie ermutigt, sich in der Kirche und für die Kirche zu engagieren. Leidenschaftlich sind Sie, auch publizistisch, für die Einheit der Kirche und für einen offenen Dialog der Christen in unserer schwierigen Zeit eingetreten. Das Gespräch zwischen den Konfessionen haben Sie durch Ihren persönlichen Einsatz vorangebracht.
>
> 2) Gewiß ist Ihre Ernennung für die Christen Ihres Bistums ein Anlaß zur Freude und Hoffnung.
>
> 3) Für Ihr neues Amt wünsche ich Ihnen von Herzen alles Gute und Gottes Segen.
>
> Mit freundlichen Grüßen
> Ihr
> Helmut Kohl

1) Es ist eher eine Frage des persönlichen Geschmacks als eine feste Regel, vom Adressaten in der dritten Person zu sprechen. Persönlicher klingt ohne Zweifel die direkte Anrede: „Sie haben mit Ihren theologischen Arbeiten ..."

2) Die ausdrückliche Betonung, daß die Ernennung gewiß Anlaß zur Freude und zur Hoffnung ist, läßt ungewiß, ob das auch der Absender so empfindet. Warum bezieht sich der Schreiber nicht in den Kreis derer ein, die sich über die Ernennung freuen?

3) Eine angemessene Schlußformel für einen Geistlichen.

Formulierungen, mit denen sich der Absender nicht augenscheinlich identifiziert, wirken leicht kontraproduktiv.

Sonderfall: Abstimmungserfolg

Der Bundespräsident sandte an den Präsidenten der Republik Südafrika, Frederik Willem de Klerk, Pretoria, zum Ausgang des Referendums am 19. März 1992 folgendes Schreiben:

> 1) Zu Ihrem persönlichen Erfolg bei der Volksabstimmung über die Gleichberechtigung in Südafrika gratuliere ich Ihnen herzlich.
>
> Ihr mutiger Schritt und die konstruktive Haltung der Mehrheit der Bürger von Südafrika geben uns Hoffnung und Zuversicht, daß sich der friedliche Reformprozeß durchsetzt.
>
> 2) Auf diesem Weg begleiten die Republik Südafrika und ihre Politik meine besten Wünsche.
>
> Richard von Weizsäcker
> Präsident der Bundesrepublik Deutschland

1) Zu einem für das weitere (Karriere-) Schicksal bedeutenden Abstimmungssieg zu gratulieren, ist nicht nur guter Stil, sondern zeigt zugleich auch Ihre Anteilnahme am Lebensweg anderer: Bei Abstimmungserfolgen (partei-, verbandsintern), für wichtige Positionen, sollten Sie analog verfahren, besonders dann, wenn es sich, wie hier, um einen mutigen, vom Ausgang her keineswegs sicheren Schritt handelt.

2) Der letzte Satz könnte eine Ergänzung im Hinblick auf die Menschen vertragen: „Auf diesem Weg begleiten die Gemeinde ... und ihre Bürger meine besten Wünsche – und auch die meiner Mitbürgerinnen und Mitbürger."

KAPITEL 5

Zitate zum:

- Abschied/Ruhestand
- Alter/Geburtstag
- Amt
- Anfang
- Geschenk/Schenken
- Glück
- Leben
- Politik/Politiker
- Sport/Sieg/Erfolg
- Wahl

Zitate zum Glückwünschen

Mit einem passenden Glückwunsch-Zitat – auf Anlaß oder Adressaten bezogen – können Sie Ihrer Gratulation den letzten, individuellen Schliff geben:

Mit den Worten Voltaires *„Laßt uns unser Glück besorgen, in den Garten gehen und arbeiten"* können Sie zum Beispiel einem Menschen Glück wünschen, der aus dem aktiven Berufsleben ausscheidet. Oder so:

„Glückliche Menschen gehen in ihrer Arbeit auf, aber niemals unter", sagte kürzlich der Hauptgeschäftsführer des Zentralverbandes der Elektrotechnischen Industrie, Rudolf Scheid, und fügte hinzu:
„Sie gehören zu diesen glücklichen Menschen. Ich wünsche Ihnen zu Ihrem heutigen Geburtstag, daß Sie dieses Glück noch lange auskosten."

Die ausgewählten Zitate auf den folgenden Seiten helfen Ihnen, einen passenden Kronzeugen für Ihren speziellen Glückwunsch zu finden.

Was ist eigentlich Glück?

Offenbar ein so schwierig zu ergründender, komplizierter Zustand – oder nur ein Gefühl? – , daß ihm sogar „Der Spiegel" im Dezember 1992 eine Titelgeschichte widmete: „Ein Hauch, ein Fluß, ein Schweben" sei das Glück, und:

- *„Es ist ein unscharfer Begriff, das Glück, kein Mensch weiß, ob er jenen optimalen Zustand je erreicht hat, aber jeder hat eine Ahnung davon ..."*

Kollektiv definiert, ist Glück nach Meinung des Philosophen Ludwig Marcuse:

- *„Was alles schon einmal Glück gewesen ist; alles, was schon einmal jemanden glücklich gemacht hat."*

Geld allein macht offenbar nicht wirklich glücklich. Der englische Psychologe Michael Argyle fand in seiner „Psychologie des Glücks" vielmehr heraus: Es sind Menschen, Freunde, Nachbarn, die wir fürs Glücklichsein brauchen:

- *„Von allen äußeren Stimuli, die ein Menschenhirn animieren, wirkt keines so stark wie der Mensch. Die anderen – sie sind keineswegs die Hölle, als vielmehr die Hauptquelle von Glück."* Vor allem: *„Gute Gespräche können wahre Wunder wirken"*, stellt Argyle fest. Der Wunsch nach weiteren guten Gesprächen ist deshalb ein schöner Satz für jeden offiziellen Glückwunsch!

Der Ungar Mihaly Csikszentmihalyi kommt in seinem Buch „Flow – Das Geheimnis des Glücks" dem Glück in folgender Situation auf die Spur:
- *„Der Lohn einer bestandenen Herausforderung ist ein Zugewinn an ‚Komplexität' – wohl etwas wie das Glück."*

Kompliziert? Gewiß, aber auch zitierfähig für Ihren Glückwunsch. Ebenso wie die folgende Definition im „Wörterbuch der deutschen Volkskunde" (Kröner, 1981):
- Das schöne Wort „Glück" bedeutet eigentlich (guter) Zufall – und ist in Deutschland erst seit 1160 bezeugt. *„Glück ist der volkstümliche Begriff alles Guten: Gesundheit, Schönheit, Liebe, Reichtum, Erntesegen und Viehwohlstand, mildes Wetter und Frieden. Zu Neujahr, zum Geburtstag, Namenstag und allen wichtigen Lebensabschnitten und Werkanfängen sagt man Wünsche des Glücks."*

Glückwünsche – was hat es damit auf sich?

„Das Märchen ist die Welt, in der das Wünschen hilft", sagt uns dieselbe Quelle. Und von ähnlichem Ursprung ist auch das Verb „wünschen":
- *„Im Zauberglauben ist wünschen gleichbedeutend mit beschwören. Auch in der heute verblaßten Form von Glückwünschen steckt nachweisbar, wenn auch unbewußt, die Absicht, magische Wirkung zu üben."*

Wenn Ihnen das alles zu verhext klingt, versuchen Sie es einfach mit einem dreifachen „toi-toi-toi". Denn:
- *„Glück beruht oft nur auf dem Entschluß, glücklich zu sein."*
  (Lawrence Durrell)

Abschied/Ruhestand

Klug ist, wer stets zur rechten Stunde kommt, doch klüger, wer zu gehen weiß, wann es frommt.
Emanuel Geibel (1815–1884), dt. Dichter

Es ist besser, den Abschied zu nehmen, wenn viele Menschen noch sagen: „Schade!"
Hildegard Hamm-Brücher (*1921),
dt. Politikerin (FDP)

Wenn ein Vorstand geht, ist es viel besser, man sagt „wie schade" als „na endlich".
Walter Trux (*1928), Vorstandschef
Flachglas AG a. D., bei seinem Abschied

Eilen hilft nicht. Zur rechten Zeit fortgehen, das ist die Hauptsache.
Jean de La Fontaine (1621-1695), frz. Dichter

Man muß manchmal von einem Menschen fortgehen, um ihn zu finden.
Heimito von Doderer (1896–1966), öster. Schriftsteller

Wenn jemand in einem Betrieb unverzichtbar ist, dann ist dieser Betrieb falsch organisiert.
Roberto Niederer (1928-1988), schweizer. Glasdesigner

Ist Ihnen schon mal aufgefallen, daß Firmenchefs ihren Mitarbeitern immer erst bei der Abschiedsfeier sagen, was für wunderbare Menschen sie sind?
Das Beste

Was er ist und was er war, das wird uns erst beim Abschied klar.
FAZ, 8. 7. 1992

Alle Veränderungen, sogar die meistersehnten, haben ihre Melancholie. Denn was wir hinter uns lassen, ist ein Teil unserer selbst. Wir müssen einem Leben Lebewohl sagen, bevor wir in ein anderes eintreten können.
Anatole France (1844–1924), eigtl. Jacques François Anatole Thibault, frz. Schriftsteller

Ein Abschied schmerzt immer, auch wenn man sich schon lange darauf freut.
Arthur Schnitzler (1862–1931), öster. Schriftsteller

Wenn ein Hauptdarsteller von der politischen Bühne abgeht, hat das Folgen, auch für die Statisten.
Peter Scholl-Latour (*1924), dt. Journalist

Ein Abschied verleitet immer dazu, etwas zu sagen, was man sonst nicht ausgesprochen hätte.
Euphemia von Adlersfeld (1854–1941), dt. Schriftstellerin

Laßt euch nicht einfach stillegen wie einen ausgedienten Hochofen.
Horst W. Opaschowski (*1941), Leiter B.A.T. Freizeit-Forschungsinstitut, Hamburg

Alter/Geburtstag

Alter ist die Zeit, wo die Erinnerung an die Stelle der Hoffnung tritt.
Wilhelm Raabe (1831–1910), dt. Dichter

Wahre Jugend ist die Eigenschaft, die man sich erst in reiferem Alter erwirbt.
Jean Cocteau (1889–1963), frz. Dichter, Maler und Filmregisseur

Alter ist die Zeitspanne, in der man viele Fehler ablegt, weil man sie nicht mehr braucht.
Unbekannt

Das Leben ist wie ein Theaterstück: Zuerst spielt man die Hauptrolle, dann eine Nebenrolle, dann souffliert man den anderen und schließlich sieht man zu, wie der Vorhang fällt.
Winston Spencer Churchill (1874–1965), brit. Staatsmann

Wer auch im Alter jung bleiben will, muß sich möglichst vieler persönlicher Erinnerungen entledigen, denn Erinnerungen machen alt.
André Maurois (1885–1967), eigentl. Emile Herzog, frz. Schriftsteller

Man merkt, daß man alt wird, wenn man sich noch an Filmliebespaare erinnert, die im entscheidenden Augenblick zu singen anfingen, statt miteinander ins Bett zu gehen.
Das Beste

Die Zeit verwandelt uns nicht, sie entfaltet uns.
Max Frisch (1911–1991), schweizer. Erzähler

Man bleibt jung, solange man noch lernen, neue Gewohnheiten annehmen und Widerspruch ertragen kann.
Marie von Ebner-Eschenbach (1830–1916), öster. Schriftstellerin

Jung ist man, solange man imstande ist, den eigenen Geburtstag zu vergessen.
Sophia Loren (*1934), ital. Filmschauspielerin

Ich bin so jung, und die Welt ist so alt.
Georg Büchner (1813–1837), dt. Schriftsteller, Zitat aus „Leonce und Lena"

Wer morgens nüchtern dreimal schmunzelt, wenn's regnet nicht die Stirne runzelt und abends lacht, so daß es schallt, wird 120 Jahre alt.
Deutsches Sprichwort

Manch gute Melodie wurde auf einer alten Geige gespielt.
Samuel Butler (1835–1902), engl. Philosoph und Essayist

Ich mag Fältchen. Sie sind meine Auszeichnung – sie zeigen, daß ich gelebt habe.
Shirley MacLaine (*1934), eigtl. Shirley MacLean Beaty, amerik. Filmschauspielerin und Buchautorin

Wenn ich mein Leben noch einmal leben könnte, würde ich die gleichen Fehler machen – aber ein bißchen früher, damit ich mehr davon habe.
Marlene Dietrich (1901–1992), dt. Schauspielerin

Wer einmal über 60 ist, hat es gelernt, Fragen zu beantworten mit treffenden Antworten auf Fragen, die nicht gestellt sind; so entsteht der Eindruck geistiger Regsamkeit.
Max Frisch (1911–1991), schweizer. Erzähler

Du merkst, daß Du älter wirst, wenn die Geburtstagskerzen mehr kosten als der Kuchen.
Bob Hope (*1903), amerik. Komiker

Der junge Mann kennt die Regeln, aber der erfahrene Mann kennt die Ausnahmen.
Oliver Wendell Holmes (1809–1994), amerik. Schriftsteller

Das gefährliche Alter der Männer ist gekommen, wenn sie anfangen, jene Sünden zu bereuen, die sie nie begangen haben.
Unbekannt

Alter spielt sich im Kopf ab, nicht auf der Geburtsurkunde.
Martina Navratilova (*1956), amerik. Tennisspielerin

Es ist ein Merkmal gesetzten Alters, wenn man von von zwei Versuchungen jene wählt, die es erlaubt, um neun Uhr wieder zu Hause zu sein.
Ronald Reagan (*1911), 40. Präsident der USA

Das Leben wird nach Jahren gezählt und nach Taten gemessen.
Unbekannt

Ich kenne 20jährige, die sind älter als ich.
Stephane Grappelli (*1908), frz. Jazzmusiker

Vom Standpunkt der Jugend aus gesehen, ist das Leben eine unendlich lange Zukunft. Vom Standpunkt des Alters aus eine sehr kurze Vergangenheit.
Man muß alt geworden sein, also lange gelebt haben, um zu erkennen, wie kurz das Leben ist.
Arthur Schopenhauer (1788-1860), dt. Philosoph

Willst Du alt werden, mußt Du beizeiten anfangen.
Spanisches Sprichwort

Wie fangen wir's an? Das sage mir einer! Lang leben will jedermann, alt werden keiner.
Eduard von Bauernfeld (1802-1890),
öster. Dramatiker

Das ganze Geheimnis, sein Leben zu verlängern, besteht darin, es nicht zu verkürzen.
Ernst von Feuchtersleben (1806-1849),
öster. Schriftsteller

Ich denke, Alter ist ein verdammt hoher Preis, den wir für Reife bezahlen.
Tom Stoppard (*1937), engl. Schriftsteller

Wie schade, daß so wenig Raum ist zwischen der Zeit, wo man jung, und der, wo man alt ist.
Charles Baron de Montesquieu (1689-1755),
frz. Staatstheoretiker und Schriftsteller

Daß alles vergeht, weiß man schon in der Jugend; aber wie schnell alles vergeht, erfährt man erst im Alter.
Marie von Ebner-Eschenbach (1830-1916),
öster. Schriftstellerin

Das Alter ist ein Tyrann, der bei Lebensstrafe alle Vergnügungen der Jugend verbietet.
François VII., Herzog von la Rochefoucauld (1613-1680), frz. Schriftsteller

Die Jugend ernährt sich von Träumen, das Alter von Erinnerungen.
Jiddische Weisheit

Es gibt Menschen, die in ihrem Alter ihre Jugend haben.
Richard Rothe (1885-1954), öster. Kunstpädagoge

Man kann nichts dagegen tun, daß man altert, aber man kann sich dagegen wehren, daß man veraltet.
Unbekannt

Es kommt nicht darauf an, wie alt man wird, sondern wie man alt wird.
Ursula Lehr (*1930), Altersforscherin

Die größte Kulturleistung eines Volkes sind die zufriedenen Alten.
Aus Japan

Alte Leute sind gefährlich, sie haben keine Angst vor der Zukunft.
George Bernard Shaw (1856-1950),
ir. Schriftsteller

Alte Bäume behämmert der Specht am meisten.
Wilhelm Busch (1832–1908), dt. Dichter, Maler und Zeichner

Was alt wird, brummt gern.
Deutsches Sprichwort

Schritte, die man getan hat, und Tode, die man gestorben ist, soll man nicht bereuen.
Hermann Hesse (1877–1962), dt. Dichter

In jüngeren Tagen war ich des Morgens froh, des Abends weint ich; jetzt, da ich älter bin, beginn ich zweifelnd meinen Tag, doch heilig und heiter ist mir sein Ende.
Friedrich Hölderlin (1770–1843), dt. Dichter

Solange man jung ist, gehören alle Gedanken der Liebe – später gehört alle Liebe den Gedanken.
Albert Einstein (1879–1955), dt. Physiker

Es gibt ein Alter, in dem eine Frau schön sein muß, um geliebt zu werden. Und dann kommt das Alter, in dem sie geliebt werden muß, um schön zu sein.
Françoise Sagan (*1935), frz. Schriftstellerin

Das Alter ist ein Aussichtsturm.
Hans Kasper (*1916), dt. Dichter und Hörspielautor

Alt werden heißt sehend werden.
Marie von Ebner-Eschenbach (1830–1916), öster. Schriftstellerin

Man wird als Brandstifter geboren und stirbt als Feuerwehrmann.
George Bernard Shaw (1856–1950), ir. Schriftsteller

Mit zunehmendem Alter verliert man das schöne Gefühl, alles zu wissen.
Robert Lembke (1913–1989), dt. Rundfunk- und Fernsehjournalist

Ich finde das Alter nicht arm an Freuden; Farben und Quellen dieser Freuden sind nur anders.
Alexander von Humboldt (1769–1859), dt. Naturforscher und Geograph

Eben wenn man alt ist, muß man zeigen, daß man noch Lust hat zu leben.
Johann Wolfgang von Goethe (1749–1832), dt. Dichter

Das Alter ist ein höflicher Mann: Einmal übers andre klopft er an,
Aber nun sagt niemand Herein: Und vor der Tür will er nicht sein.
Da klinkt er auf, tritt ein so schnell, und nun heißt's, er sei ein grober Gesell.
Johann Wolfgang von Goethe (1749–1832), dt. Dichter

Man sollte nicht daran denken, fertig zu werden, wie man ja nicht reist, um anzukommen, sondern um zu reisen.
Johann Wolfgang von Goethe (1749–1832), dt. Dichter

Wenn man alt ist, muß man mehr tun, als da man jung war.
Johann Wolfgang von Goethe (1749-1832), dt. Dichter

Ihr glücklichen Augen, was je ihr gesehn, es sei wie es wolle, es war doch so schön.
Johann Wolfgang von Goethe (1749-1832), dt. Dichter

Es ist nichts Tröstlicheres in älteren Jahren, als aufkeimende Talente zu sehen, die eine weite Lebensstrecke auszufüllen versprechen.
Johann Wolfgang von Goethe (1749-1832), dt. Dichter

Im Alter gibt es keinen schöneren Trost, als daß man die ganze Kraft seiner Jugend Werken einverleibt hat, die nicht mitaltern.
Arthur Schopenhauer (1788-1860), dt. Philosoph

Ich wollte schon immer alt werden, wenn nur die, die um mich her sind, jung sind.
Alexander von Humboldt (1769-1859), dt. Naturforscher und Geograph

Wir wollen unsere Zeit der Natur gemäß durchleben und heiter beendigen, so wie die reifgewordene Olive fällt, indem sie die Erde segnet, die sie hervorgebracht, und dem Baum dankt, der sie genährt hat.
Marc Aurel (121-180), röm. Kaiser

Die Jugend ist eine Torheit, deren Heilung das Alter ist.
Aus Arabien

Amt

Was deines Amtes nicht ist, da laß deinen Vorwitz, denn dir ist schon mehr befohlen als du ausrichten kannst.
Altes Testament, Sirach. Kap. 3, Vers 24/25

Ich hab hier bloß ein Amt und keine Meinung.
Friedrich von Schiller (1759-1805), dt. Dichter

Sorgt ihr euch; ich tu, was meines Amtes ist.
Friedrich von Schiller (1759-1805), dt. Dichter

Anfang

Beisammen sind wir, fanget an!
Johann Wolfgang von Goethe (1749-1832), dt. Dichter

Frisch begonnen ist schon halb getan. Was zögerst Du? Wage es auf der Stelle, weise zu sein.
Horaz (64-8 n. Chr.), röm. Dichter

Alles Fertige wird angestaunt, alles Werdende wird unterschätzt.
Friedrich Nietzsche (1844-1900), dt. Philosoph

In heiklen und unerquicklichen Dingen ist es empfehlenswert, jemand anders, dessen Worte weniger ins Gewicht fallen, den Anfang machen zu lassen.
Francis Bacon (1561-1626), engl. Staatsmann und Philosoph

Der Anfang ist die Hälfte des Ganzen.
Aristoteles (384-322), griech. Philosoph

Wenn ich mich auch nur an den Anfang gewöhne, fange ich an, mich an das Ende zu gewöhnen.
Erich Fried (1921-1989), öster. Schriftsteller

Wir stehen an einem Ende, wir sind ein Anfang.
Christian Morgenstern (1871-1914), dt. Lyriker

Der Mann, der den Berg abtrug, war derselbe, der damit angefangen hatte, kleine Steine wegzutragen.
Chinesische Weisheit

Eine tausend Meilen lange Reise beginnt vor deinem Fuß.
Laotse (3. oder 4. Jh. v. Chr.), chin. Weiser

Der Ursprung aller Dinge ist klein.
(Omnia rerum principia parva sunt.)
Marcus Tullius Cicero (106-43), röm. Redner und Schriftsteller

Geringfügige Chancen sind schon oft der Beginn großer Unternehmungen gewesen.
Demosthenes (384-322 v. Chr.), athen. Redner und Staatsmann

Wer das erste Knopfloch verfehlt, kommt mit dem Zuknöpfen nicht zu Rande.
Johann Wolfgang von Goethe (1749-1832), dt. Dichter

Geschenk/Schenken

Geschenke sind die höchste Form des Tauschhandels.
Charles Tschopp (1899-1982), schweizer. Aphoristiker

Geschenke sind wie Ratschläge: Sie erfreuen vor allem den, der sie gibt.
Emile Henriot (1889-1961), frz. Lyriker

Ein Geschenk ist genausoviel wert wie die Liebe, mit der es ausgesucht worden ist.
Thyde Monnier (1887-1967), eigtl. Mathilde Monnier, frz. Schriftstellerin

Es bleibt einem im Leben nur das, was man verschenkt hat.
Robert Stolz (1880-1975), öster. Operettenkomponist

Es ist schön, den Augen dessen zu begegnen, dem man soeben etwas geschenkt hat.
Jean de la Bruyère (1645-1696), frz. Schriftsteller

Der kluge Mann schenkt unpassende Dinge, weil er damit dem Beschenkten die Freude des Umtausches gibt.
Unbekannt

Ein freundlich Wort kostet nichts und ist doch oft das schönste Geschenk.
Daphne du Maurier (*1907), engl. Schriftstellerin

Es ist besser zu schenken als zu leihen, und es kommt auch nicht teurer.
Philip Hamilton Gibbs (1877-1962), engl. Schriftsteller

Schenken ist ein Brückenschlag über den Abgrund der Einsamkeit.
Antoine de Saint-Exupéry (1900-1944), frz. Flieger und Schriftsteller

Die Kunst des Schenkens besteht darin, einem Menschen etwas zu geben, was er sich nicht kaufen kann.
Unbekannt

Schenken heißt, einem anderen das geben, was man selber behalten möchte.
Selma Lagerlöf (1858-1940), schwed. Schriftstellerin

Der irrt, der Schenken für eine leichte Sache hält.
Lucius Annaeus Seneca (4 v. Chr. - 65 n. Chr.), röm. Philosoph und Dichter

Sie macht mich rasend, ich werde toll. Sprich Weib, was ich dir schenken soll.
Heinrich Heine (1797-1856), dt. Dichter

Schenke groß oder klein, aber immer gediegen. Wenn die Bedachten die Gaben wiegen, sei dein Gewissen rein. Schenke herzlich und frei. Schenke dabei, was in dir wohnt an Meinung, Geschmack und Humor, so daß die eigene Freude zuvor dich reichlich belohnt. Schenke mit Geist ohne List. Sei eingedenk, daß dein Geschenk du selber bist.
Joachim Ringelnatz (1883-1934), dt. Humorist, Lyriker und Erzähler

Glück

Glück ist etwas, das man zum erstenmal wahrnimmt, wenn es sich mit großem Getöse verabschiedet.
Marcel Achard (1899-1974), frz. Dramatiker

Seine Freude in der Freude des anderen zu finden – das ist das Glück.
Georges Bernanos (1888-1948), frz. Schriftsteller

Nur wer nicht in der Zeit, sondern in der Gegenwart lebt, ist glücklich.
Ludwig Wittgenstein (1889-1951), öster. Philosoph

Die Menschen kommen durch nichts den Göttern näher, als wenn sie Menschen glücklich machen.
Marcus Tullius Cicero (106-43), röm. Redner

Wer in der wirklichen Welt arbeiten kann und in der idealen leben, der hat das Höchste erreicht.
Ludwig Börne (1786-1837), dt. Schriftsteller und Kritiker

Das Pech, was mer net hawwe, ist unser Glück.
Aus Frankfurt

Glück ist Talent für das Schicksal.
Novalis (1772-1801), eigtl. Friedrich von Hardenberg, dt. Schriftsteller

Mit dem Glück geht es wie auf dem Markte, wo oft die Preise fallen, wenn man ein wenig wartet.
Francis Bacon (1561-1626), engl. Staatsmann und Philosoph

Wenn du einen Menschen glücklich machen willst, dann füge nichts seinen Reichtümern hinzu, sondern nimm ihm einige von seinen Wünschen.
Epikur (341–270), griech. Philosoph

Die schönen Tage sind das Privileg der Reichen, aber die schönen Nächte sind das Monopol der Glücklichen.
Johann Nepomuk Nestroy (1801–1862), öster. Lustspieldichter und Charakterdarsteller

Trau lieber deiner Kraft als deinem Glück.
Publilius Syrus (1. Jh. v. Chr.), röm. Lustspieldichter

Wer ständig glücklich sein möchte, muß sich oft verändern.
Konfuzius (551–479), chin. Philosoph

Sich glücklich fühlen können, auch ohne Glück – das ist das Glück.
Marie von Ebner-Eschenbach (1830–1916), öster. Schriftstellerin

Bedeutende Leute haben keinen Grund zum Glücklichsein.
George Bernard Shaw (1856–1950), ir. Schriftsteller

Glück ist gut für den Körper, denn Kummer stört den Geist.
Marcel Proust (1871–1922), frz. Schriftsteller

Mein Glück liegt im Vergrößern des Glücks anderer. Ich brauche das Glück aller, um selber glücklich zu sein.
André Gide (1869–1951), frz. Schriftsteller

Jemanden glücklich machen, ist das höchste Glück.
Theodor Fontane (1819–1898), dt. Erzähler

Wenn jeder Mensch auf der Welt nur einen einzigen anderen Menschen glücklich machte, wäre die ganze Welt glücklich.
Johannes Mario Simmel (*1924), öster. Schriftsteller

Deine erste Pflicht ist, dich selbst glücklich zu machen.
Ludwig Feuerbach (1804–1872), dt. Philosoph

Vergiß nicht – man benötigt nur wenig, um ein glückliches Leben zu führen.
Marc Aurel (121–180), röm. Kaiser

Glücklich ist, wer alles hat, was er will.
Aurelius Augustinus (354–430), Bischof und Kirchenlehrer

Glück ist die Erfüllung von Kinderwünschen.
Sigmund Freud (1856–1939), öster. Psychiater und Neurologe; Begründer der Psychoanalyse

Die Absicht, daß der Mensch glücklich sei, ist im Plan der Schöpfung nicht enthalten.
Sigmund Freud (1856–1939), öster. Psychiater und Neurologe; Begründer der Psychoanalyse

Glück ist das Zusammentreffen von Phantasie und Wirklichkeit.
Alexander von Mitscherlich (1908–1982), dt. Psychologe und Mediziner

Glück ist Liebe, nichts anderes. Wer lieben kann, ist glücklich.
Hermann Hesse (1877–1962), dt. Dichter

Glücklich ist derjenige, welcher sein Dasein seinem besonderen Charakter, Wollen und Willkür angemessen hat und so in seinem Dasein sich selbst genießt.
Georg Wilhelm Friedrich Hegel (1770–1831), dt. Philosoph

Irdisches Glück heißt: Das Unglück besucht uns nicht zu regelmäßig.
Karl Gutzkow (1811–1878), dt. Schriftsteller

Wem es nicht ein Bedürfnis geworden ist, glücklich zu sein, der wird es niemals werden.
Karl Gutzkow (1811–1878), dt. Schriftsteller

Von dem dänischen Philosophen Kierkegaard stammt die Vorstellung, daß die Tür ins Reich des Glücks nach außen aufgehe. Sie läßt sich nicht mit Gewalt aufstoßen, im Gegenteil: um sie zu öffnen, muß man sogar einen Schritt zurücktreten.
Stephan Lermer (*1949), dt. Psychotherapeut und Schriftsteller

Nicht Unglück, sondern Langeweile ist das Gegenteil von Glück.
Stephan Lermer (*1949), dt. Psychotherapeut und Schriftsteller

Alles, was die Seele durcheinanderrüttelt, ist Glück.
Arthur Schnitzler (1862–1931), öster. Schriftsteller

Ein Jahr Glück? Wie lang mag das währen, wer soll das wissen?
Franz Jung (1888–1963), dt. Schriftsteller

Das Glück: Es ist zu selbstgenügsam. Es braucht keinen Kommentar. Es kann in sich zusammengerollt schlafen wie ein Igel.
Robert Walser (1878–1956), schweizer. Schriftsteller

Das größte Glück im Leben ist: ein bißchen Glück.
Anita Daniel, amerik. Schriftstellerin

Auch in einem Rolls-Royce wird geweint, vielleicht sogar mehr als in einem Bus.
Françoise Sagan (*1935), frz. Schriftstellerin

Wenn ich mit intelligenten Freunden spreche, festigt sich in mir die Überzeugung, vollkommenes Glück sein ein unerreichbarer Wunschtraum. Spreche ich dagegen mit meinem Gärtner, bin ich vom Gegenteil überzeugt.
Bertrand Russell (1872–1970), brit. Philosoph und Mathematiker

Das Glück besteht nicht darin, daß du tun kannst, was du willst, sondern darin, daß du immer willst, was du tust.
Leo N. Tolstoi (1828–1910), russ. Schriftsteller

Wer das Glück nicht sucht, kann es nicht finden.
Unbekannt

Das Glück besteht darin, zu leben wie alle Welt und doch wie kein anderer zu sein.
Simone de Beauvoir (*1908), frz. Schriftstellerin

Das Glück der Menschen liegt nicht in der Freiheit, sondern in der Übernahme einer Pflicht.
André Gide (1869–1951), frz. Schriftsteller

Wie glücklich würde mancher leben, wenn er sich um anderer Leute Sachen so wenig bekümmerte, wie um die eigenen
Oscar Wilde (1856–1900), ir. Schriftsteller

Die meisten Menschen machen das Glück zur Bedingung. Aber das Glück findet sich nur ein, wenn man keine Bedingungen stellt.
Artur Rubinstein (1886–1982), poln. Pianist

In der Jugend glaubt man, das Glück zwingen zu können. Später zwingt man sich, an das Glück zu glauben.
Salvatore Quasimodo (1901–1968), ital. Lyriker

Glück ist, zu realisieren, was man sich vorgenommen hat.
Peter Ludwig (*1925), dt. Unternehmer und Kunstmäzen

Das ist Glück: die Eigenschaften zu haben, die die Zeit verlangt.
Henry Ford I. (1863–1947), amerik. Großindustrieller

Glück spielt sich in Sekunden ab.
Bernd Eichinger (*1949), dt. Filmproduzent

Man braucht das berühmte Quentchen Glück, um zur richtigen Zeit dem richtigen Mann als der richtige Mann gegenüber zu sitzen.
Wolfgang R. Habbel (*1924), ehemaliger Audi-Vorstandsvorsitzender

Ich hatte das Glück, zur rechten Zeit am rechten Ort zu sein.
Lee Iacocca (*1924), amerik. Automobilmanager

Vier G dürfen einem Feldherren nicht fehlen: Geld, Geduld, Genie und Glück.
Helmuth v. Moltke (1800–1891), preuß. Generalfeldmarschall

Das Glück des Lebens besteht nicht darin, wenig oder keine Schwierigkeiten zu haben, sondern sie alle siegreich und glorreich zu überwinden.
Carl Hilty (1833–1909), schweizer. Rechtsgelehrter und Schriftsteller

Ein wenig Hilfe will das Glück gern haben.
Aus Norwegen

Fortuna ist eine Fliege, die auf den Leim der Leistung kriecht.
Hans Kasper (*1916), dt. Schriftsteller und Hörspielautor

Das mühsam erlangte Glück wird doppelt genossen.
Baltasar Gracian y Morales (1601–1658), span. Philosoph

Das Glück im Leben hängt von den guten Gedanken ab, die man hat.
Marc Aurel (121–180), röm. Kaiser

Das Glück ist ein Wie, kein Was, ein Talent, kein Objekt.
Hermann Hesse (1877-1962), dt. Dichter

Es gibt zwei Wege, um glücklich zu werden: Wir müssen entweder unsere Wünsche reduzieren oder unsere Mittel vergrößern – beide sind gleich geeignet. Das Resultat ist jeweils dasselbe, und jedermann muß sich selbst entscheiden und muß das tun, was ihm leichter fällt.
Benjamin Franklin (1706-1790), amerik. Philosoph und Staatsmann

Ein Augenblick des Glücks wiegt Jahrtausende des Nachruhms auf.
Friedrich II., der Große, genannt der „Alte Fritz" (1712-1786)

Geld allein macht nicht glücklich. Aber es gestattet immerhin, auf angenehme Weise unglücklich zu sein.
Jean Marais (*1913), frz. Theater- und Filmschauspieler

Mag das Geld auch den Charakter des bloß Nützlichen haben, so hat es dennoch eine gewisse Ähnlichkeit mit dem Glück, weil es auch den Charakter des Allumfassenden besitzt, da ja dem Gelde alles untertan ist.
Thomas von Aquin (1225-1274)

Leben

Ich möchte ewig leben. Und sei es nur, um zu sehen, daß die Menschen in hundert Jahren dieselben Fehler mache wie ich.
Winston Spencer Churchill (1874-1965), brit. Staatsmann

Alles Leben steht unter dem Paradox, daß wenn es beim alten bleiben soll, es nicht beim alten bleiben darf.
Franz von Baader (1765-1841), dt. katholischer Theologe und Philosoph

Nur Reisen ist Leben, wie umgekehrt das Leben Reisen ist.
Jean Paul (1763-1825), eigtl. Jean Paul Friedrich Richter, dt. Erzähler

Leben ist das Einatmen der Zukunft.
Pierre Leroux (1797-1871), frz. Politiker

Dies ist, glaube ich, die Fundamentalregel allen Seins: Das Leben ist gar nicht so. Es ist ganz anders.
Kurt Tucholsky (1890-1935), dt. Schriftsteller

Leben: Im Grunde wird uns ein fremder Hut aufgesetzt auf einen Kopf, den wir noch gar nicht haben.
Heimito von Doderer (1896-1966), öster. Schriftsteller

Die Menschen haben vor dem Tod zuviel Achtung, gemessen an der geringen Achtung, die sie vor dem Leben haben.
Henry de Montherlant (1896-1972), frz. Dichter

Den Menschen ausgenommen, wundert sich kein Wesen über sein eigenes Dasein.
Arthur Schopenhauer (1788–1860), dt. Philosoph

Leben ist kein Stilleben.
Oskar Kokoschka (1886–1980), öster. Maler

Verstehen kann man das Leben nur rückwärts. Leben muß man es vorwärts.
Soeren Kierkegaard (1813–1855), dän. Theologe und Philosoph

Das Leben ist zu kurz, um klein zu sein.
Benjamin Disraeli (1804–1881), brit. Politiker und Schriftsteller

Das Studieren lehrt uns die Regel – das Leben die Ausnahmen.
Johannes Mario Simmel (*1924), öster. Schriftsteller

Ihr sollt lernen, Schläge einzustecken und zu verdauen. Sonst seid ihr bei der ersten Ohrfeige, die euch das Leben versetzt, groggy. Denn das Leben hat eine verteufelt große Handschuhnummer, Herrschaften!
Erich Kästner (1899–1974), dt. Schriftsteller

Gegen die Infamitäten des Lebens sind die besten Waffen: Tapferkeit, Eigensinn und Geduld. Die Tapferkeit stärkt, der Eigensinn macht Spaß, und die Geduld gibt Ruhe.
Hermann Hesse (1877–1962), dt. Dichter

Die Welt und das Leben zu lieben, auch unter Qualen zu lieben, jedem Sonnenstrahl dankbar offenzustehen und auch im Leid das Lächeln nicht ganz zu verlernen ...
Hermann Hesse (1877–1962), dt. Dichter

Wir alle müssen das Leben meistern. Aber die einzige Art, es zu meistern, besteht darin, es zu lieben.
Georges Bernanos (1888–1948), frz. Schriftsteller

Nur der Denkende erlebt sein Leben, am Gedankenlosen zieht es vorbei.
Marie von Ebner-Eschenbach (1830–1916), öster. Schriftstellerin

Ihr sollt niemals aufhören zu leben, ehe ihr gestorben, welches manchem passiert und ein gar ärgerliches Ding ist.
Jacques Offenbach (1819–1880), dt.-frz. Komponist

Das Leben ... ist die Kategorie der Möglichkeit ... Das Leben ist nie etwas, es ist die Gelegenheit zu einem Etwas.
Friedrich Hebbel (1813–1863), dt. Dichter

Wer leben will, der muß was tun.
Wihlem Busch (1832–1908), dt. Dichter, Maler und Zeichner

Der Mensch wird geboren, um zu leben und nicht etwa, um sich auf das Leben vorzubereiten.
Boris Pasternak (1890–1960), russ. Dichter

Das Leben ist ein Bumerang: Man bekommt zurück, was man gibt.
Dale Carnegie, amerik. Rhetoriklehrer und Managementtrainer

Das Leben ist größer als alle Kunst. Ich möchte noch weitergehen und behaupten: Der ist der größte Künstler, der das vollkommenste Leben führt.
Mahatma Gandhi (1869-1948), Führer der indischen Befreiungsbewegung

Es gibt Menschen, die nicht leben, sondern gelebt werden.
Karl May (1842-1912), dt. Schriftsteller

Für die meisten Menschen ist das Leben wie schlechtes Wetter; sie treten unter und warten, bis es vorüber ist.
Alfred Polgar (1873-1955), öster. Schriftsteller und Kritiker

Sehr viele Menschen leben ohne Gegenwart.
Gerhart Hauptmann (1862-1946), dt. Dichter

Das Leben besteht aus vielen kleinen Münzen, und wer sie aufzuheben versteht, hat ein Vermögen.
Jean Anouilh (1910-1987), frz. Dramatiker

Wir sind alle Darsteller von Nebenrollen, ohne allzuviel vom Stück zu wissen.
Max Brod (1884-1968), israel. Schriftsteller

Manchmal hat man das dumme Gefühl, auf der Bühne herumzustehen und nicht einmal Statist zu sein.
Stanislav Jerzy Lec (1909-1966), poln. Schriftsteller

Manchmal, wenn ich aufwache und jemand fragt mich: „Wie geht`s?", sage ich immer: „Ich lebe". Und wenn jemand fragt: „Ist das alles?", dann antworte ich: „Das ist das Wichtigste." Zuerst muß man da sein, um alles andere tun zu können. Man muß lebndig sein, um das Leben zu leben.
Peter Fonda (*1939), amerik. Filmschauspieler und Produzent

Leben heißt, langsam geboren zu werden. Es wäre auch zu bequem, wenn man sich fertige Seelen besorgen könnte.
Antoine de Saint-Exupéry (1900-1944), frz. Flieger und Schriftsteller

Ich habe das Gefühl, als wäre mein Leben immer noch irgendwie provisorisch.
Henry Miller (1891-1980), amerik. Schriftsteller

Wenn man das Leben als eine Aufgabe betrachtet, dann vermag man es immer zu ertragen.
Marie von Ebner-Eschenbach (1830-1916), öster. Schriftstellerin

Du kannst auf dieser Welt nur leben, wenn du sie zu deiner Geliebten machst.
Janosch (*1931), eigtl. Horst Eckert, dt. Kinderbuchautor

Man kann das Leben schwerlich leicht nehmen, aber leicht zu schwer.
Curt Goetz (1888-1960), dt. Schauspieler und Schriftsteller

Leben einzeln und frei wie ein Baum und brüderlich wie ein Wald, das ist unsere Sehnsucht.
Nazim Hikmet (1902–1963), türk. Schriftsteller

Heute ist der erste Tag vom Rest Ihres Lebens.
Graffito

Wir alle leben etwas anderes, als wir sind.
Gottfried Benn (1886–1956), dt. Dichter

Leben soll man leben, aber nicht die ganze Zeit darüber diskutieren.
Isabelle Adjani (*1955), frz. Schauspielerin

Politik/Politiker

Meine Ehrfurcht vor der Wahrheit hat mich in die Politik geführt; und ich kann ohne Zögern und doch in aller Demut sagen, daß ein Mensch, der behauptet, Religion habe nichts mit Politik zu tun, nicht weiß, was Religion bedeutet.
Mahatma Gandhi (1869–1948), Führer der indischen Befreiungsbewegung

Zwar muß man im Lauf eines politischen Lebens manche Kröte schlucken, aber man darf nicht selbst zur Kröte werden.
Hildegard Hamm-Brücher (*1921), dt. Politikerin (FDP)

Die Politik ist heute erst da, wo wir Wirtschaftsfachleute schon vor 20 Jahren waren.
Daniel Goeudevert (*1942), ehem. VW-Vorstandsmitglied

Normalerweise gelten neun Zehntel der politischen Tätigkeit den wirtschaftlichen Aufgaben des Augenblicks, der Rest den wirtschaftlichen Aufgaben der Zukunft.
Walther Rathenau (1867–1922), dt. Industrieller und Politiker

Stimme ihnen nicht bei, wenn sie je vergessen wollen, daß sie, was sie sind und was sie haben, nur durch Übereinkunft des Volkes sind oder haben.
Adolf von Knigge (1752–1796), dt. Autor

Jeder Arzt und jeder Politiker hat seine Lieblingsdiagnose.
Benjamin Disraeli (1804–1881), brit. Politiker und Schriftsteller

Sport/Sieg/Erfolg

Der Sport ist eine Tätigkeitsform des Glücks.
Martin Kessel (*1901), dt. Schriftsteller

Es geht ein brüderlicher Zug durch allen Sport: Je mehr Sport, desto bedeutungsvoller ist seine sozialisierende Funktion, das heißt seine Mitwirkung daran, das Leben dieser Gesellschaft erträglicher zu machen.
Alexander Mitscherlich (1908–1982), dt. Psychologe und Mediziner

Man trägt ein göttliches Gefühl in seiner Brust, wenn man erst weiß, daß man etwas kann, wenn man nur will.
Friedrich Ludwig Jahn (1778–1852), dt. Pädagoge und Politiker („Turnvater Jahn")

Zitate

Nie ist ein Sieg schöner zu empfinden, als wenn vorher Kampf gewesen und Entwicklung.
Gustav Stresemann (1878–1929), dt. Staatsmann

Es gibt nichts, was schlimmer ist als eine Niederlage – mit Ausnahme eines Sieges.
Arthur Wellington (1769–1852), brit. Herzog

Über Sieg und Niederlage entscheiden fünf Minuten.
Horatio Nelson (1758–1805), engl. Admiral

Man kann schließlich nicht immer gewinnen.
Pery Foreman (1902–1988), US-Staranwalt, der von 1000 Mordprozessen nur einen verloren hat

Einen Sieg kann man verschenken, eine Niederlage muß man immer selber einstecken.
Claudia Doren (1931–1987), dt. Fernsehansagerin

Ein Sieg produziert den nächsten.
Christian Plaziat (*1964), frz. Zehnkämpfer, 1990 Europameister

Alles Bedeutende im Strom des Lebens ist durch Sieg und Niederlage entstanden.
Oswald Spengler (1880–1936), dt. Kulturphilosoph

Ob man an Nummer zwei oder an fünf steht, ist ganz egal. Es geht darum, die Nummer eins zu sein.
Boris Becker (*1967), dt. Tennisspieler

Kein Sieger glaubt an den Zufall.
Friedrich Nietzsche (1844–1900), dt. Philosoph

Für das Können gigt es nur einen Beweis: Das Tun.
Marie von Ebner-Eschenbach (1830-1916), öster. Schriftstellerin

Der Preis des Erfolges ist die Hingabe, harte Arbeit und unablässiger Einsatz für das, was man erreichen will.
Frank Lloyd Wright (1869-1959), amerik. Architekt

Siege werden bald erfochten; ihre Erfolge befestigen, das ist schwer.
Leopold von Ranke (1795-1886), dt. Historiker

Erfolg gibt Sicherheit; Sicherheit gibt Erfolg.
Ulrich Schamoni (*1939), dt. Filmregisseur

Wer sich auf seinen Loorbeeren ausruht, trägt sie an der falschen Körperstelle.
Heiner Geissler (*1939), CDU-Politiker

Disziplin ist der wichtigste Teil des Erfolges.
Truman Capote (1924-1984), amerik. Schriftsteller

Am Mut hängt der Erfolg.
Theodor Fontane (1819-1898), dt. Erzähler

Der Wille öffnet die Türen zum Erfolg.
Louis Pasteur (1822-1895), frz. Entdecker, Chemiker und Bakteriologe

Wahl

Leben ist Aussuchen.
Kurt Tucholsky (1890–1935), dt. Schriftsteller

Wahl ist ein Begriff, die stärkere Seite zu ermitteln, ohne es auf einen Kampf ankommen zu lassen.
Henry Louis Mencken (1880–1956),
amerik. Schriftsteller

Die große Aufgabe der Demokratie, ihr Ritual und ihr Fest – das ist die Wahl.
Herbert George Wells (1866–1946), engl. Romancier und Essayist

Die Würde des Menschen besteht in der Wahl.
Max Frisch (1911–1991), schweizer. Erzähler

Ich werde nicht tun, was ihr sagt. Ihr habt mich gewählt, um eure Interessen zu vertreten, und das werde ich tun.
Edmund Burke (1729–1797), brit. Philosoph und Politiker

Die schönsten Stimmen sind die Wählerstimmen.
Zeitschrift „impulse" 10/92

Die Wahl ist eine Entscheidung für das vermeintlich geringere Übel.
Unbekannt

Die Würde des Menschen besteht in der Wahl.
Max Frisch (1911–1990), schweizer. Erzähler

Die große Aufgabe der Demokratie, ihr Ritual und ihr Fest – das ist die Wahl.
H. G. Wells (1866-1946), engl. Essayist

Speziell für Wahlverlierer:
Es ist besser eine Wahl zu verlieren als seine Seele.
Michel Noir (*1944), frz. Kommunalpolitiker (Lyon)

ANHANG

Die korrekte Anrede und Anschrift für Repräsentanten des öffentlichen Lebens

Die nachfolgenden Hinweise für Anrede und Anschrift basieren auf Empfehlungen des Protokolls des Bundesinnenministeriums. Sie sind als Orientierungshilfe für Formulierungen im Schriftverkehr mit Persönlichkeiten des öffentlichen Lebens zu verstehen.

Abhängig von der persönlichen Beziehung zwischen Empfänger und Absender, stehen bei Anrede und Schlußformel abgestufte Vorschläge zur Wahl. Wenn Ihnen das alles zu verstaubt erscheint, lösen Sie sich aus den Fesseln der Etikette. Heute dürfte eigentlich kein Adressat mehr bei der Anrede „Sehr geehrter Herr …" mangelnden Respekt vermuten (ausländische Staatsoberhäupter und kirchliche Würdenträger ausgenommen). Die Angaben für ehemalige Amtsinhaber auf Bundesebene können Sie analog auf Landes- und Kommunalpolitik übertragen.

Anrede weiblicher Empfänger

Zur Anrede weiblicher Empfänger finden Sie entsprechende Hinweise in Kapitel 2 „Protokollgerechte Anrede".
In den folgenden Beispielen ist die weibliche Anredeform insbesondere dann angegeben, wenn das Amt von einer Frau wahrgenommen wird, z. B. die Präsidentin des Bundesverfassungsgerichts. Kränken Sie eine weibliche Amtsinhaberin nicht dadurch, daß Sie gedankenlos die Anrede „Herr" verwenden. Das fällt auf den Absender/die Absenderin zurück.

Anrede von Mitgliedern von Adelshäusern

Für die Titulierung der Mitglieder von Adelshäusern gibt es keine verbindlichen Vorschriften. In der Anschrift ist diese Reihenfolge üblich:
- akademischer Grad
- Vorname
- Adelsprädikat
- Nachname

In Anrede und Anschrift werden üblicherweise die Titel genannt (z. B. Gräfin/Graf, Fürstin/Fürst, Herzogin/Herzog, Prinzessin/Prinz).

Politik/Bund

Bundespräsident

- **Amtierender Bundespräsident**

Anschrift:	Herrn Bundespräsidenten (Zusatz im internationalen Schriftverkehr: der Bundesrepublik Deutschland) … (Akademischer Grad, Vorname, Name)
Anrede schriftlich:	Hochverehrter/Sehr verehrter Herr Bundespräsident/Herr Bundespräsident
mündlich:	Herr Bundespräsident
Schlußformel:	mit dem Ausdruck meiner ausgezeichneten/vorzüglichen Hochachtung/mit ausgezeichneter/vorzüglicher Hochachtung

- **Ehemalige Bundespräsidenten**

Anschrift:	Herrn … Bundespräsident a. D.
Anrede schriftlich:	Sehr verehrter Herr …
mündlich:	Herr …
Schlußformel:	mit ausgezeichneter/vorzüglicher Hochachtung

Deutscher Bundestag

- **Präsidentin/en des Deutschen Bundestages**

Anschrift:	Präsidentin/en des Deutschen Bundestages Frau/Herrn …
Anrede schriftlich:	Sehr verehrte(r)/sehr geehrte(r) Frau/Herr Bundestagspräsident(in)
mündlich:	Frau Bundestagspräsidentin/ Frau Präsidentin Herr Bundestagspräsident/ Herr Präsident
Schlußformel:	mit ausgezeichneter/vorzüglicher Hochachtung

- **Ehemalige Präsidenten des Deutschen Bundestages**

Anschrift:	a) Falls im öffentlichen Leben stehend, die hieraus folgende Bezeichnung, z. B.: Mitglied des deutschen Bundestages Herrn … b) Falls nicht mehr im öffentlichen Leben stehend: Herrn … Präsident des Deutschen Bundestages a. D.
Anrede	a) Falls im öffentlichen Leben stehend, die hieraus folgende Bezeichnung, z. B.:
schriftlich:	Sehr geehrter Herr Bundestagsabgeordneter/Abgeordneter/ Herr …
mündlich:	Herr Abgeordneter/Herr … b) Falls nicht mehr im öffentlichen Leben stehend:

schriftlich:	Sehr verehrter/Sehr geehrter Herr ...
mündlich:	Herr ...

Schlußformel: mit ausgezeichneter/vorzüglicher Hochachtung/mit freundlichen Grüßen

- **Vizepräsidenten des Deutschen Bundestages**

Anschrift: Vizepräsidenten des Deutschen Bundestages
Herrn ...

Anrede
schriftlich: Sehr verehrter/Sehr geehrter Herr Präsident/Herr Präsident
mündlich: Herr Präsident

Schlußformel: mit ausgezeichneter/vorzüglicher Hochachtung/mit freundlichen Grüßen

- **Fraktionsvorsitzende**

Anschrift: Vorsitzenden der Fraktion der ... im Deutschen Bundestag
Herrn ...

Anrede
schriftlich: Sehr geehrter Herr Bundestagsabgeordneter/Abgeordneter/Herr ...
mündlich: Herr Abgeordneter/Herr ...

Schlußformel: mit vorzüglicher Hochachtung/ mit freundlichen Grüßen

- **Parlamentarische Geschäftsführer**

Anschrift: Parlamentarischen Geschäftsführer der Fraktion der ... im Deutschen Bundestag
Herrn ...

Anrede
schriftlich: Sehr geehrter Herr Bundestagsabgeordneter/Abgeordneter/Herr ...
mündlich: Herr Abgeordneter/Herr ...

Schlußformel: mit vorzüglicher Hochachtung/ mit freundlichen Grüßen

- **Ausschußvorsitzende**

Anschrift: Vorsitzenden des ... ausschusses/ des Ausschusses für ... im Deutschen Bundestag
Herrn ...

Anrede
schriftlich: Sehr geehrter Herr Vorsitzender/ Bundestagsabgeordneter/Abgeordneter/Herr ...
mündlich: Herr Vorsitzender/Abgeordneter/ Herr ...

Schlußformel: mit vorzüglicher Hochachtung/ mit freundlichen Grüßen

- **Bundestagsabgeordnete**

Anschrift: Mitglied des Deutschen Bundestages
Frau ...

Anrede
schriftlich: Sehr geehrte Frau Bundestagsabgeordnete/Abgeordnete/Frau ...

mündlich: Frau Abgeordnete/Frau ...

Schlußformel: mit vorzüglicher Hochachtung/
mit freundlichen Grüßen

- **Direktor beim Deutschen Bundestag**

Anschrift: Direktor beim Deutschen Bundestag
Herrn ...

Anrede
schriftlich: Sehr geehrter Herr Bundestagsdirektor/Sehr geehrter Herr ...
mündlich: Herr Bundestagsdirektor/Herr ...

Schlußformel: mit vorzüglicher Hochachtung/
mit freundlichen Grüßen

- **Wehrbeauftragter**

Anschrift: Wehrbeauftragten des Deutschen Bundestages
Herrn ...

Anrede
schriftlich: Sehr geehrter Herr Wehrbeauftragter/Sehr geehrter Herr ...
mündlich: Herr Wehrbeauftragter/Herr ...

Schlußformel: mit vorzüglicher Hochachtung/
mit freundlichen Grüßen

Bundesregierung

- **Bundeskanzler**

Anschrift: Herrn
Bundeskanzler (Zusatz im internationalen Schriftverkehr: der Bundesrepublik Deutschland)
... (Akad. Grad, Vorname, Name)

Anrede
schriftlich: Sehr verehrter/Sehr geehrter Herr Bundeskanzler/Herr Bundeskanzler
mündlich: Herr Bundeskanzler

Schlußformel: mit ausgezeichneter/vorzüglicher Hochachtung

- **Ehemalige Bundeskanzler**

Anschrift: a) Falls im öffentlichen Leben stehend, die hieraus folgende Bezeichnung, z. B.:
Vorsitzenden der ... Partei Deutschlands
Herrn ... (je nach Anlaß ggf.) Bundeskanzler a. D.
b) Falls nicht mehr im öffentlichen Leben stehend:
Herrn ...
Bundeskanzler a. D.

Anrede a) Falls im öffentlichen Leben stehend, die hieraus folgende Bezeichnung, z. B.:
schriftlich: Sehr verehrter/Sehr geehrter Herr Bundestagsabgeordneter/Abgeordneter/Herr ...
mündlich: Herr Abgeordneter/Herr ...
b) Falls nicht mehr im öffentlichen Leben stehend:
schriftlich: Sehr verehrter/Sehr geehrter Herr ...
mündlich: Herr ...

Schlußformel: mit ausgezeichneter/vorzüglicher Hochachtung

- **Bundesminister**

Anschrift:	Bundesminister des Innern (... der Verteidigung, ... für Wirtschaft usw.) Herrn ...
Anrede schriftlich:	Sehr geehrter Herr Bundesminister/Minister/Herr Bundesminister/Minister
mündlich:	Herr Bundesminister/Herr Minister/Herr ...
Schlußformel:	mit ausgezeichneter/vorzüglicher Hochachtung/mit freundlichen Grüßen

- **Ehemalige Bundesminister**

Anschrift:	a) Falls im öffentlichen Leben stehend, die hieraus folgende Bezeichnung, z. B.: Mitglied des Deutschen Bundestages Herrn ... b) Falls nicht mehr im öffentlichen Leben stehend: Herrn ... Bundesminister a. D.
Anrede	a) Falls im öffentlichen Leben stehend, die hieraus folgende Bezeichnung, z. B.:
schriftlich:	Sehr geehrter Herr Bundestagsabgeordneter/Abgeordneter/Herr..
mündlich:	Herr Abgeordneter/Herr ... b) Falls nicht mehr im öffentlichen Leben stehend:
schriftlich:	Sehr geehrter Herr ...
mündlich:	Herr ...
Schlußformel:	mit ausgezeichneter/vorzüglicher Hochachtung/mit freundlichen Grüßen

- **Staatsminister**

Anschrift:	Staatsministerin im ... Frau ...
Anrede schriftlich:	Sehr geehrte Frau Staatsministerin/Frau ...
mündlich:	Frau Staatsministerin/Frau ...
Schlußformel:	mit vorzüglicher Hochachtung/mit freundlichen Grüßen

- **Ehemalige Staatsminister**

Anschrift:	a) Falls im öffentlichen Leben stehend, die hieraus folgenden Bezeichnung, z. B.: Mitglied des Deutschen Bundestages Herrn ... b) Falls nicht mehr im öffentlichen Leben stehend: Herrn ...
Anrede	a) Falls im öffentlichen Leben stehend, die hieraus folgenden Bezeichnung, z. B.:
schriftlich:	Sehr geehrter Herr Bundestagsabgeordneter/Abgeordneter/Herr ...
mündlich:	Herr Abgeordneter/Herr ... b) Falls nicht mehr im öffentlichen Leben stehend:
schriftlich:	Sehr geehrter Herr ...
mündlich:	Herr ...
Schlußformel:	mit vorzüglicher Hochachtung/mit freundlichen Grüßen

- **Parlamentarische Staatssekretäre**

Anschrift:	Parlamentarischer Staatssekretär beim Bundesminister ... Herrn ...

Korrekte Anrede

Anrede
schriftlich: Sehr geehrter Herr Parlamentarischer Staatssekretär/Herr ...
mündlich: Herr Staatssekretär/Herr ...

Schlußformel: mit vorzüglicher Hochachtung/ mit freundlichen Grüßen

- **Ehemalige Parlamentarische Staatssekretäre**
Anschrift, Anrede usw. wie bei ehemaligen Staatsministern

- **Staatssekretäre**
Anschrift: Staatssekretär des Bundesministeriums ...
(falls mehrere Staatssekretäre im Ressort: im Bundesministerium ...)
Herrn ...

Anrede
schriftlich: Sehr geehrter Herr Staatssekretär/Herr ...
mündlich: Herr Staatssekretär/Herr ...

Schlußformel: mit vorzüglicher Hochachtung/ mit freundlichen Grüßen

- **Staatssekretäre im (auch einstweiligen) Ruhestand**
Anschrift: Frau ...
Staatssekretärin a. D.

Anrede
schriftlich: Sehr geehrte Frau ...
mündlich: Frau ...

Schlußformel: mit vorzüglicher Hochachtung/ mit freundlichen Grüßen

- **Ministerialdirektoren**
Anschrift: Herrn Ministerialdirektor ...

Anrede
schriftlich: Sehr geehrter Herr Ministerialdirektor/Herr ...
mündlich: Herr ...

Schlußformel: mit vorzüglicher Hochachtung/ mit freundlichen Grüßen

- **Ministerialdirektoren im (auch einstweiligen) Ruhestand**
Anschrift: Herrn ...
Ministerialdirektor a. D.

Anrede
schriftlich: Sehr geehrter Herr ...
mündlich: Herr ...

Schlußformel: mit vorzüglicher Hochachtung/ mit freundlichen Grüßen

Bundesrat

- **Bundesratspräsident**
Anschrift: Präsidenten des Bundesrates
Herrn Ministerpräsidenten ...
(Berlin: Regierender Bürgermeister; Freie Hansestadt Bremen: Bürgermeister; Freie und Hansestadt Hamburg: Erster Bürgermeister)

Anrede
schriftlich: Sehr verehrter/Sehr geehrter Herr Bundesratspräsident/Herr Bundesratspräsident
mündlich: Herr Bundesratspräsident/Herr Präsident

Schlußformel: mit ausgezeichneter/vorzüglicher Hochachtung

Korrekte Anrede

- **Vizepräsidenten des Bundesrates**

Anschrift: Vizepräsidenten des Bundesrates
Herrn Ministerpräsidenten ...
(Berlin: Regierender Bürgermeister; Freie Hansestadt Bremen: Bürgermeister; Freie und Hansestadt Hamburg: Erster Bürgermeister)

Anrede
schriftlich: Sehr verehrter/Sehr geehrter Herr Präsident/Herr Präsident
mündlich: Herr Präsident

Schlußformel: mit ausgezeichneter/vorzüglicher Hochachtung

- **Direktor des Bundesrates**

Anschrift: Direktor des Bundesrates
Herrn ...

Anrede
schriftlich: Sehr geehrter Herr Bundesratsdirektor/Herr ...
mündlich: Herr Bundesratsdirektor/Herr ...

Schlußformel: mit vorzüglicher Hochachtung/ mit freundlichen Grüßen

Politische Parteien

- **Parteivorsitzende**

Anschrift: Vorsitzenden der ...
Herrn ...

Anrede
schriftlich: Sehr geehrter Herr ...
mündlich: Herr ...

Schlußformel: mit vorzüglicher Hochachtung/ mit freundlichen Grüßen

Politik/Länder

- **Ministerpräsidenten, Regierender Bürgermeister (Berlin), Bürgermeister (Bremen), Erster Bürgermeister (Hamburg)**

Anschrift: Ministerpräsidenten des Landes ...
(Bayern: Freistaates Bayern;
Berlin: Regierender Bürgermeister;
Hamburg: Präsidenten des Senats der Freien und Hansestadt Hamburg;
Hessen: Hessischen Ministerpräsidenten;
Niedersachsen: Niedersächsischen Ministerpräsidenten;
Sachsen: Freistaates Sachsen)

Herrn
(Berlin: Regierender Bürgermeister;
Bremen: Bürgermeister;
Hamburg: Erster Bürgermeister
Schleswig-Holstein: Ministerpräsidentin)

Anrede
schriftlich: Sehr verehrter/Sehr geehrter Herr Ministerpräsident
Herr Ministerpräsident
(Berlin: Regierender Bürgermeister;
Bremen und Hamburg: Bürgermeister)
mündlich: Herr Ministerpräsident
(Berlin: Regierender Bürgermeister;
Bremen und Hamburg: Bürgermeister)

Schlußformel: mit ausgezeichneter/vorzüglicher Hochachtung

- **Landesminister**

Anschrift: Minister
(Bayern, Hessen, Rheinland-Pfalz und Sachsen: Staatsminister; Berlin und Bremen: Senator; Hamburg: Präses der Behörde)
des/der/für ...
des Landes ...
(des Freistaates Bayern; des Landes Berlin; der Freien Hansestadt Bremen; der Freien und Hansestadt Hamburg, des Freistaates Sachsen)
Herrn (Berlin, Bremen, Hamburg: Senator) ...

Anrede
schriftlich: Sehr geehrter Herr Minister/Herr Minister (Staatsminister, Senator)
mündlich: Herr Minister (Staatsminister, Senator)/Herr ...

Schlußformel: mit vorzüglicher Hochachtung/ mit freundlichen Grüßen

- **Landtagspräsidenten**

Anschrift: Präsidenten
– des Landtages von Baden-Württemberg
– des Bayerischen Landtages
– des Abgeordnetenhauses von Berlin
– des Landtages von Brandenburg
– der Bremischen Bürgerschaft
– der Hamburgischen Bürgerschaft
– des Hessischen Landtages
– des Landtages von Mecklenburg-Vorpommern
– des Niedersächsischen Landtages
– des Landtages Nordrhein-Westfalen
– des Landtages Rheinland-Pfalz
– des Landtages des Saarlandes
– des Landtages von Sachsen
– des Landtages von Sachsen-Anhalt
– des Schleswig-Holsteinischen Landtages
– des Landtages von Thüringen
Herrn ...

Anrede
schriftlich: Sehr verehrter/Sehr geehrter Herr Landtagspräsident/Herr Landtagspräsident (Berlin, Bremen, Hamburg: Präsident)
mündlich: Herr Präsident

Schlußformel: mit vorzüglicher Hochachtung

Politik/International

- **Generalsekretär der Vereinten Nationen**

Anschrift:	Seiner Exzellenz dem Generalsekretär der Vereinten Nationen Herrn ...
Anrede schriftlich:	Exzellenz/Herr Generalsekretär
mündlich:	Exzellenz/Herr Generalsekretär
Schlußformel:	mit ganz ausgezeichneter Hochachtung

- **Generalsekretär der Nordatlantikpakt-Organisation (NATO)**

Anschrift:	Seiner Exzellenz dem Generalsekretär der Nordatlantikpakt-Organisation Herrn ...
Anrede schriftlich:	Exzellenz/Herr Generalsekretär
mündlich:	Exzellenz/Herr Generalsekretär
Schlußformel:	mit ganz ausgezeichneter Hochachtung

- **Präsident des Europäischen Parlaments**

Anschrift:	Präsidenten des Europäischen Parlaments Herrn ...
Anrede schriftlich:	Herr Präsident
mündlich:	Herr Präsident
Schlußformel:	mit ganz ausgezeichneter Hochachtung

- **Abgeordnete des Europäischen Parlaments**

Anschrift:	Mitglied des Europäischen Parlaments Frau ...
Anrede schriftlich:	Sehr geehrte Frau Abgeordnete/Frau ...
mündlich:	Frau Abgeordnete/Frau ...
Schlußformel:	mit vorzüglicher Hochachtung/ mit freundlichen Grüßen

- **Generalsekretär des Europarates**

Anschrift:	Generalsekretär des Europarates Herrn ...
Anrede schriftlich:	Herrn Generalsekretär
mündlich:	Herrn Generalsekretär
Schlußformel:	mit ganz ausgezeichneter Hochachtung

- **Präsident der Kommission der Europäischen Union**

Anschrift:	Präsidenten der Kommission der Europäischen Union Herrn ...
Anrede schriftlich:	Herr Präsident
mündlich:	Herr Präsident
Schlußformel:	mit ganz ausgezeichneter Hochachtung

- **Generalsekretär des Rates der Europäischen Union**

Anschrift: Generalsekretär des Rates der Europäischen Union
Herrn ...

Anrede
schriftlich: Herr Generalsekretär
mündlich: Herr Generalsekretär

Schlußformel: mit ganz ausgezeichneter Hochachtung

- **Generalsekretär der Organsitation für wirtschaftliche Zusammenarbeit und Entwicklung (OECD)**

Anschrift: Generalsekretär der Organsitation für wirtschaftliche Zusammenarbeit und Entwicklung
Herrn ...

Anrede
schriftlich: Herr Generalsekretär
mündlich: Herr Generalsekretär

Schlußformel: mit ganz ausgezeichneter Hochachtung

Diplomatie

- **Nuntius***

Anschrift: Seiner Exzellenz dem Apostolischen Nuntius
Monsignore ...

Anrede
schriftlich: Exzellenz
mündlich: Exzellenz

Schlußformel: Genehmigen Sie, Exzellenz, die Versicherung meiner ganz ausgezeichneten Hochachtung

- **Botschafter***

Anschrift: Seiner Exzellenz
- dem Botschafter der ... Republik
- dem Königlich ... Botschafter
- dem Botschafter von ...
Herrn ...

Anrede
schriftlich: Exzellenz/Herr Botschafter
mündlich: Exzellenz/Herr Botschafter

Schlußformel: Genehmigen Sie, Exzellenz/Herr Botschafter, die Versicherung meiner ganz ausgezeichneten Hochachtung

- **Geschäftsträger**

Anschrift: Geschäftsträger a.i. ...
Herrn ...

Anrede
schriftlich: Sehr verehrter/Sehr geehrter Herr Geschäftsträger/Herr Geschäftsträger
mündlich: Herr Geschäftsträger/Herr ...

Schlußformel: mit ausgezeichneter Hochachtung

- **Gesandter, Botschaftsrat**

Anschrift: Herrn Gesandten (Botschaftsrat) ...
Botschaft ...

Anrede
schriftlich: Sehr geehrter Herr Gesandter (Botschaftsrat)
mündlich: Herr Gesandter (Botschaftsrat)/Herr ...

Schlußformel: mit vorzüglicher Hochachtung

* Bei der Verwendung der Anrede „Exzellenz" sind folgende Abkürzungen üblich:

I. E.	Ihre Exzellenz (z. B. Botschafterin)
S. E.	Seine Exzellenz (z. B. Botschafter)
I. I. E. E.	Ihre Exzellenzen (z. B. Botschafter-Ehepaar)

Justiz

Bundesverfassungsgericht

- **Präsidentin/Vizepräsident des Bundesverfassungsgerichts**

Anschrift: Präsidentin/Vizepräsidenten des Bundesverfassungsgerichts
Frau/Herrn ...

Anrede
schriftlich: Sehr verehrte(r)/sehr geehrte(r) Frau Präsidentin/Herr Präsident
mündlich: Frau Präsidentin/Herr Präsident

Schlußformel: mit ausgezeichneter/vorzüglicher Hochachtung

- **Ehemalige Präsidenten des Bundesverfassungsgerichts**

Anschrift: Präsidenten des Bundesverfassungsgerichts a. D.
Herrn ...

Anrede
schriftlich: Sehr verehrter/Sehr geehrter Herr
mündlich: Herr ...

Schlußformel: mit ausgezeichneter/vorzüglicher Hochachtung/mit freundlichen Grüßen

- **Richter des Bundesverfassungsgerichts**

Anschrift: Richter des Bundesverfassungsgerichts
Herrn ...

Anrede
schriftlich: Sehr geehrter Herr Bundesverfassungsrichter/Herr ...

mündlich:	Herr Bundesverfassungsrichter/ Herr ...
Schlußformel:	mit vorzüglicher Hochachtung/ mit freundlichen Grüßen

Oberste Gerichtshöfe

Anschrift:	Präsidenten des Bundesgerichtshofes (Bundesverwaltungsgerichts, Bundesfinanzhofes, Bundesarbeitsgerichts, Bundessozialgerichts) Herrn ...
Anrede schriftlich:	Sehr verehrter/Sehr geehrter Herr Präsident/Herr Präsident
mündlich:	Herr Präsident/Herr ...
Schlußformel:	mit vorzüglicher Hochachtung/ mit freundlichen Grüßen

Universitäten/Hochschulen

- **Rektor/Präsident***

Anschrift:	Rektor (Präsidenten) der ... Universität (Hochschule) ... Herrn Professor/Herrn ...
Anrede schriftlich:	Sehr geehrter Herr Professor/Herr ...
mündlich:	Herr Professor/Herr ...
Schlußformel:	mit vorzüglicher Hochachtung/ mit freundlichen Grüßen

- **Dekan***

Anschrift:	Dekan der (des) ... Fakultät (Fachbereichs) der ... Universität (Hochschule) Herrn Professor/Herrn ...
Anrede schriftlich:	Sehr geehrter Herr Professor/ Herr ...
mündlich:	Herr Professor/Herr ...
Schlußformel:	mit vorzüglicher Hochachtung/ mit freundlichen Grüßen

- **Direktor**

Anschrift:	Direktor des (der) ... Instituts (Klinik, Seminars) der ... Universität (Hochschule) ... Herrn ...
Anrede schriftlich:	Sehr geehrter Herr Professor/Herr ...
mündlich:	Herr Professor/Herr ...

Schlußformel: mit vorzüglicher Hochachtung/
mit freundlichen Grüßen

* Soweit dem Rektor bzw. Dekan einer Universität nach deren Verfassung die Anrede „Magnifizenz" bzw. „Spektabilität" zusteht, ist gegen eine Verwendung dieser Prädikate nichts einzuwenden.

Religionsgemeinschaften

Evangelische Kirchen in Deutschland (EKD)

- **Rat der Evangelischen Kirche in Deutschland***

Anschrift: Vorsitzenden des Rates der Evangelischen Kirche in Deutschland Herrn Landesbischof (Bischof, Präses) ...

Anrede
schriftlich: Hochwürdigster/Hochverehrter/ Sehr verehrter Herr Landesbischof/Herr Landesbischof (Bischof, Präses)
mündlich: Herr Landesbischof (Bischof, Präses)

Schlußformel: mit ausgezeichneter/vorzüglicher Hochachtung

- **Synode der Evangelischen Kirche in Deutschland**

Anschrift: Präses der Synode der Evangelischen Kirche in Deutschland Frau ...

Anrede
schriftlich: Sehr verehrte/Sehr geehrte Frau Präses
mündlich: Frau Präses

Schlußformel: mit vorzüglicher Hochachtung

- **Bevollmächtigter des Rates der EKD**

Anschrift: Bevollmächtigten des Rates der
EKD am Sitz der Bundesrepublik
Deutschland
Herrn Prälaten ...

Anrede
schriftlich: Hochverehrter/Sehr verehrter/
Sehr geehrter Herr Prälat/Herr
Prälat ...
mündlich: Herr Prälat ...

Schlußformel: mit vorzüglicher Hochachtung

- **Deutscher Evangelischer Kirchentag**

Anschrift: Vorsitzenden des Vorstandes
des Deutschen Evangelischen
Kirchentages
Herrn ...

Anrede
schriftlich: Sehr verehrter/Sehr geehrter
Herr ...
mündlich: Herr ...

Schlußformel: mit vorzüglicher Hochachtung

* Die Anrede „Präses" wird sowohl für weibliche als auch für männliche Amtsinhaber verwendet.

- **Gliedkirchen der EKD**

Die Ämter der Gliedkirchen der EKD weisen manche für Anschrift und Anrede bedeutsame Unterschiede auf:

– Vereinigte Evangelisch-Lutherische Kirche in Deutschland

– Landesbischof der Evangelisch-Lutherischen Kirche in Bayern
Herrn ...

– Landesbischof der Evangelisch-Lutherischen Landeskirche in Braunschweig
Herrn ...

– Landesbischof der Evangelisch-Lutherischen Landeskirche Hannovers
Herrn ...

– Bischof für den Sprengel Hamburg der Nordelbischen Evangelisch-Lutherischen Kirche
Herrn ...

– Bischof für den Sprengel Holstein-Lübeck der Nordelbischen Evangelisch-Lutherischen Kirche
Herrn ...

– Bischof für den Sprengel Schleswig der Nordelbischen Evangelisch-Lutherischen Kirche
Herrn ...

– Landesbischof der Evangelisch-Lutherischen Landeskirche Schaumburg-Lippe
Herrn ...

– Übrige Lutherische Kirchen

    – Bischof der Evangelisch-Lutherischen Kirche in Oldenburg
    Herrn ...

    – Landesbischof der Evangelischen Landeskirche in Württemberg
    Herrn ...

– Evangelische Kirchen der Union

    – Bischof der Evangelischen Kirche in Berlin-Brandenburg
    Herrn ...

    – Präses der Evangelischen Kirche im Rheinland
    Herrn ...

    – Präses der Evangelischen Kirche von Westfalen
    Herrn ...

– Übrige unierte Kirchen

    – Landesbischof der Evangelischen Landeskirche in Baden
    Herrn ...

    – Präsidenten des Kirchenausschusses der Bremischen Evangelischen Kirche
    Herrn ...

    – Kirchenpräsidenten der Evangelischen Kirche in Hessen-Nassau
    Herrn ...

    – Bischof der Evangelischen Kirche von Kurhessen-Waldeck
    Herrn ...

    – Kirchenpräsidenten der Evangelischen Kirche der Pfalz (Protestantische Landeskirche)
    Herrn ...

– Reformierte Kirchen

    – Landessuperintendenten der Lippischen Landeskirche
    Herrn ...

    – Präses der Gesamtsynode der Evangelisch-reformierten Kirche (Synode evangelisch-reformierter Kirchen in Bayern und Norddeutschland)
    Herrn ...

Anrede
schriftlich: Hochverehrter/Sehr verehrter/Sehr geehrter Herr Landesbischof (Bischof, Kirchenpräsident, Präses, Landessuperintendent)

mündlich: Herr Landesbischof (Bischof, Kirchenpräsident, Präses, Landessuperintendent)

Schlußformel: mit vorzüglicher Hochachtung

• **Propst**

Anschrift: Herrn Propst

Anrede
schriftlich: Sehr verehrter/Sehr geehrter Herr Propst

mündlich: Herr Propst/Herr ...

Schlußformel: mit vorzüglicher Hochachtung/ mit freundlichen Grüßen

- **Pfarrer**

Anschrift: Herrn Pfarrer

Anrede
schriftlich: Sehr verehrter/Sehr geehrter Herr Pfarrer
mündlich: Herr Pfarrer/Herr …

Schlußformel: mit vorzüglicher Hochachtung/ mit freundlichen Grüßen

Anmerkung: In Bayern gibt es Kreisdekane, die zugleich Oberkirchenräte sind (Anschrift: Kreisdekan des Kirchenkreises … Herrn Oberkirchenrat …).

Katholische Kirche

- **Papst**

Anschrift: Seiner Heiligkeit Papst …

Anrede
schriftlich: Eure Heiligkeit/Heiliger Vater
mündlich: Eure Heiligkeit/Heiliger Vater

Schlußformel: Genehmigen Eure Heiligkeit den Ausdruck meiner ehrerbietigen Hochachtung/Mit dem Ausdruck meiner ehrerbietigen/verehrungsvollen Hochachtung

- **Kardinäle**

Anschrift: Seiner Eminenz dem Hochwürdigsten Herrn/Dem Hochwürdigsten Herrn/Herrn (Vorname) Kardinal (Zuname) Erzbischof/Bischof von …

Anrede
schriftlich: Eminenz/Hochwürdigster Herr Kardinal/Herr Kardinal
mündlich: Eminenz/Herr Kardinal

Schlußformel: Genehmigen Sie, Eminenz/Hochwürdigster Herr Kardinal, den Ausdruck meiner ganz ausgezeichneten Hochachtung/Mit dem Ausdruck meiner ganz ausgezeichneten Hochachtung

- **Erzbischöfe, Bischöfe**

Anschrift: Seiner Exzellenz dem Hochwürdigsten/Dem Hochwürdigsten/ Herrn Erzbischof (Bischof) von … (Vor- und Zuname)

Anrede
schriftlich: Exzellenz/Hochwürdigster/Hochverehrter/Sehr verehrter Herr Erzbischof (Bischof)
mündlich: Exzellenz/Herr Erzbischof (Bischof)

Schlußformel: Mit ausgezeichneter/vorzüglicher Hochachtung

- **Prälat**

Anschrift: Hochwürdigsten Herrn Prälaten/Herrn Prälaten …

Anrede
schriftlich: Hochwürdigster/Sehr verehrter/ Sehr geehrter Herr Prälat
mündlich: Herr Prälat

Schlußformel: Mit ausgezeichneter/vorzüglicher Hochachtung

- **Generalvikar**

Anschrift: Hochwürdigsten/Herrn Generalvikar des Bistums ...
Prälat (Name)
(Domprobst von ...)

Anrede
schriftlich: Hochwürdigster/Sehr verehrter/
Sehr geehrter Herr Generalvikar
mündlich: Herr Generalvikar

Schlußformel: Mit ausgezeichneter/vorzüglicher Hochachtung

- **Dechant, Geistlicher Rat, Pfarrer**

Anschrift: Herrn Dechant (Geistlicher Rat, Pfarrer) ...

Anrede
schriftlich: Sehr verehrter/Sehr geehrter Herr Dechant (Geistlicher Rat, Pfarrer)
mündlich: Herr Dechant (Geistlicher Rat, Pfarrer)/Herr ...

Schlußformel: mit vorzüglicher Hochachtung/
mit freundlichen Grüßen

- **Deutsche Bischofskonferenz**

Anschrift: Seiner Eminenz dem Hochwürdigsten Herrn/Dem Hochwürdigsten Herrn/Herrn Vorsitzenden der Deutschen Bischofskonferenz
(Vorname) Kardinal (Zuname)
Erzbischof/Bischof von ...

Anrede
schriftlich: Eminenz/Hochwürdigster Herr Kardinal/Herr Kardinal
mündlich: Eminenz/Herr Kardinal

Schlußformel: Genehmigen Sie, Eminenz/Hochwürdigster Herr Kardinal, den Ausdruck meiner ganz ausgezeichneten Hochachtung/Mit dem Ausdruck meiner ganz ausgezeichneten Hochachtung

- **Kommissariat der Deutschen Bischöfe**

Anschrift: Leiter des Kommissariats der Deutschen Bischöfe
Herrn Prälaten ...

Anrede
schriftlich: Sehr verehrter/Sehr geehrter Herr Prälat
mündlich: Herr Prälat

Schlußformel: mit vorzüglicher Hochachtung

Jüdische Religionsgemeinschaft

- **Landesrabbiner**

Anschrift: Herrn Landesrabbiner ...

Anrede
schriftlich: Hochverehrter/Sehr verehrter/
Sehr geehrter Herr Landesrabbiner
mündlich: Herr Landesrabbiner

Schlußformel: mit vorzüglicher Hochachtung

- **Rabbiner**

Anschrift: Herrn Rabbiner ...

Anrede
schriftlich: Sehr verehrter/Sehr geehrter Herr Rabbiner
mündlich: Herr Rabbiner

Schlußformel: mit vorzüglicher Hochachtung/
mit freundlichen Grüßen

- **Zentralrat der Juden in Deutschland**
Anschrift: Vorsitzenden des Direktoriums
des Zentralrates der Juden in
Deutschland
Herrn ...

Anrede
schriftlich: Sehr geehrter Herr Vorsitzender
mündlich: Herr Vorsitzender/Herr ...

Schlußformel: mit vorzüglicher Hochachtung/
mit freundlichen Grüßen

Orthodoxe Kirche

- **Patriarch**
Anschrift: Seiner Seligkeit*
dem Hochwürdigsten Patriarchen
von ...
Herrn ...

Anrede
schriftlich: Eure Seligkeit/Hochwürdigster
Herr Patriarch
mündlich: Eure Seligkeit/Herr Patriarch

Schlußformel: Genehmigen Eure Seligkeit/Hochwürdigster Herr Patriarch den
Ausdruck meiner ausgezeichneten/ehrerbietigen Hochachtung

- **Metropolit**
Anschrift: Seiner Eminenz/ Herrn Metropoliten ...
Exarch von Zentraleuropa

Anrede
schriftlich: Eminenz/Hochwürdigster Herr
Metropolit
mündlich: Eminenz

Schlußformel: Mit dem Ausdruck meiner ausgezeichneten/ehrerbietigen Hochachtung

* Das Prädikat „Eure Seligkeit" beschränkt sich auf Patriarchen des orientalischen Ritus. Dem Patriarchen von Konstantinopel steht das Prädikat „Eure Allheiligkeit" zu.

Die Patriarchen das lateinischen Ritus in Venedig, Lissabon und Jerusalem werden, wenn sie Kardinäle sind, im übrigen mit „Exzellenz" angeschrieben und angeredet.

Wirtschaft

- **Aufsichtsratsvorsitzende/r einer AG**

Anschrift: Aufsichtsratsvorsitzende/n der ... AG
Frau/Herrn ...

Anrede
schriftlich: Sehr geehrte(r) Frau/Herr Aufsichtsratsvorsitzende(r)
mündlich: Frau/Herr ...

Schlußformel: mit vorzüglicher Hochachtung/ mit freundlichen Grüßen

- **Vorstandsvorsitzende/r einer AG**

Anschrift: Vorstandsvorsitzende(r) der ... AG
Frau/Herrn ...

Anrede
schriftlich: Sehr geehrte(r) Frau/Herr Vorstandsvorsitzende(r)
mündlich: Frau/Herr ...

Schlußformel: mit vorzüglicher Hochachtung/ mit freundlichen Grüßen

- **Vorstandsmitglied**

Anschrift: Vorstandsmitglied der ... AG
Frau/Herrn ...

Anrede
schriftlich: Sehr geehrte(r) Frau/Herr ...
mündlich: Frau/Herr ...

Schlußformel: mit vorzüglicher Hochachtung/ mit freundlichen Grüßen

- **Präsidenten von Kammern, Banken, Verbänden**

Anschrift: An den Präsidenten/die Präsidentin der ...
Herrn/Frau ...

Anrede
schriftlich: Sehr geehrte(r) Herr/Frau Präsident(in)
mündlich: Herr Präsident/Herr ...
Frau Präsidentin/Frau ...

Schlußformel: mit vorzüglicher Hochachtung/ mit freundlichen Grüßen

- **Vorsitzende von Gewerkschaften**

Anschrift: Frau/Herrn ...
Vorsitzende(r) des DGB-Bundesvorstands/der DAG/der ÖTV/der IG Medien usw.

Anrede
schriftlich: Sehr geehrte(r) Frau/Herr ...
mündlich: Frau/Herr ...

Schlußformel: mit vorzüglicher Hochachtung/ mit freundlichen Grüßen

Register

Abitur 21
Abschied/Ruhestand 217
Abstimmungserfolg 213
Adel, Anrede 134
Alter 32f, 109, 218
Ältere Menschen 13
Amt 222
Amtsantritt 190, 195ff, 205
Amtsübernahme 22, 24
Anfang 222
Anlaß 20
Anlässe zur Gratulation 10
Anrede, 234
Anrede, Ehepaar 16
Anrede, weiblich 17, 234
Arbeitgeber 29
Architekten 33
Ausscheidende Amtsinhaber 193, 196f
Außenminister 199
Auszeichnung 23f, 149
Autoren 54, 56, 77

Ballett 144
Bankenpräsident 205
Bankiers 57f
Beamte 42, 63
Beförderung 24
Beigeordneter 25
Behindertensport 163f, 187
Besondere berufliche Leistung 39
Biathlon 166, 170
Bildhauer 88f
Biographische Angaben 11
Bischof 78ff, 212
Botschafter 59f
Brautpaar 27
Bundesminister 17

Bundesministerium 17
Bundesregierung 17
Bundestagsvizepräsidenten 98
Bundesverdienstkreuz 23
Bundeswehr 66, 81, 83
Bürgermeister 197

Chefredaktion 46
Circus 120

Damen 12, 32
Degen 174
Dienstjubiläum 148
Dirigent 12, 61f, 85, 87, 90
Doppelerfolg, Sport 43

Eheschließung 26f
Ehrenbürger 23
Ehrendoktor 23, 159
Einzelsieg 43, 163
Eisschnellauf 167
Ernennung 25, 212
Eröffnung/Einweihung 28

Fairness 161f
Familie 138
Festschriften 136
Firmen 135
Firmenjubiläum 29
Florett 172
Forscher 130f, 133f
Funktionäre 63ff, 185f
Fußball 64, 111, 163
Fraktionsvorsitzender 46, 100
Frauen 146, 206, 209
Frauenrat, deutscher 146
Frauenverbände 146

Frauenwahlrecht 146
Freiwillige Feuerwehr 46

Geburt eines Kindes 30
Geburtsjahr 11, 36
Geburtstag 218
Generäle 66
Gesangverein 44
Geschäftseröffnung 28
Geschäftsfreund 34f, 41
Geschäftsleitung 25, 29
Geschenk/Schenken 31, 94, 223
Gewerbeschau 37
Gewerkschaft 29, 208
Ghostwriter 6f
Glaubensgemeinschaften 84
Gleichberechtigung 146
Glück 216f, 224
Glückwünsche zu sportlichem Sieg
    und Höchstleistung 161
Goldene Hochzeit 38, 49
Gratulation aus unvorhersehbarem Anlaß 11
Grußworte 138

Handschreiben 20, 206
Handwerk 22, 122, 124
Handwerkskammer 22
Hausfrauen 138ff
Historiker 67, 117
Hochzeit 26
Hochzeitsjubiläum 37f
Hochzeitstage 38
Hörspielregisseur 56
Humoristen 68f
Hundertjährige 70ff

Institutionen 136

Jüdische Gemeinde 84, 148
Juristen 126
Journalisten 74ff
Jubiläum 135

Karnevalspräsident 45
Kirche, katholisch 212
Kirchen 152, 211
Kirchliche Würdenträger 78ff, 84
Kleine Anlässe 10, 39
Kollegen 11
Kommunalverwaltung 42
Komponisten 56, 102, 86, 90
Kreismeisterschaft 42f
Kreismeisterschaften 163
Künstler 86, 89ff
Kunstspringen 171

Landtagspräsident 102
Leben 228
Leichtathletik 163
Leistungssport 42

Maler 88f
Manager/-in 119ff, 160
Mannschaft 186
Mannschaftsleistungen 163
Mannschaftssieg 42
Maschinen- und Anlagenbau 142
Militärbischof 81
Ministerpräsident/-in 206, 207
Mitarbeiter/-in 36, 153
Mittelständische Wirtschaft 142
Motorsport 112
Musiker 85, 87, 90ff
Musterbriefe 10, 19f

Nachbarn 35
Nachschlagwerke 11
Nachträgliche Gratulation 11, 47
Namensbedeutung 31
Neujahrswünsche 40
Nobelpreis 150, 155
Nordische Kombination 169

Oberbürgermeister 99
Olympische Spiele 163
Opernkomponisten 87
Originaltexte 51

Pantomimen 106
Parteifreund 34, 41
Parteiveranstaltung 41
Parteivorsitzender 200
Pensionierung 34, 42
Philosophen 93, 117
Plazierte 43
Politiker 94ff, 98ff, 102f, 189, 195, 198f, 201, 204, 209, 231
Postume Ehrung 104
Preis- und Ordensverleihung 149f, 156ff
Protokollgerechte Anrede 15

Radsport 163, 176f
Regierungsantritt 145
Regisseur 105ff
Reiten 163, 175, 180
Repräsentanten des öffentlichen Lebens 16, 234
Richter 125
Rodeln 168
Rudern 163, 181
Ruhestand 42

Segler 102
Schauspieler/-in 105ff, 138, 110
Schlußformel 16, 234
Schützenverein 45
Schriftliche Form 14, 16
Schriftsteller/-in 55, 113ff
Schule 21, 28
Schwimmen 163, 178f
Sänger 90
Silberhochzeit 37
Slalom 165
Soldaten 66
Sparkassendirektor 48
Sperrfrist 53
Spontane Gratulation 39
Sport 64f, 210, 231

Sportler 42, 111f
Sportlicher Sieg 42

Teamgeist 161f
Telefax 13, 47
Telegramm 10, 13, 25, 47
Tennis 163, 183f
Theologen 78ff, 82, 84
Theologie 71
Trainer 43

Umweltschutz 138
Unternehmen 29
Unternehmer 119ff

Verbände 63, 135, 138
Verbandspräsidenten 122, 124
Vereine 135
Vereinsjubiläum 44
Vereinsvorsitzende/r 31
Verfassungsrichter 125f
Verleger 46, 127ff
Veröffentlichung 52
Vertreter von Glaubensgemeinschaften, katholisch 78ff
Vertreter von Glaubensgemeinschaften, evangelisch 81f
Virtuosen 85, 87, 90ff
Vizepräsident 190, 194
Vorgesetzte/r 26, 33, 94

Wahl 189f, 194, 202ff, 206ff, 232
Wahlsieg 46, 189f
Wiederwahl 200f
Wintersport 163
Wissenschaftler 130f, 133f, 156
Wohlfahrtsverbände 46
Würdigung 12, 20

Zeitungsjubiläum 46
Zeitungs- und Zeitschriftenverleger 127
Zitate 26, 38, 154
Zukunft 13

„Gewußt wie" in allen Lebenslagen – mit Rat und Wissen von FALKEN!
Fragen Sie Ihren Buchhändler.

Die Deutsche Bibliothek – CIP-Einheitsaufnahme

Glückwünsche und Gratulationen: Musterbriefe, kommentierte Originaltexte aus Politik, Wirtschaft und Gesellschaft / Michael Engelhard; Ingeborg Kaiser-Bauer; Frank Weber. – Niedernhausen/Ts. : FALKEN, 1995
ISBN 3-8068-4779-7

ISBN 3 8068 4779 7

© 1995 by Falken-Verlag GmbH, 65527 Niedernhausen/Ts.
Die Verwertung der Texte und Bilder, auch auszugsweise, ist ohne Zustimmung des Verlags urheberrechtswidrig und strafbar. Dies gilt auch für Vervielfältigungen, Übersetzungen, Mikroverfilmung und für die Verarbeitung mit elektronischen Systemen.

Umschlaggestaltung: Andreas Jacobsen
Layout, Illustrationen und Herstellung: Kempf + Teutsch, München
Redaktion: Sonhild Bischoff

Die Ratschläge in diesem Buch sind von den Autoren und vom Verlag sorgfältig erwogen und geprüft, dennoch kann eine Garantie nicht übernommen werden. Eine Haftung der Autoren bzw. des Verlags und seiner Mitarbeiter ist ausgeschlossen.

Satz: Kempf + Teutsch, München
Druck: Offizin Andersen Nexö Leipzig GmbH